LA REINE DE PARIS

DU MÊME AUTEUR

Grand Prix de la Société des gens de lettres et prix Alexandre-Dumas pour l'ensemble de son œuvre

Paradis entre quatre murs, Paris, Robert Laffont.
Le Bal des ribauds, Paris, Robert Laffont; France-Loisirs.
Les Lions d'Aquitaine, Paris, Robert Laffont; prix Limousin-Périgord.
Divine Cléopâtre, Paris, Robert Laffont; collection « Couleurs du temps passé ».
Dieu m'attend à Médina, Paris, Robert Laffont; collection « Couleurs du temps passé ».
L'Aigle des deux royaumes, Paris, Robert Laffont; collection « Couleurs du temps passé » et Lucien Souny, Limoges.
Les Dieux de plume, Presses de la Cité, prix des Vikings.
Les Cendrillons de Monaco, Paris, Robert Laffont; collection « L'amour et la Couronne ».
La Caverne magique (La Fille des grandes plaines), Paris, Robert Laffont, prix de l'académie du Périgord; France-Loisirs.
Le Retable, Paris, Robert Laffont et Lucien Souny, Limoges.
Le Chevalier de Paradis, Casterman, collection « Palme d'or »; Lucien Souny, Limoges.
L'Œil arraché, Paris, Robert Laffont.
Le Limousin, Solar; Solarama.
L'Auberge de la mort, Pygmalion.
L'Auberge rouge, Pygmalion; Pocket.
La Passion cathare :
1. *Les Fils de l'orgueil*, Paris, Robert Laffont.
2. *Les Citadelles ardentes*, Paris, Robert Laffont.
3. *La Tête du dragon*, Paris, Robert Laffont.

La Lumière et la Boue :
1. *Quand surgira l'étoile Absinthe*, Paris, Robert Laffont; Livre de Poche.
2. *L'Empire des fous*, Paris, Robert Laffont.
3. *Les Roses de fer*, Paris, Robert Laffont, prix de la ville de Bordeaux; Livre de Poche.

L'Orange de Noël, Paris, Robert Laffont, prix du Salon du livre de Beauchamp; Livre de Poche; France-Loisirs et Presses Pocket.
Le Printemps des pierres, Paris, Robert Laffont; Livre de Poche.
Les Montagnes du jour, éd. Les Monédières. Préface de Daniel Borzeix.
Sentiers du Limousin, Fayard.

(voir suite en fin de volume)

MICHEL PEYRAMAURE

LA REINE DE PARIS

Le roman de Madame Tallien

ROBERT LAFFONT

ISBN 978-2-221-11107-9

Pour Michel Suffran

Première partie

1

Carabanchel

Récit de Dominique (Domingo) Cabarrus. Hondschotte, en Flandre, septembre 1793, aux Armées du Nord

Cette image surgie, il y a moins d'une heure, d'un horizon tissé de pluie, de brume et de fumée, je sais ce qui l'a suscitée : le tapotement obsédant, du bout des doigts, sur la peau de son instrument, de James, notre petit tambour. Assis sur une table de roche, sous l'auvent qui nous protège de l'averse progressant vers les sommets, les yeux mi-clos, il semble dialoguer avec le crépitement de la pluie sur la cantine proche.

Elle s'est associée brusquement, cette image, à celle d'un passé couleur d'orage, au friselis des éclairs, à une âpre voix de fille dont, après plus de dix ans, je n'ai pu oublier le discret accent espagnol.

Elle me disait, cette voix :

— Domingo, vas-tu te décider à fermer la fenêtre ? On crève de chaleur. Allonge-toi sur mon tapis, donne-moi ta main et ne bouge plus.

Il y avait dans cette injonction un tel ton d'autorité que je me pliai sans regimber à la volonté de ma sœur, Thérésa. À cette heure vouée à la sieste, l'orage, la chaleur, la pluie transfiguraient le paysage et faisaient du ciel une sorte de gelée ocre suspendue au-dessus du bois d'eucalyptus et des collines dominant le lit du Manzanares, avec, par endroits, des espaces grisâtres comme du plâtre.

Je me suis allongé sur le tapis de sparterie qui m'écorchait le dos. Au seuil du sommeil, Thérésa bredouillait en pétrissant ma main :

— Écoute, Domingo… On dirait qu'un essaim de frelons vient d'entrer dans ma chambre. Il faut les chasser !

Je l'ai rassurée : ce n'était que le bruit que faisait, sous notre fenêtre, notre palefrenier jouant de sa *zambomba*, une cruche de terre cuite à peau de chèvre.

C'était une habitude : il fallait à Thérésa une présence et une main pour sa sieste, comme pour la préserver d'un mauvais rêve. Celle de notre frère Francisco, que nous appelions Paco, ou la mienne. Pour la nuit, notre vieille servante prenait le relais. Thérésa, à douze ans, était de deux ans ma cadette et d'un an celle de Paco. Un autre enfant, Barthélemy, l'avait suivie de peu, puis une fille. Cinq ans, cinq enfants…

Acquis par notre père après le départ de la famille de Bayonne pour s'attacher à la Cour d'Espagne, le château de Carabanchel, antique bâtisse à tourelles d'angle, était campé au milieu d'un parc proche du Manzanares qui le bornait au levant. Son véritable nom ne manque pas de panache : San Pedro de Carabanchel de Arriba. Il se situe à environ une lieue de la capitale, situation favorable aux fonctions de notre père, François Cabarrus, banquier du roi Charles III. Plutôt que le centre de la capitale, il avait choisi pour lui et sa famille ce lieu moins agité et moins dangereux.

Je garde de notre père le souvenir d'un homme de belle prestance, autoritaire, peu loquace, chiche en affection pour ses proches, mais prolixe en compagnie de ses amis. Mis en nourrice dans un village de montagne proche de Madrid, nous n'avions reçu sa visite et celle de notre mère, Marie-Antoinette, que trois ou quatre fois l'an, sans que nous en fussions affectés.

De retour à Carabanchel, peu de choses avaient changé pour nous, sinon que nous avions un train de vie, des serviteurs et, plus tard, des précepteurs, notre père tenant à nous donner une bonne éducation dans les deux langues.

À dix ans, nous étions tous bilingues. En l'absence de notre père, pris par ses affaires et ses maîtresses, nous jouissions d'une parfaite liberté, notre mère ayant trop à faire avec ses migraines et ses vapeurs pour nous surveiller.

Il est faux de dire que notre petite sœur eût été « élevée par une chèvre » chez notre nourrice. Cela tient à ce qu'elle s'était prise d'affection pour une chevrette, Tita, qui la suivait comme un chien. Il est vrai, en revanche, qu'elle avait la même allure que les autres fillettes du village, et nous celle des petits *campesinos* qui partageaient nos jeux.

Né en 1774, Barthélemy avait hérité du caractère taciturne de notre père, avec, semblait-il, une vocation pour l'étude des insectes, les mouches notamment, dont il pouvait suivre l'évolution sur les murs, bouche bée, pendant des heures, la santé et l'énergie lui manquant pour se mêler à nos jeux d'enfants terribles.

De nous trois, Thérésa se montra très vite la plus imaginative et la plus audacieuse dans nos divertissements.

À douze ans, douée d'une autorité surprenante étant donné son âge et son sexe, elle improvisait et dirigeait nos jeux et nos expéditions contre la marmaille déguenillée des alentours. Nous sortions de ces affrontements au sabre de bois, aux pierres et aux fruits pourris, vêtements en lambeaux, couverts d'héroïques ecchymoses et notre étendard à fleur de lys souillé de jus de tomate.

Plus pacifiques, nos promenades à cheval nous menaient jusque sous les antiques remparts de terre de Madrid, jusqu'à Vallecas et Boadilla del Monte, avec des courses le long du Manzanares qui, après avoir traversé la capitale, coule à une lieue de Carabanchel, gorgé de sanies urbaines. Par précaution, notre mère nous confiait un pistolet à chacun pour impressionner les *pícaros,* ou les bandes de drôles plus ou moins agressifs qui nous suivaient, nous injuriaient et nous jetaient des pierres.

En dépit de la volonté de notre mère, notre éducation religieuse fut bâclée, et notre père ne fit rien pour nous y encourager. Esprit libertaire, il s'opposait à ce que Thérésa fût confiée à un *convento* de Madrid. Au cours des réceptions au château, en présence d'amis sûrs, il fallait l'entendre pester, contre l'Église d'Espagne, encore imprégnée des théories, sinon des pratiques de l'Inquisition, les moines crasseux et les prêtres incultes qui grouillaient à la Cour. Les jésuites bannis du royaume, il restait des îlots de résistance à combattre. J'attribue à ses qualités d'homme d'affaires la mansuétude dont il a profité auprès de la famille royale et de la hiérarchie ecclésiastique, la Banque San Carlos, qu'il avait fondée, étant inattaquable.

Grandette pour son âge, jolie, brune et basanée comme une Andalouse, Thérésa avait pris, au seuil de l'adolescence, conscience de la vénusté qui émanait d'elle et des avantages qu'elle pouvait en tirer. Si cette particularité de sa nature échappait à notre mère, notre père paraissait s'en réjouir, et nos précepteurs s'y montraient sensibles, au point qu'à diverses reprises ce fut à mon tour de leur faire la leçon en leur tapant sur les doigts.

Un incident n'allait pas tarder à me faire comprendre le danger que courait notre sœur.

Je l'avais surprise à folâtrer avec le fils de notre servante, Leandro, notre palefrenier, beau garçon de vingt ans, que Thérésa avait entraîné dans le bois d'eucalyptus. Il en avait été quitte pour une sévère correction et un renvoi dans sa famille, à Cuatro Vientos, avec l'ordre de ne jamais reparaître à Carabanchel. Plus sévère que moi, Paco approuva ma décision, de même que notre père, qui s'en prit à sa fille, conscient qu'elle avait été l'initiatrice de ces jeux défendus.

Paco la corrigea et lui lança ces mot terribles :

— Si je te reprends en compagnie d'un garçon, je le tue, et je te marque la joue avec ma *navaja* !

Si mon intention, en veillant à l'innocence de ma petite sœur, était de la protéger de ses mauvais penchants, il en allait autrement de Paco. Il était en proie à une passion accompagnée d'une jalousie qu'il parvenait mal à dissimuler et qui allait lui jouer de mauvais tours. J'avais surpris entre eux des gestes et des comportements équivoques, dans leurs moments d'intimité, au cours de leurs lectures au coin du feu en hiver, de leurs jeux sous les arbres du parc à la belle saison, de leurs chevauchées, botte à botte, dans la campagne. Elle lui permettait des attouchements discrets et des baisers dans le cou ; il essuyait la sueur de son visage et la prenait par la taille pour la remettre en selle...

Je me gardais de manifester mon trouble à Paco. La seule fois où je m'y risquai il me prit au collet et me cracha au visage une colère de chat. Je fus pourtant certain du caractère incestueux de leurs relations le jour où je les surpris, au cours d'une sieste de printemps, couchés dans un coin de prairie proche du château, à demi nus et enlacés. Redoutant d'occasionner un drame, je conservai ce secret en moi, non sans nourrir une rancœur contre ces *monstres*.

Nos parents eurent-ils la révélation de ces relations coupables ou souhaitaient-ils donner à Thérésa, presque femme déjà, une occasion de révéler ses qualités dans un autre lieu que Carabanchel ? Ils décidèrent de l'envoyer à Paris.

Elle y fut accueillie dans une famille d'origine normande, les Coulteux, où l'on était banquier de père en fils, avec des correspondants en Espagne. On lui fit effectuer un bref séjour au couvent de la Présentation pour éprouver la solidité de sa foi. Elle y perdit le peu qui lui en restait, ainsi que l'accent qui s'accrochait encore à son élocution et contribuait à son charme.

Mme Le Coulteux la confia, pour la suite de son éducation, à Mme Leprince de Beaumont, un nom à panache pour un cache-misère. Elle apprit la harpe, le piano, l'écriture et les bonnes manières. Dans les lettres que nous recevions une fois par semaine, Thérésa nous informait de ses progrès. Elle y joignait quelques détails piquants sur son existence dans cette famille cossue, ses rapports avec les enfants et ses goûts pour la harpe, son instrument de prédilection.

Une amie de la famille, artiste peintre connue de toutes les Cours d'Europe, Mme Vigée-Lebrun, familière de la reine Marie-Antoinette, avait réalisé son portrait à la mine. Thérésa avait la poitrine à demi dénudée, ce qui choqua notre mère, mais un chat sur les genoux, ce qui l'attendrit.

Jugeant que le vernis d'éducation et de culture qu'elle avait reçu à Paris lui suffirait pour ses débuts dans la société madrilène, notre père la rappela à Carabanchel.

Elle nous avait quittés au seuil de l'adolescence, elle nous revenait femme accomplie, ou peu s'en fallait. Entre la diligence qui l'avait déposée au relais de poste et le château, elle avait eu le temps, dans notre *calesa,* une voiture légère conduite par notre palefrenier, Joseph Bidos, de soigner sa tenue, si bien que, lorsqu'elle posa pied dans la cour, son allure princière nous éblouit.

Paco l'aida à descendre de voiture en lui prenant la taille, la tint embrassée et lui glissa à l'oreille des mots qui la firent glousser. Elle était devenue ce qu'on appelle en France une *demoiselle.* Ses traits s'étaient à la fois accusés et affinés. Elle avait appris à user avec discernement des artifices de la beauté, et sa toilette semblait la réplique des modes parisiennes dont nous n'avions connaissance que par les gazettes de France.

Elle se libéra de l'étreinte de Paco pour me jeter un baiser sur la joue et s'incliner cérémonieusement devant nos parents.

— As-tu fait bon voyage ? demanda notre mère.

— Il a duré une quinzaine, maman, dont six jours de la frontière à Madrid. Un calvaire... Je suis rompue, mais j'ai fait des découvertes : comparée à l'Espagne, la France est un paradis.

Ces découvertes, elle tarda à nous en parler, mais ce fut sur un ton qui tranchait avec son élocution ordinaire. Rompant avec notre charabia qui mêlait français et espagnol, elle s'exprimait avec une élégance et des mots que nous ignorions. Elle avait même perdu son accent !

En quelques jours, sa présence avait fait passer un souffle nouveau sur la famille et le milieu. Elle ressemblait à un colibri qui aurait fait irruption dans un groupe de moineaux. Elle réclamait un nouveau décor pour sa chambre ?

On lui donna satisfaction. Elle exigeait une nouvelle tenue pour sa petite chambrière, Frenelle ? Accordé. Le jour où elle demanda une harpe, mon père en commanda une à Bayonne.

Le renouveau de privautés qu'elle partageait avec Paco m'ulcérait.

Ils s'embrassaient à bouche que veux-tu, sans la moindre gêne, passaient des heures en promenades dans le parc, à échanger des confidences dont nous étions exclus. La crainte de l'inceste me hantait. L'exemple de Molière, qui avait été l'amant de sa fille, aurait pu apaiser mes susceptibilités, mais ce n'eût été qu'une mince consolation. J'aimais moi-même Thérésa, mais pas de la même manière. Je souhaitais conserver l'innocence que la séduction qui émanait d'elle mettait en péril.

Il est vrai que cette séduction était troublante. Il suffisait de voir les jeunes mâles qui, lors de nos réceptions, tournaient autour d'elle avec des mines de dindons en rut, pour en être convaincu. Elle n'avait que treize ans ; on lui en aurait donné trois de plus. Paco veillait au grain avec une vigilance de mentor et, souvent au risque d'une algarade, dissuadait les audacieux d'avancer leurs pions.

Lorsque notre père nous menait au Caños del Peral, au Principe ou à la Cruz pour assister à un spectacle de chant ou de danse, Thérésa, vêtue des atours ramenés de Paris, faisait sensation. Les hommes s'inclinaient devant elle et les femmes cachaient derrière leur éventail un sourire crispé, accompagné d'un battement de cils.

Un soir où l'on jouait au Caños *La Dorotea* de Lope de Vega, la duchesse d'Albe invita Thérésa dans sa loge. Aux arènes, un ministre, le comte de Floridablanca, lui proposa de figurer à sa droite, mais elle se retira après le supplice et la mort du premier taureau.

À quelques jours de là, elle fit une scène à un jeune artiste, Francisco Goya, venu à la demande de notre père faire son portrait.

Elle le trouva à la tombée du jour, dessinant un couple de crapauds en train de faire l'amour sur une pierre plate, et lui jeta :

— Monsieur Goya, vous êtes un monstre !

L'artiste posa son cahier et sa mine et se leva en bredouillant :

— Mais, *señorita*, je ne fais aucun mal à ces pauvres bêtes et cela n'a rien d'indécent. Ces *sapos* ne sont pas plus laids que certains personnages de la Cour.

— Il ne s'agit pas de vos modèles mais de votre goût pour les corridas.

— Je ne m'en défends pas. J'ai même combattu naguère des bouvillons, mais pour payer un voyage en Italie.

— Et, avant de les exécuter, vous les avez torturés, je suppose, et ils ont éventré votre cheval ?

— J'en conviens, mais qu'y puis-je ? C'est la tradition, et elle n'est pas plus barbare que cette autre tradition qu'est la guerre.

J'assistai à cet affrontement qui aurait pu s'éterniser si l'heure du souper n'avait sonné. Goya ne fit pas le portrait de ma sœur et nous ne le revîmes jamais à Carabanchel.

À quelques semaines de cette algarade, nous reçûmes la visite de notre oncle du côté maternel. Jeune encore, Émile Galabert venait d'entamer en France une carrière dans les affaires et la banque. Dans les jours qui suivirent sa venue, il entreprit la conquête de Thérésa ; elle n'y parut pas insensible, car beau et robuste, il était de plus d'une parfaite courtoisie. J'assistai sans déplaisir à la naissance de cette idylle. Paco, lui, rongeait son frein.

— Si ce bellâtre, me dit-il, touche à ma sœur, il aura affaire à moi ! Oublie-t-il qu'il est son oncle ?

Paco oubliait bien, lui, qu'il était son frère ! Je le sermonnai. Pour éviter un esclandre, il se tint coi. Notre père se résolut à mettre le holà à cette aventure sentimentale qui prenait consistance, le jour où Galabert lui demanda la permission de courtiser sa nièce. Ce fut un refus catégorique, assorti d'une sévère réprimande qui évoquait le risque d'un inceste.

Le lendemain, l'oncle Émile remonta dans sa berline, regagna la frontière et nous laissa sans nouvelles durant des mois. Thérésa parut affectée de cette brutale rupture; Paco, lui, exulta : de nouveau elle était toute à lui.

Nous avions fréquemment la visite de jeunes *caballeros* venus s'informer des dispositions de notre sœur à leur égard. Ils se dépensaient en compliments, parfois en cadeaux, auxquels Thérésa se montrait sensible, mais qui irritaient notre père.

Il nous dit un soir, devant la famille réunie :

— J'ai décidé que Thérésa n'épouserait jamais un Espagnol, fût-ce le prince des Asturies. C'est en France qu'elle trouvera un parti compatible avec sa condition, je m'en porte garant. Nous allons attendre la fin de l'été. Aux premiers jours d'octobre, elle repartira pour Paris avec vous, ma chère épouse. Toi, Domingo, toi Paco, vous ne partirez que lorsque je l'aurai décidé, ce qui pourra se faire d'ici trois ou quatre ans. Je dois vous présenter à la Cour du roi Charles qui a exprimé le souhait de vous connaître. Des charges seront mises à votre disposition dans les mois qui viennent, à Saragosse et à Alicante. Quant à Barthélemy, il est encore trop jeune pour que l'on se soucie de sa carrière. Cela est dit. Que cela soit.

François Cabarrus ne s'était jamais exprimé si longuement au cours d'un repas ni avec autant de fermeté. Je tentai de regimber, disant que ces propositions appelaient une réflexion de notre part, et que nous n'étions plus des bambins en lisière. Il fronça les sourcils. Son poing se crispa sur la nappe.

— Qui a parlé de *propositions*? me lança-t-il d'une voix glacée. C'est de *décisions* dont il s'agit. Elles viennent de moi et je ne changerai pas d'avis. Tu es encore bien jeune, Domingo, pour te permettre d'avoir des vues sur ton avenir. C'est à moi d'y pourvoir, au moins jusqu'à ta majorité. Il en sera de même pour toi, Paco.

— Père, dit Paco, je suis au regret de vous dire que je partage les sentiments de Domingo. Je ne supporte pas l'idée de quitter Carabanchel pour servir un roi étranger, dans une charge qui ne correspond pas à ma nature.

Notre père s'esclaffa.

— Ta *nature*! Attends d'avoir de la barbe au menton

pour en parler ! J'ai connu ces sursauts d'indépendance et d'orgueil dans ma jeunesse. Sans mon père, sans son expérience et sa sagesse, je serais allé tenter ma chance à Saint-Domingue ou aux Antilles. Dieu merci, cette aventure m'a été épargnée. Vous ne devriez pas vous en plaindre, il me semble !

En jetant sa serviette sur la table, il renversa son verre de vin et ajouta d'une voix cassante :

— Toi, Domingo, tu feras tes débuts à Saragosse, dans l'armée ou l'administration, selon ta *nature.* Pour toi, Paco, ce sera Alicante, et il en sera de même. J'espère qu'un jour vous serez les dignes représentants de la Banque San Carlos, dans ces deux villes. Elles sont plus agréables que Madrid et vous y jouirez d'une liberté dont je tiens à ce que vous n'abusiez pas. Maintenant, achevez ce repas ou quittez la table. Vous avez ma permission.

Nous échangeâmes un regard avant de nous retirer.

Autant Thérésa se plaisait à l'idée de retourner à Paris, autant, pour Paco et moi, la perspective de faire carrière dans l'armée espagnole, l'administration royale ou la banque paternelle nous hérissait le poil.

Dans les jours qui suivirent, nos objections tournèrent au complot.

Nous avions depuis peu décidé, Paco et moi, en secret, de faire une carrière militaire, et pas dans les bandes espagnoles qui ne méritaient pas le nom d'armée, où régnaient la corruption, l'indiscipline et la misère. Cette vocation, qui nous était venue en feuilletant les albums de notre père, où se déployait une imagerie fabuleuse consacrée aux uniformes des légions de César à ceux des grands *capitanes* des expéditions d'Amérique, allait devenir une passion.

Avant ce fameux repas, nous n'avions pas perdu l'espoir de convaincre notre père de nous laisser choisir notre carrière. Nous comptions même sur sa générosité naturelle pour la faciliter. Paco avait une préférence pour les hussards et moi pour les dragons. Ces perspectives venaient de s'évanouir comme sous une bourrasque.

Tenter de renouer le contact avec notre père pour lui

faire entendre raison nous sembla inutile et dangereux en raison des punitions corporelles qu'il nous infligeait encore lorsqu'il estimait que nous avions compromis la dignité de la famille.

Notre mère s'en chargea, avec une autorité que nous étions loin de soupçonner. L'affaire lui avait paru d'une telle importance qu'elle avait jugé bon de faire entendre sa propre volonté.

Ce fut l'objet d'une guérilla familiale dont nous ne percevions que les échos. Elle se déroula certain soir sur un champ de bataille jonché de verre et de porcelaine brisés. Ferme au début de ces algarades, la volonté de notre père fléchit peu à peu sous les coups de boutoir d'une volonté plus âpre que la sienne.

Un soir, c'est notre mère qui nous annonça la victoire, l'orgueil interdisant à notre père de nous avouer son abdication.

— Vous êtes assez grands et raisonnables, nous dit-elle, pour faire le choix de votre avenir. Vous voulez entrer dans l'armée, eh bien, vous serez satisfaits ! J'ai même obtenu la promesse de votre père de veiller à votre équipement.

— Nous souhaitons, dis-je, être incorporés en France, dans l'armée royale.

— Il ne saurait en être autrement, mon fils. Votre père va entreprendre les démarches nécessaires auprès du ministre. Le courrier partira demain. Avant de prendre les armes, armez-vous de patience...

Nous avons attendu deux mois la réponse du ministre de la Guerre, qui avait de bons rapports avec François Cabarrus. Nous obtenions les affectations souhaitées : les hussards pour Paco et les dragons pour moi.

Paco fit à sa manière ses adieux à l'Espagne. Non par des dévotions au convento de la Encarnación où notre mère, de temps à autre, faisait retraite, mais par des parties de plaisir dans les salles d'armes et les *burdeles* des bas quartiers, en compagnie de jeunes *hidalgos* et de *petitmetres* exubérants et provocateurs. C'était sa manière d'éprouver une vitalité hors du commun, de donner cours à ses manies dispendieuses, et de compenser la perte de Thérésa, qui avait repris la route pour Paris.

Notre palefrenier, Joseph Bidos, me confia que, le matin de son départ, Paco, renonçant à la cérémonie des adieux, avait pris son cheval et, juché sur une butte dominant le pont sur le Manzanares, avait attendu le passage de la berline. Il ne s'était retiré que lorsque la voiture avait disparu en direction de Vallecas, dans le brouillard du matin.

Dans les jours qui suivirent, nous ne le vîmes guère. Un de nos amis communs m'apprit qu'il s'était enfermé trois jours dans la chambre d'une prostituée du Barquillo.

Lorsqu'il reparut, hagard, la mine longue comme le Chevalier à la triste figure de Cervantès, je le rabrouai. Il me répondit d'une voix calme :

— Laisse-moi en paix, Domingo. Je ne suis pas digne de toi ni de notre famille. Je te fais une promesse : je vais désormais me conduire avec honneur et tuer la bête qui vit encore en moi et me torture.

Je crus qu'il avait fait son deuil de sa passion pour Thérésa. Je me trompais.

Nous sommes depuis trois jours campés devant la ville de Hondschotte, à quelques lieues de Dunkerque, près de la frontière des Flandres. À travers les brumes de septembre, nous pouvons apercevoir ce matin la flèche de l'église-halle portant à son sommet une perle de soleil.

J'ai passé une partie de la nuit à la chandelle pour, en écrivant ces quelques feuillets, me sentir plus proche de mon passé, de ma famille et de ce que je fus. Les souvenirs doux-amers de mon enfance à Carabanchel m'ont réchauffé le cœur et donné l'envie farouche de survivre à cette guerre pour rejoindre les miens.

Mon père y vit encore, en compagnie de sa concubine, une lourde fille de Gredos, qu'il appelle pudiquement son *ama de llaves,* sa gouvernante. Thérésa s'est fait à Paris quelques amis et semble peu pressée de retourner à Madrid. Notre frère cadet, Barthélemy, est allé compter les mouches dans une succursale de la Banque San Carlos, à Bilbao.

Quant à Paco...

Mon cadet est mort il y a quelques jours, frappé d'une balle à la tempe, alors qu'il était aux prises avec une colonne anglaise, près du pont. Son aide de camp m'a révélé les conditions doublement dramatiques de sa mort.

Depuis quelque temps il n'était plus le même. Il jouait les têtes brûlées, se portait au-devant de tous les dangers. On aurait dit qu'il cherchait sa mort... J'ignore pourquoi, alors qu'avec moi et les autres officiers il se montrait calme et courtois.

On a retrouvé sur lui, outre son portefeuille et quelques documents, le médaillon portant en miniature le portrait de notre sœur qu'il lui a volé à son départ et qu'elle a cherché partout.

La raison essentielle de cette sorte de suicide, je la connais : il avait reçu la confirmation d'une nouvelle qu'il s'était refusé à prendre au sérieux : le mariage de Thérésa. J'en ai retrouvé la preuve : la lettre dans laquelle je lui annonçais cet événement avait été froissée et défroissée.

Dire que j'ai déploré la mort de Paco serait faux. Je n'avais avec ce frère hautain, orgueilleux, très *hidalgo* malgré ses origines, que des rapports strictement familiaux. Il m'intéressait, mais je ne l'aimais pas vraiment. Avec notre sœur, il s'était comporté outrageusement. En dépit de toutes les apparences, il voyait en elle une sorte de double féminin. Si elle avait accepté les jeux pervers qu'il lui proposait, c'est parce qu'il lui en imposait par sa prestance et qu'il l'amusait, car son humeur, dès qu'il la voyait paraître, l'incitait aux folies.

J'ai suivi au jour le jour les progrès de cette passion incestueuse. À ce que j'ai appris plus tard par Thérésa, elle n'était pas allée jusqu'au sacrifice de sa virginité mais en a approché. Elle aurait refusé, m'a-t-elle dit, de s'y soumettre. Lui n'avait pas accepté son refus et, se trouvant face à un mur, s'y était fracassé.

Des mouvements insolites se sont produits ce matin autour de la tente du général Houchard qui a pris le commandement de l'Armée du Nord. Nous sommes le 6 septembre, et rien ne s'est produit qui puisse laisser espérer une véritable bataille. Ce matin, à l'aube, des éclats de trompettes nous ont fait comprendre que les troupes alliées : anglaises, autrichiennes, hollandaises, ont commencé leur mouvement le long de la rivière Colme, pour se porter à nos devants.

Deux heures environ plus tard, la bataille a débuté. J'allais y prendre une part active. À la tête de mes dragons j'ai traversé en rafale les lignes de l'infanterie autrichienne et, sans éprouver de lourdes pertes, franchi la rivière sous un déluge de mitraille. Une balle a arraché mon casque. J'ai eu du mal à maîtriser ma monture, qui se cabrait, une oreille arrachée.

La grande faute du général Houchard a été de laisser l'ennemi battre en retraite sans le poursuivre, alors que nous étions maîtres de la situation. A-t-il jugé que nos pertes étaient trop lourdes, que ses hommes étaient éreintés et affamés ? Toujours est-il qu'il y a eu des éclats de voix sous sa tente, entre lui et ses officiers, au moment du bilan. Il aura des comptes à rendre au gouvernement...

> *Addenda* : Le général Houchard a été convoqué par la Convention, peu après la bataille de Hondschotte, à l'un des pires moments de la Terreur. Le 23 septembre, il a payé de sa tête des erreurs assimilées injustement à une trahison. Pour moi, la guerre se poursuit, avec son alternance de victoires et de défaites. Au cours d'une bataille livrée aux armées autrichiennes, près du Quesnoy, aux confins du Cambrésis et du Hainaut, le 12 septembre, mon cheval s'est abattu, foudroyé par une balle au chanfrein. Dans sa chute, je me suis retrouvé avec une jambe brisée. Il a fallu l'amputer au niveau du genou, ce qui me vaudra sûrement, avec la croix des braves, une retraite prématurée.

2

L'insulaire

Thérésa Cabarrus. Paris, été 1785

Il m'aurait été agréable, pour ce second séjour à Paris, peut-être sans l'espoir de retourner un jour à Carabanchel, de retrouver l'ambiance délicate, feutrée, élégante, de la famille des Le Coulteux. En moins d'un an, cette grande dame a fait de moi ce que je suis aujourd'hui : une demoiselle *très présentable*. On se plaît à louer mes avantages physiques, mon élégance, ma bonne éducation et mes connaissances en matière de littérature et surtout de musique et de danse, des arts dans lesquels j'excelle.

Pour ce second séjour, ce n'est pas devant la demeure de ma protectrice qu'une voiture m'a déposée, mais devant l'hôtel de Mme de Boisgeloup, épouse d'un conseiller du roi, rue Saint-Louis-en-l'Île, et amie de longue date de notre famille.

Quelques jours avant de quitter Carabanchel, ma mère, qui avait décidé au dernier moment de me laisser partir seule, m'avait dit :

— Tu ne retourneras pas chez Mme Le Coulteux. Elle a bien pris soin de toi, j'en conviens, mais…

— Quoi donc, mère ? Je me plaisais chez elle, et elle…

— N'en parlons plus ! J'ai appris, un peu tard, que cette femme, en dépit des apparences, a une moralité douteuse. C'est donc chez une autre de mes connaissances,

Mme de Boisgeloup, que j'ai décidé de te placer. Avec elle, tu ne risques pas de tomber dans un piège...

Ce piège, je le connaissais. Les fils de Mme Le Coulteux s'étaient intéressés à moi de plus près que la décence ne le tolérait. Elle s'en était aperçue et ma présence avait constitué une pomme de discorde qui avait donné lieu à quelques éclats. Malgré mon âge, je ne voyais aucun obstacle moral à ce que l'on me courtisât. Il ne me serait pas venu à l'esprit de décourager ces avances, ce qui eût été ressenti comme une marque de mépris.

Le drame était survenu un soir, au retour d'un bal à l'hôtel de Hanovre, où les fils de la maison m'avaient invitée à les suivre. Si je dansai à m'étourdir, le champagne me brouilla les idées et l'exhibition de *seguedilla* et de *tanguillo* en solo à laquelle je me livrai sur le tard acheva de me faire tourner la tête. De retour à l'hôtel, j'avais cédé aux instances d'un fils de la maison, Georges, qui, profitant de l'état second dans lequel je me trouvais, m'avait accompagnée à ma chambre et y avait passé la nuit.

Une semaine plus tard, sans que l'on daignât me fournir une explication, on me renvoyait à mon foyer. J'ignore à quelle indiscrétion je dois cette mesure. Elle se fit sans effusions de larmes de ma part ni de celle de Georges. Ce premier amant n'a pas laissé dans ma mémoire un souvenir impérissable, sinon une révélation de l'amour physique, à laquelle je fus sensible.

J'arrivais chez ma nouvelle protectrice comme mars en carême.

Je ne m'attendais pas à ce qu'on célébrât ma venue en allumant les grands lustres, mais la réception que l'on me fit me laissa perplexe : Mme de Boisgeloup m'accueillit en tenue de deuil, en larmes, le visage bouffi, des sanglots dans la voix.

— Ma petite, me dit-elle, vous arrivez dans de pénibles circonstances. J'avais prévu une petite fête pour vous recevoir, mais le Ciel en a décidé autrement.

Elle me prit par la main pour me conduire au salon où,

dans la pénombre, je distinguai la forme d'un cercueil entouré de cierges qui mêlaient leur odeur au parfum des fleurs. Madame se laissa tomber sur une chaise en gémissant :

— Mon pauvre mari... Il est mort hier au soir, après avoir été renversé par une berline, il y a quelques jours. Il se faisait un plaisir de vous accueillir et de vous héberger, et voilà ce que ce stupide accident a fait de lui...

Éberluée, je la laissai à son chagrin pour gagner ma chambre et, avec ma servante, Frenelle, m'y installer. Je n'allais pas y demeurer longtemps. Au repas du soir, qui fut spartiate étant donné les circonstances, Mme de Boisgeloup me dit :

— Ma petite, vous comprendrez que je ne puisse vous faire partager la compagnie de la triste veuve que je suis devenue. J'en suis désolée, mais je vais prendre soin de vous et trouver une autre famille pour vous héberger. Cela demandera environ une semaine, le temps de quelques démarches.

Cette semaine, je la passai à visiter l'île Saint-Louis, ce quartier élégant, conçu à la manière d'une bastide, avec des rues en arêtes de poisson de part et d'autre de la voie centrale. J'y trouvai une vie intense, des boutiques achalandées par les meilleures familles, des hôtels particuliers aux portes blasonnées...

En compagnie de Frenelle, j'y fis quelques achats, en matière de toilette notamment, et de parfums que j'expédiai à ma mère. J'observai sans déplaisir que les hommes s'intéressaient à moi et que certains poussaient l'audace jusqu'à m'emboîter le pas, ce qui n'était pas pour me déplaire. Ces promenades me changeaient de l'ambiance sinistre de l'hôtel des Boisgeloup, et des sempiternelles jérémiades de la veuve.

Mon hôtesse m'annonça, après une semaine de démarches infructueuses, qu'elle avait décidé de se séparer de moi.

— J'ai trouvé, me dit-elle, à vous loger dans un meublé

proche de mon domicile. En attendant qu'une autre famille vous accueille, vous pourrez faire appel à moi en cas de besoin. Je me charge de régler le loyer.

Nous visitâmes cet appartement. Il était modeste mais convenable pour le temps que j'allais y séjourner. Situé rue des Deux-Ponts, entre celui de la Tournelle et le Pont-Marie, ses fenêtres ouvraient sur le quai des Ormes et le fleuve agité d'une intense activité de batellerie.

Je n'avais pas tardé à pénétrer les véritables intentions de Mme de Boisgeloup à mon égard. Cette quadragénaire grosse à pleine ceinture, à voix de rogomme, fardée à outrance, remuante, avait vite secoué les cendres de son deuil.

J'en eus la confirmation par un entretien surpris au cours d'une partie de trictrac disputée avec ses amies, alors que je m'étais retirée dans un coin de fenêtre, derrière un paravent. Ces dames jacassaient à voix basse, mais j'ai l'oreille fine et peu de choses m'échappèrent de cette conversation.

— Cette gamine, dit Mme de Boisgeloup, me donne quelque souci. Je ne vais pas, *ad vitam æternam*, continuer à payer son terme. Que vais-je bien pouvoir en faire ? Les hommes commencent déjà à flairer une proie facile, alors qu'elle n'a que douze ans.

— Douze ans ! s'exclama une de ses invitées. On lui en donnerait dix-huit.

— C'est vrai qu'elle est grandette pour son âge, et fort jolie. Je crains qu'un jour, avec comme seule compagnie sa servante, elle ne tombe dans un piège. C'est alors que j'aurais des comptes à rendre à sa famille ! Déjà que, chez les Coulteux, elle a fait des siennes…

— Essayez donc de lui trouver un bon parti, proposa une autre perruche.

— Un bon parti ? Vous en avez de bonnes ! Cela ne se trouve pas sous les sabots d'un cheval.

Une dame éclata de rire.

— Des prétendants pour cette perle andalouse, de très bonne famille à ce qu'on dit, vous en trouverez si vous cherchez bien. Je puis vous y aider. On me reconnaît quelque talent pour cela.

Elle énuméra des noms de familles de sa connaissance, qui m'échappèrent. Mon hôtesse parut faire la fine bouche. L'une des joueuses s'écria :

— Ne cherchez plus, ma bonne ! J'ai ce qu'il vous faut.

— Parlez plus bas, dit Mme de Boisgeloup. La gamine pourrait nous entendre.

Les marieuses se concertèrent longuement. Je ne perçus de leur conciliabule que des fragments de phrases, des exclamations et des rires.

— La bonne idée que voilà ! Ce sont des gens honnêtes, fortunés et reçus à la Cour.

— Il y a plusieurs fils encore célibataires dans cette famille, à ce qu'on dit. La petite pourra faire son choix.

— Cet oiseau exotique va faire merveille dans cette famille un peu guindée.

Et patia, patia...

Un matin, alors que je lui rendais visite comme je le faisais chaque jour, parfois pour l'accompagner en courses, Mme de Boisgeloup me fit asseoir dans le salon et, d'un air un peu cérémonieux, m'annonça qu'elle venait de recevoir une invitation à participer à une fête donnée dans la propriété d'une riche famille : les de Laborde.

— Je souhaite, me dit-elle, que vous me serviez de chaperon. M'y rendre seule serait jugé peu convenable pour une veuve. Acceptez-vous de m'y suivre ?

Je lui donnai mon accord. Elle ajouta :

— Il faudra veiller à votre toilette, mais sans trop de fantaisie, car vous allez vous trouver dans une société aux mœurs raffinées. Je connais cette famille depuis longtemps, et...

Avec un luxe de détails, elle m'apprit qui était le marquis de Laborde. Ce financier qui avait ses entrées à Versailles venait de faire construire, rue d'Artois, dans le quartier élégant de la Chaussée-d'Antin, un hôtel somptueux. Il possédait, dans les environs de Paris, près d'Étampes, le château de Méréville, célèbre pour ses richesses et son parc réalisé dans le style anglais par le peintre Hubert Robert.

— M. de Laborde, ajouta-t-elle, ne fait pas étalage de ses biens par orgueil, mais par convenance personnelle. C'est un esthète, et sa conversation est des plus enrichissantes. Il a parmi ses familiers des artistes en renom, comme Élisabeth Vigée-Lebrun, Jean-Baptiste Greuze, Augustin Pajou, que vous aurez peut-être l'occasion de rencontrer ce soir-là.

Elle se pencha vers moi pour me dire à voix feutrée, comme pour m'attirer dans un complot :

— Cette famille est un vivier de beaux partis, ma petite. Les fils sont des militaires ou des marins, je ne sais plus. Ils vous feront sûrement la cour. Je compte sur votre âge et votre innocence pour vous en protéger.

Elle partit d'un rire aigrelet avant d'ajouter :

— ... mais, si vous voyez les choses autrement, je ne trouverai rien à redire, à condition de ne pas faire passer Pâques avant les Rameaux...

Le nom du marquis de Laborde me rappelait des souvenirs un peu flous mais qui se précisèrent. Je devais avoir dix ans lorsque mon père l'avait reçu à Carabanchel pour mettre sur pied un trafic de piastres. Ils entretenaient par-dessus les Pyrénées des rapports épistolaires constants et apparemment sans hiatus. De l'apparence de ce personnage, en revanche, je n'avais gardé aucune image précise.

La famille comptait deux fils en âge de se marier : Marchainville et Boutervilliers, tous deux officiers de la Marine royale. Nous étions loin du « vivier » dont m'avait parlé la veuve, les autres étant encore en lisière. Ils s'apprêtaient à partir pour une expédition autour du monde sous le commandement de M. de La Pérouse. Fonder une idée de mariage sur ces personnages qui allaient rester au bout du monde durant des mois me paraissait absurde, mais, après tout...

Mme de Boisgeloup accepta que je me fisse accompagner de ma chère Frenelle pour cette soirée, afin qu'elle veillât sur mon comportement, comme elle en avait depuis peu l'habitude.

Les mots me manquent pour écrire ce que m'inspira cette soirée.

L'architecture du château de Méréville était intermédiaire entre le palais et la folie. L'intérieur était digne de Versailles et aurait pu choquer, si tout n'y eût été du meilleur goût et propre à m'éblouir. Ce n'étaient que plafonds peints, statues et bustes de marbre, lambris dorés, glaces à profusion, tentures en velours de Gênes, constellations de lustres...

Le parc ? Comparés à lui, les célèbres jardins du Retiro, à Madrid, n'étaient qu'un potager. Dans celui de Méréville, connu dans toute l'Europe pour sa magnificence, on reconnaissait la touche d'un artiste et la fortune du maître des lieux. De cette nature opulente mais maîtrisée surgissaient des statues de marbre, des grottes de rocaille à cascade, des bassins où se pavanaient cygnes et canards mandarins, des temples d'amour voisinant avec les pavillons rustiques aux murs de bois réservés aux invités.

Accompagnée de Mme de Boisgeloup, je m'attardais à contempler l'effigie de marbre de je ne sais quelle déesse de l'Antiquité, quand j'entendis dans mon dos une voix d'homme.

— Cette *Aphrodite*, mademoiselle, est attribuée à Praxitèle. Il s'agit d'une copie, cela va de soi, mais parfaitement exécutée, sans un défaut d'équilibre.

Il ajouta en s'inclinant :

— Je me présente : Jacques de Laborde de Marchainville. L'un des fils de la maison, vous l'avez sans doute deviné.

Je répondis avec un élan qui le fit sourire :

— ... et vous allez bientôt faire le tour du monde avec M. de La Pérouse !

Il dit, avec un regard complice à l'intention de la veuve :

— Je constate que l'on vous a bien informée, mademoiselle Thérésa. Permettez que je fasse usage de votre prénom. Vous êtes d'origine espagnole, n'est-ce pas ?

Je fis mine d'être vexée.

— Si je suis bien informée sur vous, en revanche vous ne

l'êtes guère sur moi. Mon père est né à Bayonne, je suis aussi française que vous. Je ne dois à l'Espagne que mon teint hâlé…

— … mais si discrètement qu'il vous va à ravir. Pardonnez ma bévue.

Il prit ma main, la porta à ses lèvres et m'invita à boire un rafraîchissement sous une grande tente de drap blanc. Nous y fûmes sur-le-champ entourés d'une volée de jeunes hommes, dont quelques-uns en tenue d'officier, et de demoiselles qui souhaitaient, en agitant leur éventail, s'informer des raisons de ma présence dans cet aréopage.

Quand les violons attaquèrent une *anglaise*, je ne résistai pas à l'invitation de Jacques de Laborde. Il était, pour un officier de marine, d'une beauté délicate, presque fragile, avec son teint de porcelaine, le velours de tendresse de son regard, sa chevelure blonde dont les boucles accrochaient la lumière et sa prestance un peu féminine.

La danse achevée, il m'invita à faire quelques pas dans les allées du parc, en me tenant par la taille, tandis que Mme de Boisgeloup et Frenelle se gavaient de pâtisseries.

Il me parla de ses préparatifs de voyage, qui allaient durer près d'un mois. Chaque jour, avec son frère, il passait des heures à étudier, dans des livres et sur des cartes marines, les pays où ils allaient faire escale, les mers et les océans qu'ils allaient traverser. Ils voulaient, me dit-il, tout connaître de ce périple avant de l'entreprendre.

— Je suis, me dit-il, comme l'oiseau sur la branche et, à peine vous ai-je connue, je regrette de devoir bientôt vous quitter.

— Des regrets, monsieur ? Alors ne partez pas !

Il s'esclaffa.

— Mon frère André de Laborde de Boutervilliers et moi avons signé un engagement pour la durée de cette expédition. Même le ministre de la Marine, un ami de mon père, ne pourrait le résilier. Je dois d'ailleurs vous confier que je nourris depuis des années des rêves d'aventure et que cette occasion était trop belle pour la laisser passer. Y renoncer serait une sottise dont je me repentirais toute ma vie.

Il ajouta avec un mouvement d'humeur :

— Vous me mettez dans l'embarras, mademoiselle Thérésa. Tout était simple avant de vous rencontrer. Votre présence complique tout. Je me connais : je vais penser à vous tout au long de ce voyage qui durera deux ans, peut-être plus !

— Je puis me retirer si ma présence contrarie à ce point votre projet.

— À quoi bon ? Le mal est fait, si je puis dire, mais ce mal me fait tant de bien que je souhaite qu'il dure. Cette attente sera pour moi un supplice. Il n'en sera pas de même pour vous, je le suppose et le regrette.

La vivacité de ma réponse parut le choquer :

— Nous ne sommes pas dans un opéra de Gluck, monsieur ! Vous n'êtes pas mon Orphée et je ne suis pas votre Eurydice. Des Eurydice de substitution, vous en découvrirez à chaque escale !

— Je vous trouve bien impertinente pour une gamine. Impertinente mais cultivée. Où avez-vous puisé ces connaissances en matière d'opéra ? Pas dans les sierras castillanes, je suppose ?

Je haussai les épaules et lui frappai le bras avec mon éventail. L'expression de « gamine » m'indisposant, je lui en fis le reproche. Il s'excusa, m'embrassa la main et fit remonter ses lèvres jusqu'à mon coude.

— C'est bien, lui dis-je. Je vais tâcher d'oublier cette maladresse. Allons danser.

— Y tenez-vous vraiment ? Je dois vous avouer que je n'ai guère de goût pour ces gesticulations. Je ne vous y ai invitée que par convenances. D'ailleurs la nuit tombe et la cloche va nous annoncer le souper.

Nous poursuivîmes notre promenade en silence. Les groupes que nous croisions s'inclinaient sur notre passage. Des adolescents jouaient sur une pelouse. Sur le seuil d'une grotte artificielle un couple s'embrassait. Je sentis la main de mon cavalier se crisper sur ma taille.

Des valets allumaient flambeaux, chandelles et pots à feu

posés à même le sol. La pénombre où passaient des souffles tièdes s'illuminait peu à peu *a giorno*. Jacques tint à m'avoir à son côté pour le repas qui se déroula dans une ambiance sereine mais une atmosphère moite, la grande tente ayant accumulé la chaleur torride de la journée.

Alors que l'on servait les sorbets aux fruits, Jacques me souffla à l'oreille :

— Passerez-vous la nuit à Méréville ?

Je lui répondis que cela dépendait de Mme de Boisgeloup. Il m'assura qu'il en faisait son affaire et ajouta :

— Vous allez donc rester. Vous dormirez dans un de ces jolis pavillons de bois. Malgré les apparences, vous y trouverez, vous et votre servante, tout le confort souhaitable. Si je vous demandais la permission de vous garder quelques jours et, pourquoi pas ? jusqu'à mon départ, que me répondriez-vous ?

— Que ce serait une folie, mais je suis aussi folle que vous et j'accepte de rester, une semaine tout au plus, si Mme de Boisgeloup y consent...

— Cessez de me parler de cette femme sotte et vulgaire ! Une semaine, c'est dit, et plus si cela vous tente. Vous me ferez un plaisir fou. J'éprouve le besoin de mettre un peu de chair autour du souvenir que j'emporterai de vous.

« Un peu de chair... » L'image me plut par ce qu'elle laissait deviner. Il alla, sur la fin du souper, parlementer avec Mme de Boisgeloup et revint radieux.

— Affaire conclue ! Votre chaperon est d'accord pour vous accorder une semaine de liberté. Au-delà, il faudra renouveler la demande de permission. S'il le faut, j'y mettrai le prix. C'est ce que cette vieille guenon m'a fait comprendre...

Je ne pouvais, en préparant ma nuitée dans le pavillon, m'empêcher de penser que cette rencontre était le résultat d'un complot conçu et exécuté par la veuve. Frenelle, à qui je fis part de ces soupçons, ne me démentit pas. Elle avait mon âge et nous échangions parfois des confidences. Elle m'avait appris que ses rapports avec notre palefrenier,

Joseph Bidos, resté à Carabanchel, tendaient au mariage et qu'elle souffrait de son absence.

— Cette rencontre, mademoiselle, me dit-elle, est cousue de fil blanc. Votre cavalier s'est montré trop sûr de lui en trop peu de temps. Il doit s'agir d'un piège. Reste à savoir s'il tourne à votre avantage. Il faut dire que vous auriez pu tomber plus mal...

Une réflexion de Jacques de Laborde me revint à l'esprit : pour convaincre la « vieille guenon », il était disposé, m'avait-il dit, à y « mettre le prix ». Était-ce à dire que j'avais été l'objet d'un marché ? Nombre de marieuses, m'a-t-on dit, vivent de cette industrie. Pourquoi pas ma veuve ? Une telle manœuvre n'avait rien qui pût me surprendre de sa part. En revanche je repoussais l'idée que mon cavalier eût accepté ce marchandage qui faisait de moi en quelque sorte une pouliche à vendre, mais il y avait un tel accent de sincérité dans son comportement que je répugnais à y voir de sa part une complicité.

Deux jours plus tard, Jacques de Laborde de Marchainville devint mon amant.

Il avait obtenu de sa mère mon changement de domicile. On m'affecta une chambre dans le château. Lorsqu'il m'annonça la nouvelle, je lui dis sur un ton narquois :

— Vous avez veillé, je suppose, à ce que cette chambre soit proche de la vôtre ? Allons, ne rougissez pas et dites-moi la vérité.

Pour toute réponse, il me prit dans ses bras et embrassa mes lèvres. Cet aveu était assez éloquent pour que, le soir venu, je laisse ma porte ouverte, faisant ainsi, consciemment, de ce marivaudage une histoire d'amour.

Nous avons connu de nouvelles étreintes, dormi enlacés, fenêtres ouvertes sur la nuit radieuse du parc où scintillaient encore quelques pots à feu. La chandelle que nous avions laissée allumée à notre chevet avait attiré dans ma chambre des chauves-souris dont le vol balayait le plafond d'ombres géantes. De temps à autre, baignée de sueur, je me levais, passais un linge humide sur mon corps et restais campée devant la fenêtre pour me laisser caresser par les derniers souffles de la nuit.

Mon amant ne me quitta qu'à peine le jour levé pour ne pas attirer l'attention. Dans la matinée, avec des airs de beau Léandre, il toqua à ma porte pour s'informer de mon état et s'assurer que j'avais eu mon compte de sommeil. Il tenta de me reprendre mais je l'en dissuadai : je venais de faire ma toilette et ne tenais pas à la recommencer.

Je le sentis un peu crispé au cours du déjeuner que nous partageâmes sur la terrasse, en présence d'autres invités mais sans ma veuve, qui avait repris à l'aube la route de Paris. Je lui demandai la raison de son trouble ; il me répondit que la perspective de devoir me quitter l'obsédait. Pieux mensonge ! J'avais surpris au début de notre première étreinte une ombre de déception sur son visage en constatant que j'avais déjà, comme on dit vulgairement, « vu le loup ». J'avais mis tant de conviction dans ce premier échange que je lui avais fait oublier, du moins sur le moment, cette déception. Une fille de mon âge, selon lui, se devait d'être vierge...

Je vécus ces quelques jours de liberté plongée dans une idylle de Théocrite.

Nous les avons passés en promenades dans le parc, à pied et parfois à cheval tant il est vaste et ouvert sur des forêts aux arbres centenaires où pullule le gibier. Nous poussions parfois jusqu'à Cyr et Angerville pour dîner dans des auberges. Complices de notre euphorie, les jours glissaient sur nous comme une ondée de printemps.

Il me dit un jour, après avoir fait l'amour dans un pavillon de chasse proche d'Étampes :

— Thérésa, ma chérie, la pensée de te quitter est ma torture quotidienne, au point que l'idée m'est venue de dénoncer mon engagement. J'en ai parlé à mon frère, André, qui m'a traité de fou. J'ai donc renoncé à ce projet et partirai d'un cœur plus léger si tu me promets d'attendre mon retour. Si tu refuses, je ne t'en voudrai pas, mais l'espoir de te retrouver me donnerait le courage de supporter mes épreuves.

Un peu vexée qu'il m'eût subordonnée à sa carrière, je n'osai pourtant lui refuser cette faveur. Il saisit mes mains et les embrassa avec fougue par-dessus la table. M'aurait-il demandé de l'attendre dix ans que je lui aurais donné satisfaction.

J'aurais eu tort, comme la suite des événements me le confirma.

Quand je demandai à la veuve la permission de prolonger mon séjour d'une autre semaine, elle regimba.

— Au moins, me dit-elle, M. Jacques vous a-t-il demandée en mariage ?

— M'épouser alors qu'il doit partir dans quelques semaines et qu'il restera absent durant deux années ? Vous plaisantez ?

— Point du tout, ma petite ! S'il est vraiment conquis, le temps passera vite. Je vous accorde une semaine de liberté supplémentaire si vous me promettez d'en revenir avec une promesse de mariage.

Je refusai le marché odieux que me proposait cette vieille guenon. Qu'elle en fût d'accord ou non, je décidai de rester encore une semaine, peut-être plus, à Méréville.

Puis-je l'avouer ? Cette perspective de contracter une union dans cette famille ne me tentait guère. J'avais vécu cette aventure avec une telle intensité qu'elle n'aurait pas tardé à se défaire, comme une tunique trop légère soumise aux caprices du temps. D'autre part, je me connaissais trop bien pour ne pas me faire d'illusions sur ma fidélité en matière de sentiments. Deux ans… Peut-être plus… Il eût fallu que je fusse une héroïne de roman pour accepter cette contrainte !

> *Addenda :* Les deux fils aînés du marquis de Laborde, les enseignes Marchainville et Boutervilliers, ont quitté Brest le 1er août 1785, l'un à bord de *L'Astrolabe,* l'autre de *La Boussole,* pour la plus importante expédition maritime jamais tentée autour de la planète.
> Dans les instructions données à M. de La Pérouse, le roi s'était exprimé ainsi : « Nous regarderons comme un

des succès les plus heureux de cette expédition qu'elle se terminât sans coûter la vie à un seul homme… »

Le 13 juillet de l'année suivante, l'expédition connut quelques déboires aux abords du continent arctique. Des canots partis vers la côte pour sonder les fonds avaient sombré sur les récifs. Les deux fils du marquis de Laborde faisaient partie de cet équipage de vingt-deux hommes. Entraînés au large, ils n'avaient pu être repêchés.

J'ai appris plus tard que cet accident était signalé à l'entrée du Port-des-Français, en Alaska, par une stèle à l'intérieur de laquelle M. de La Pérouse avait déposé une bouteille contenant la liste des disparus. Ce coin de terre porte depuis le nom d'île du Cénotaphe.

L'expédition a disparu, quelque temps plus tard, dans la traversée de l'océan Pacifique, sans que nul rescapé ne puisse relater les circonstances de cette catastrophe.

Thérésa Cabarrus : Paris, 1787-1789

J'aurais eu tort, pour maintes raisons, de fonder des espérances sur une union avec l'enseigne de vaisseau Jacques de Laborde de Marchainville : outre qu'il m'eût laissée seule durant des années, nous nous fussions heurtés au refus de son père qui, bien qu'ayant les meilleurs rapports avec le mien, n'eût pas accepté ce qu'il devait considérer comme une mésalliance. Il envisageait pour ses enfants restés au bercail des mariages à particules et des hôtels particuliers à blason, des critère auxquels la fille du banquier François Cabarrus ne pouvait répondre.

Dans les années qui suivirent le départ des deux enseignes, l'une de ses filles, Pauline, épousait le rejeton d'une vieille famille limousine, le comte d'Escars, colonel dans les dragons d'Artois, et Nathalie, sa cadette, le vicomte Charles de Noailles, qui avait château et domaine dans le sud de cette province.

Mme de Boisgeloup me révéla qu'il entrait un autre facteur dans cette opposition.

— M. de Laborde, me dit-elle, est jaloux de votre père, qui fait de meilleures affaires que lui dans le trafic des piastres. Votre mère m'a appris que, lors de son dernier voyage à Madrid, ils s'étaient querellés. Cet homme, je le déteste !

Elle n'avait pas renoncé à me caser et poursuivait ses entreprises dans les salons qu'elle fréquentait.

— Vous êtes venue à Paris pour y décrocher la timbale, et j'ai pris l'engagement auprès de votre mère de vous aider. Je tiendrai parole. Je n'ai jamais connu d'échec dans mes démarches et, avec une fille de votre qualité, il faudrait que le diable s'en mêlât pour rester le bec dans l'eau !

Je ne lui demandai pas et ne sus jamais ce que cette activité avait coûté à ma mère, mais je présume que la veuve en tirait un bon profit car, en quelques semaines, elle avait renouvelé sa garde-robe et joué des sommes importantes dans les bureaux de loterie.

J'attendis sans impatience plusieurs mois avant qu'elle eût débusqué le nouveau gibier qui, disait-elle, valait bien un Laborde et faisait moins de manières. Il demeurait à une portée de flèche de son domicile et du mien.

Lors de ma première rencontre avec le marquis Jean-Jacques Devin de Fontenay, j'eus du mal à maîtriser un sentiment de répulsion et Frenelle le rire qu'elle cacha derrière son mouchoir. Si le patronyme ne manquait pas de panache, le personnage qui le portait en était dépourvu. Cet homme de dix ans plus âgé que moi, courtaud, roux, disgracié de corps et de visage, rude dans ses propos et vulgaire dans son allure, n'avait rien pour me plaire.

Mme de Boisgeloup dut bien en convenir.

— Que voulez-vous, ma petite, me dit-elle, les beaux partis se font rares ! Dès qu'ils sont en âge de convoler, l'Armée ou la Marine nous les enlèvent. Certes, M. de Fontenay a moins de prestance que votre enseigne, mais c'est un brave garçon et sa fortune ne fera pas honte à la vôtre. De plus, il ne risque pas de vous fausser compagnie pour aller faire une croisière autour du monde. Croyez-moi : c'est le meilleur parti auquel vous puissiez prétendre.

Je ne l'entendais pas de cette oreille et ne lui cachai pas que je n'éprouvais aucune attirance pour ce greluchon qui, dans l'intimité, avait l'allure d'un vicaire de campagne. Elle me lança, le feu aux joues :

— Voyez l'impertinente ! C'est ainsi que vous me remerciez de mes bons offices ? Si vous n'êtes pas d'accord, repartez pour l'Espagne et épousez un traîneur de sabre ou un hidalgo ! Votre mère sera informée de vos réticences.

Je haussai les épaules.

— Ma mère... pour se débarrasser de moi, elle me jetterait dans les bras d'un barbon ou d'un bossu !

— M. de Fontenay n'est ni l'un ni l'autre, ma belle ! Et je vous rappelle qu'il est le neveu d'un contrôleur des Finances royales, qu'il est titré prince de Listenay et, tenez-vous bien, qu'il est apparenté aux Laborde !

— Ne m'avez-vous pas raconté qu'il est issu d'une famille de drapiers ? Alors, dites-moi, comment expliquer cette fortune et ces titres ? Ceux de marquis et de prince ne se trouvent pas sous les sabots d'un cheval !

La veuve bredouilla :

— C'est... c'est en raison, je suppose, de quelque talent reconnu par la Couronne, de bonnes alliances, d'affaires fructueuses... Et puis, zut ! vous m'agacez avec vos exigences. Qu'escomptiez-vous à la fin ? Épouser un membre de la famille royale ? Contentez-vous de savoir que la fortune de votre prétendant est un pactole et votre dot une misère !

Il fallait bien en convenir : ce nouvel argument était à considérer. Si l'argent m'ouvrait une porte, l'amour ou l'affection pourraient l'emprunter. Je tenais à préserver dans ma vie un certain espace de liberté mais avec une aisance financière suffisante à satisfaire mes caprices. Je connais peu de femmes qui puissent raisonner autrement.

La nouvelle de mon acceptation enchanta mes parents. Dans leur réponse à la lettre par laquelle je les avais informés de ma décision, ils m'annoncèrent qu'ils tenaient à être présents à la cérémonie de mariage. Mon père ajoutait qu'il en profiterait pour régler quelques différends avec le marquis de Laborde.

La cérémonie en l'église Saint-Eustache fut attristée par la pluie et la neige. À la sortie, je fis distribuer par mon époux quelques poignées de monnaie aux pauvres qui chantaient leurs complaintes de misère.

J'aurais aimé que notre lune de miel eût pour cadre l'Italie. Jean-Jacques, peu amateur de voyages d'agrément, jugés inutiles, s'y opposa. Je me contentai d'une semaine de repos dans son domaine de Fontenay-aux-Roses, au sud de Paris, avec quelques mornes promenades en tilbury pour assister aux exercices de la troupe autour du fort de Châtillon. Quand j'évoquais, en regardant tomber la pluie, la lumière de la Toscane et de l'Ombrie, il haussait les épaules ou éclatait de rire.

Malgré sa fortune, des relations qui n'étaient pas négligeables et l'ardeur qu'il mettait à me prouver son attachement, je ne pouvais me libérer d'un sentiment de répulsion. Je me disais que si mon petit enseigne ne m'avait pas oubliée, à son retour, je me donnerais de nouveau à ses caresses sans le moindre scrupule.

J'ignorais encore qu'il eût disparu en mer.

Je m'efforçais de compenser ma déception en m'étourdissant de plaisirs. Dieu merci, si mon époux n'aimait guère les voyages de plaisance, il ne boudait pas les réjouissances qui mettaient sa réputation princière en valeur, dans son château de Fontenay et dans son logis parisien.

Je n'eus pas, par mon mariage, à renoncer à ma qualité d'insulaire.

À Paris, nous occupions un étage de l'hôtel Chenizot, au numéro 59 de la rue Saint-Louis-en-l'Île. Cette demeure, ancienne propriété du chancelier d'Aligre, m'offrait, sous son aspect austère, le confort et le luxe auxquels j'aspirais. Je me plaisais surtout dans le jardin. Il s'étendait jusqu'au quai d'Orléans et donnait sur le fleuve et les quartiers de la rive gauche.

Notre couple allait cahin-caha, sans effusions comme sans conflit majeur. J'avais revu sans déplaisir à mon mariage mes parents et mon frère cadet, Barthélemy, l'amateur de mouches. Mon aîné, Domingo, en garnison, n'avait pu se joindre à nous, alors qu'il était le seul qui aurait pu donner à ces sinistres journées un air de fête.

Mes rapports avec mon époux tournèrent à l'aigre le jour

où je compris qu'il ne se satisfaisait plus de nos ébats nocturnes, bien qu'il y mît une ardeur inlassable.

J'en eus la confirmation la nuit où je le surpris, en chemise, un bougeoir à la main, en train de descendre l'escalier menant aux galetas des domestiques. Je me gardai d'en faire un esclandre mais me refusai à lui au cours des nuits qui suivirent.

À peu de temps de là, Frenelle m'apprit qu'il avait une maîtresse en titre. Elle tenait cette révélation d'une servante dont elle s'était fait une amie. Cette catin se prénommait Catho. Épouse d'un bijoutier, elle était employée dans la boutique de mode de Rose Bertin, rue Saint-Honoré.

Loin de m'accabler, cette révélation me conforta dans l'idée d'une revanche, mais une grossesse m'interdit de profiter de la liberté que mon époux venait de me concéder implicitement. Je donnai naissance à un garçon qui reçut le prénom de Théodore.

Remise de mes couches, je songeai de nouveau à mettre en valeur le pré carré de mon indépendance.

Nous donnions fréquemment, en l'île Saint-Louis ou à Fontenay, des fêtes fréquentées par la meilleure société. Je sus gré à mon époux de me laisser le soin d'en assurer la préparation. L'art lyrique y avait sa place. Un soir, au château, je chantai le rôle de Colette dans l'opéra-comique de Jean-Jacques Rousseau : *Le Devin de village.* Le « devin »... On devine l'allusion au maître de céans.

Je rencontrai dans l'assistance, ce soir-là, une sœur cadette de mon petit enseigne, Nathalie, accompagnée de son époux, Charles de Noailles. Réputée l'une des plus belles femmes de Paris, elle allait peu après s'engager dans une idylle avec le jeune François René de Chateaubriand.

C'est d'elle que j'appris la disparition de Jacques de Laborde dans les eaux glacées de l'Arctique.

Au cours de ces réceptions, je sentais monter autour de moi des murmures admiratifs. Un de nos familiers, M. Bonardi du Mesnil, écrivit dans une gazette : « À seize ans, elle fait les honneurs de ses réceptions avec une grâce enchanteresse... » M. de Nouvins renchérit dans une autre feuille, en louant la « divine Andalouse *(sic)*, à la superbe chevelure de jais, qui donnait l'idée de la perfection humaine... ». Je passe sur d'autres louanges du même tabac, dont je ressentais moins de fierté qu'un sentiment de revanche envers un époux qui m'avait humiliée.

Ces flagorneries m'ouvraient subrepticement des perspectives vers lesquelles ma nature ardente me poussait.

Je montrai un jour à Jean-Jacques un article anonyme, paru dans un journal à scandale. Il le lut et faillit s'étouffer de rage.

— Vraiment, s'écria-t-il, je suis « petit et laid » ? Vraiment, « tu m'idolâtres et je te néglige ». Que vont inventer ces misérables !

La suite de l'article le fit rugir de fureur : « Il passe ses nuits avec la femme d'un bijoutier. Elle se guérit d'un amour dédaigné en prenant sa revanche... »

— Eh bien, s'écria-t-il, tout cela va se régler sur le pré. Quant à vous, si vous croyez humilier le marquis Devin de Fontenay, prince de Listenay, en vous laissant séduire, vous verrez ce qu'il vous en coûtera !

Je n'eus guère de mal à lui rappeler les griefs que j'avais contre lui : ses passades ancillaires, la femme du bijoutier, ses frasques dans les bouges du Palais-Royal. Il protesta, se disant victime de calomnies. Soudain, effarée, je le vis tomber à mes genoux. Il gémit :

— Thérésa, ma chérie, vous êtes la seule que j'aime vraiment et je suis choqué de vous voir répondre si mal à mes sentiments. Si vous avez un amant, il faudra me le dire. Il ne doit plus y avoir de secrets entre nous.

Je me tirais à mon avantage de cette première querelle notable. Dans les jours qui suivirent, profitant de ses bonnes dispositions à mon égard, je lui proposai de m'accompagner en Espagne pour y présenter notre enfant à ma famille. Il bougonna un peu, mais accepta.

Au cours de cet interminable voyage, repris par ses démons, il rentrait tard à l'auberge, certaines nuits ivre et agressif, après avoir écumé les mauvais lieux. Il tentait de me prendre, mais je me défendais, disant que je ne tenais pas à attraper une de ces vilaines maladies qu'il ramenait parfois de ses équipées nocturnes et qui le faisaient mettre en quarantaine, dans une autre chambre.

Au contraire de ce que j'appréhendais, il se conduisit correctement à Carabanchel et m'avoua même qu'il s'y plaisait. Ma mère se montrait à son égard d'une étrange complaisance. Elle me disait :

— Ton mari n'est peut-être pas du dernier raffinement, mais quel gentil garçon ! Il ne sait que faire pour s'attirer ma sympathie. Ce collier qu'il m'a offert, regarde...

Jean-Jacques faisait de même bon ménage avec mon père qui l'entretint de ses affaires et tenta de l'y intéresser. Il s'était pris d'affection pour Barthélemy, faisait en sa compagnie des randonnées à cheval et le traînait certains soirs dans les bouges du Barquillo, où cet innocent contracta une sévère vérole qu'il fit soigner aux herbes par un sorcier de Carabanchel Alto. Jean-Jacques nota le contenu de cette mixture pour s'en servir à Paris et en faire profiter certaines de ses relations.

Un détail chagrinait ma mère : Théodore était né blond alors que ni mon époux ni moi ne l'étions. Elle me dit, lèvres pincées :

— Est-ce que, par hasard, tu n'aurais pas...

Je ne la laissai pas achever. Cela lui dis-je, relevait des caprices de la nature et l'on ne devait pas en tenir compte. Les médecins étaient d'accord sur ce point...

Je n'allais pas lui révéler mes amours brèves mais intenses, peu après mes premières querelles de couple, avec Félix Le Peletier de Saint-Fargeau, créature d'une élégance raffinée, d'une beauté diabolique, que l'on appelait le Blondinet en raison de sa toison dorée. Il n'avait pas eu de peine à faire ma conquête : je lui avais cédé sans le moindre scrupule, consciente de rendre à mon mari la monnaie de sa pièce.

Je me lassai vite de lui : il ne me servait que des pâtisseries, alors que je n'avais d'appétit que pour des mets plus roboratifs.

Un large champ s'ouvrait à ma vie amoureuse. Je n'avais qu'à me laisser tenter, ce qui, pour une femme, est le comble du bonheur. Avec une conviction accrue de jour en jour, je constatais que, sans que j'eusse à déployer mes charmes, les hommes venaient à moi, attirés par mes seize ans (qui en faisaient dix-huit, disait-on !), ma séduction prétendument *andalouse*, et mon esprit dont on louait la justesse et parfois la causticité.

La maternité avait fait de moi une mère précoce mais non immature, comme si, d'un bond, j'étais passée de l'adolescence à l'âge adulte. Révolu le temps des poupées puis des niaiseries sentimentales, j'avais, avec la hardiesse de ma jeunesse et la maturité d'une créature accomplie, affronté le monde de la féminité. Pavillon haut, j'abordais aux rivages du plaisir.

De retour à Paris, au cours d'une soirée chez Nathalie de Noailles, la fille de M. de Laborde, je fus abordée par une dame proche de la cinquantaine, Élisabeth Joly de Fleury.

Je n'allais pas tarder à comprendre ce que ce nom à consonance poétique cachait de turpitudes, et ce qui l'intéressait en moi. Elle était l'égérie d'une secte de libertines qui avaient fait de Sappho leur idole. On trouvait dans ce phalanstère féminin des artistes : Fanny Raucourt, Sophie Arnould, Louise d'Oligny, et quelques étoiles de la danse. À croire que le théâtre et l'art lyrique étaient des viviers de lesbiennes. Quand elle me fit des avances, je lui ris au nez et lui fis comprendre que je campais sur l'autre rive du fleuve Amour.

C'est à Anne-Marie Picot, une compagne de collège du temps où j'étais sous la tutelle de Mme Le Coulteux, que je dois d'avoir été invitée à figurer dans l'entourage de jeunes gentilshommes fortunés, cultivés et généreux, les trois frères de Lameth : Théodore, Charles et Alexandre.

Anne-Marie était depuis peu l'épouse de l'un de ces garçons, Charles, le plus brillant des trois, sinon, physiquement, le plus séduisant. Blessé au cours de la guerre d'Amérique, au siège de Yorktown, il ne se déplaçait qu'à l'aide de béquilles. Fille d'un planteur du Petit-Goave, à Saint-Domingue, Anne-Marie, son éducation terminée, avait regagné son île, puis était revenue en France pour se marier. Nous n'avons eu aucun mal à renouer avec des sentiments qui ressemblaient fort à de l'amitié.

Nous nous étions retrouvées au cours d'un souper chez les Laborde, à Méréville, et étions tombées dans les bras l'une de l'autre. Alourdie, elle avait perdu l'apparence de ces créoles que les poètes appellent des « oiseaux des îles », et ne devait sa séduction qu'à son visage, qui avait gardé l'éclat de sa jeunesse, et à sa conversation, qui la faisait rechercher dans les salons.

Entre le fromage et les sorbets de chez Vellini, elle m'entretint de la famille de Lameth qui, à défaut de titres de noblesse prestigieux, avait accumulé les titres de gloire dans les campagnes de l'Armée royale. Les trois frères avaient participé, avec les généraux La Fayette et Rochambeau, à la guerre de l'Indépendance de l'Amérique, ce qui leur avait valu le surnom d'« Américains ».

Ils avaient ramené de cette expédition militaire, en matière de politique, des idées nouvelles qui paraissaient incongrues aux tenants de la royauté absolue. En rêvant pour leur pays d'une royauté constitutionnelle, à la mode anglaise, ils se faisaient davantage d'ennemis que d'amis.

Dans la tempête des États généraux qui allait faire passer sur le pays un souffle d'espérance, Charles de Lameth avait été élu député de la noblesse pour l'Artois mais s'était très vite rapproché du tiers état où il allait défendre les principes de liberté pour la presse et la religion. Moins doué que ses frères pour la politique, il était le plus ardent et le plus généreux.

— C'est à eux, me dit Anne-Marie, que je dois de m'être intéressée aux événements, malgré ma jeunesse et l'immaturité que l'on me reproche parfois. Cela me passionne davantage que les arts ou la mode.

Elle soupira en me tenant les mains :

— Ma chérie, le monde va changer et nous, les femmes, nous ne pouvons rester inactives. Toi-même, tu devrais…

Je lui coupai la parole aussi fermement que lorsque Mme Joly de Fleury avait tenté de me faire entrer dans sa légion de lesbiennes. J'avais assez à faire avec les démêlés que j'entretenais avec mon époux. Alors, la politique, on s'en occuperait sans moi...

Le revirement des frères Lameth m'intriguait. Comment avaient-ils pu oublier que leur famille tenait de la Cour une partie de ses ressources sous forme d'une généreuse pension accordée à leur mère, fille du maréchal de Ségur, ancien ambassadeur à la Cour du Tzar ?

Ils allaient d'un même élan et d'un même cœur se lancer dans cette aventure humaine qu'allait devenir la Révolution. Ils prenaient parti contre le veto royal et les privilèges. M. de Laborde, qui avait refusé de donner son fils, l'enseigne Marchainville, à la roturière que j'étais, finançait leurs feuilles séditieuses. Il est vrai qu'il partageait avec les Lameth des intérêts dans les plantations de Saint-Domingue.

Mon père, passionné par les événements qui ébranlaient le trône, me demandait de lui envoyer les gazettes qui en faisaient état, ce que j'accomplissais régulièrement. Ma mère se plaignait de ce qu'il en oubliât ses affaires, ce qui était exact. Il en négligeait aussi ses maîtresses, au dire de Joseph Bidos, dans les lettres qu'il adressait à Frenelle.

J'ai gardé une lettre où mon père me disait : « Quelle chance tu as, ma chérie, de vivre de près ces événements ! Si je n'étais retenu par mes affaires, je sauterais dans la diligence pour aller respirer l'air de cette révolution. Cela me changerait de l'ambiance méphitique de la cour du roi Carlos. J'espère qu'en digne fille de ton père tu ne laisseras pas l'Histoire se faire sans toi et que tu tremperas tes jolies mains dans ce torrent... »

Il tenait ses idées d'une lecture assidue des philosophes, Voltaire et Diderot notamment. Je le revois encore, un livre à la main, cigare de Cuba aux lèvres, lunettes sur le front, en train d'arpenter lentement les allées de Carabanchel, et il me semble l'entendre dialoguer avec l'auteur, comme s'il l'avait en sa compagnie.

Il avait tenté de m'intégrer à son petit univers, mais, aux *Pensées philosophiques* de Diderot, dont le sens échappait à ma jeune intelligence, je préférais les *Bijoux indiscrets,* puisés dans la bibliothèque, qui attisaient mes premiers élans charnels.

Anne-Marie Picot tenait elle aussi à m'intéresser à la philosophie et à la politique, mais avec de ma part la même réticence.

Elle s'était depuis peu affiliée à une loge maçonnique ouverte aux femmes auxquelles, à peine intégrées, on demandait de travailler, d'obéir à leur mari… et de se taire ! Cette section, dite d'« adoption », marquait une ségrégation insupportable, dans l'esprit de cette époque, que la fameuse Olympe de Gouges n'allait cesser de dénoncer.

Elle insistait :

— Je vais te présenter à quelques-unes de mes amies de la Loge. C'est une compagnie agréable et instructive. Tu y rencontreras des femmes de la noblesse, et même des princesses, mais oui ! Cela fera plaisir à ton père qui, m'a-t-on dit, est membre de la Grande Loge d'Espagne…

Je consentis, pour ne pas la vexer, mais sans conviction, à la suivre à la Loge olympique, dans une aile du Palais-Royal.

Je n'eus pas à me repentir d'avoir cédé à ma compagne. Cette organisation réunissait une centaine de dames et l'ambiance était loin de ressembler à celle de la Trappe. J'écoutai d'une oreille distraite les laïus pompeux concoctés par des tribuns en jupons, et avec plus d'attention les conversations de tables de jeux, de collations et de repas, dont je faisais mon profit.

J'y appris, mieux que par les gazettes, des détails savoureux sur l'affaire du collier de la reine Marie-Antoinette. Je compatis pour cette malheureuse, victime d'escrocs de haut vol, et j'éprouvai de la haine pour le cardinal de Rohan, ce prince de l'Église licencieux et peut-être moins naïf qu'on voulait le faire croire.

Je me plus dans cette compagnie et acceptai sans rechigner d'être intronisée, ce qui se fit par acclamation. Adoptée, je décidai de me montrer digne de mes frères et sœurs, dont l'action, répondant à ma générosité naturelle, consistait en attribution de prix de vertu, à l'aide aux malades de l'Hôtel-Dieu, aux Ateliers de Charité...

La Révolution, puisqu'il faut l'appeler par son nom, allait son train d'enfer, et je me pris d'intérêt pour elle. J'en avais des échos par un ami de mon époux, Antoine Barnave, député du Dauphiné, l'instigateur, à Grenoble, d'une des premières émeutes populaires : la journée des Tuiles, qui avait mis les troupes royales en échec.

Je rencontrais souvent, à Fontenay, ce personnage, familier des frères Lameth. Il passait plus de temps en ma compagnie qu'en celle de mon époux auquel il était lié pour ses affaires. Je trouvais son credo révolutionnaire un peu brouillon et exalté et l'attention qu'il me témoignait consacrée davantage à la politique qu'à l'amitié.

Il s'éprit pourtant de moi avec une ferveur que je ne cherchai ni à encourager ni à décourager. Durant nos moments d'intimité relative (mon époux n'était jamais loin), j'avais l'impression de vivre une idylle avec la Révolution incarnée dans cet homme.

Ami de longue date de cette famille des Lameth, négriers depuis des générations, il s'était attiré les foudres d'Olympe de Gouges, de Condorcet et de l'abbé Grégoire, adversaires acharnés de l'exploitation des nègres. Il tenta de me convaincre de la nécessité économique de l'esclavage, mais, après avoir lu quelques textes d'Olympe, j'étais persuadée qu'il avait pris un mauvais parti.

Un soir de la mi-juillet 1789, je le vis surgir en trombe, dans un état inhabituel de surexcitation. Croyant qu'il était ivre, je lui en fis le reproche. Il se défit de sa veste qui sentait la sueur et la poudre, la jeta à Frenelle et marmonna d'une voix étrange, un peu aiguë :

— Ivre, j'en conviens, mais sans avoir bu une goutte de vin ! Ivre de bonheur...

Il exigea, avant de me raconter ce qui l'avait mis dans cet état, que Frenelle lui servît une boisson forte : du rhum de préférence, et qu'elle se fût retirée. Il en vida un demi-verre avant de s'asseoir sur l'accoudoir de mon fauteuil, un bras autour de mes épaules, et d'ajouter :

— Je reviens de la Bastille, ma chère Thérésa, ou du moins de ce qui fut la Bastille.

— Se serait-elle envolée ? Tombée en ruine peut-être ? Vous plaisantez ?

— Pas le moins du monde ! Il n'y a plus de Bastille. Nous l'avons prise !

— Qui, nous ?

— Moi, le peuple, la Garde bourgeoise, les canons...

Je me dis qu'il était bel et bien ivre quand je le vis glisser sur le tapis et s'agenouiller, ses mains pétrissant mes cuisses, sa voix muée en gémissement. Je le repoussai pour qu'il me fît avec plus de sérénité le récit de cet événement. Il me parla de l'émeute qui avait porté le peuple sous les murs de la forteresse, de la fusillade, de la canonnade, de la reddition et du supplice du gouverneur, M. de Launay, que des brutes avaient décapité.

— J'étais présent, me dit-il. J'ai tout vu. C'était grandiose et terrible comme la prise de Jérusalem par les croisés !

Je laissai faire l'une de ses mains qui dégrafait mes bas et relevait mes jupes jusqu'à la ceinture. C'était la première fois qu'il manifestait envers moi une telle audace, et cela sans cesser d'aligner des phrases incohérentes :

— Des morts, ma chérie, il y avait des morts partout ! Ça tiraillait de bas en haut et de haut en bas. Des gens du peuple, des gardes tombaient autour de moi, dans la fumée de la poudre à canon... Satanée jarretière ! Je n'y arrive pas... J'ai vu traîner le corps de ce pauvre Launay et brandir sa tête à la pointe d'un sabre... Voilà, je la tiens !

Il s'énervait sur ma ceinture, si bien que je dus l'aider à m'en défaire avant qu'il ne l'eût mise en pièces. Il dégrafa mon corsage et mit ma poitrine à nu, en bredouillant :

— Nous pensions délivrer des centaines de détenus, alors qu'ils n'étaient qu'une poignée, la plupart des malandrins de troisième catégorie ! Qu'importe, c'était une victoire sur l'autorité royale. Une victoire symbolique qui a coûté beaucoup de vies humaines, mais le combat est à ce prix. Ah ! ma chérie...

Je laissai ses lèvres courir sur mes cuisses, fouiller mon intimité, remonter vers mon visage, ses mains me faire glisser jusqu'au tapis, où je cédai à son étreinte. Elle fut aussi brève que brutale. Il s'en excusa maladroitement, disant que c'était pour lui trop d'émotions pour une seule journée. Il ajouta dans un grand rire, cette insolence :

— Ma chérie, vous êtes heureusement plus facile à prendre que la Bastille !

Nous étions à la mi-juillet. Le 14 exactement. L'Histoire venait d'un seul bond de faire un pas de géant, et moi, plus modestement, de devenir la maîtresse d'un homme politique déjà célèbre. Nous avons bu à la prise de la Bastille et à notre communion charnelle quelques rasades de rhum qui achevèrent de nous plonger dans l'euphorie.

Barnave ne me quitta qu'une heure plus tard pour se rendre, à l'Assemblée, mais dans quel état !

Lorsque mon époux rentra dans la soirée, il me trouva avachie, à demi inconsciente, dans mon fauteuil, près de la bouteille à moitié vide. Frenelle lui avait appris la visite de Barnave, sans se répandre en détails, discrète qu'elle est.

— Il est venu, lui dis-je, m'informer de la prise de la Bastille, puis il est reparti pour l'Assemblée. Je suis donc au courant de l'événement. Il m'en a longuement entretenue... à sa manière.

Mes relations avec Barnave prirent, à dater de cette journée, un tour singulier. Comment discerner ce qui, entre nous, était amour ou amitié ? Je ne savais sur quel pied danser, et lui non plus.

Je redoutais qu'en faisant de lui un amant à long terme je ne compromette l'équilibre instable qui s'était instauré dans mes rapports conjugaux, ce qui m'aurait mise dans une pénible situation.

Je continuai à recevoir Barnave à Paris et à Fontenay, comme par le passé. En l'absence de mon époux, il me rejoignait dans ma chambre, et nous partagions ce temps en plaisirs et en conversations. Il m'étourdissait d'amour et de politique et je lui vouais une passion charnelle et un intérêt pour son action dans les nouveaux clubs révolutionnaires. Je voyais en lui une sorte de prophète lié à un amant fort convenable. Curieux mélange…

Un soir, au Palais-Royal, je jetai une sonde dans ces eaux troubles. Peine perdue. Avait-il suspecté mes intentions ou était-il trop accaparé par ses fonctions ? Il prit mes propos à la légère. Je lui fis une question précise :

— Antoine, j'ai besoin de savoir si je compte pour vous, et dans quelle mesure. Répondez-moi franchement, je vous prie.

Il fit mine d'être choqué.

— En matière de sentiment, me répondit-il, le mot « mesure » est incongru. On aime ou on n'aime pas, voilà tout. Le reste n'est que roman.

Je trouvai l'échappatoire un peu sommaire et lui en fis la remarque. Il s'anima, fit tourner son verre de porto entre ses mains, et répliqua :

— Qu'attendez-vous de moi, Thérésa ? Je trompe mon ami, ce pauvre Devin de Fontenay, mais je vous suis fidèle. Ne considérez pas la politique comme ma maîtresse, alors qu'elle ne fait que conforter nos rapports. Dites-vous que nous sommes embarqués sur un navire fragile qui navigue au milieu des récifs et peut sombrer à tout moment. Alors, je vous en conjure, ne compliquez pas les choses. Je me plais en votre compagnie, mais, en matière de politique, vous n'êtes qu'une gamine ignare.

Je sursautai.

— Antoine, je ne supporte pas qu'on me traite par le mépris. Le dernier qui s'est risqué, il y a peu, à me traiter de « gamine », s'en est repenti. Il a reçu mon verre d'orangeade à la figure !

Il éclata de rire.

— Avec moi, vous n'oseriez pas ! Chiche !

Je finis de remplir mon verre avec de l'eau, la lui jetai au visage et aspergeai sa dentelle. Il sursauta, fit la grimace, poussa un cri entre rire et insulte, et choisit de rire. Je n'aurais pas supporté qu'il m'insultât.

Dans les jours qui suivirent cette algarade, il me fit l'amour avec une fougue inhabituelle, comme s'il venait de découvrir une véritable femme sous la « gamine » qu'il avait méprisée. Mon attitude envers lui évolua vers plus de fermeté, comme pour accentuer mon pouvoir sur lui et donner des ailes d'aigle à ce colibri.

Dans les derniers jours de juillet, il déposa sur mes genoux un paquet, en me disant d'un air mystérieux :

— C'est un cadeau, ma chérie. J'ignore s'il vous plaira, mais il vous surprendra sûrement.

Le paquet contenait un coffret de velours rouge que j'ouvris en réprimant ma surprise. Il contenait une paire de boucles d'oreilles en lapis-lazuli finement taillées, représentant la Bastille. Il me dit en les accrochant :

— Ces boucles viennent de chez Leroy. La mode commence à se répandre. Je souhaite que vous les portiez au cours de la promenade que nous allons faire en compagnie de M. de Mirabeau. Nous le retrouverons dans une heure.

— C'est impossible. J'attends Anne-Marie de Lameth pour le thé.

— Eh bien ! tant pis. Elle attendra ou reviendra !

Mirabeau vint nous prendre en fiacre pour nous conduire à la Bastille. Je n'étais pas peu fière de me trouver assise entre ces deux sommités.

Le chantier de démolition de la forteresse battait son plein, au milieu des nuages de poussière que les moellons soulevaient dans leur chute. L'entrepreneur, M. Palloy, accepta, non sans quelque réserve, de nous laisser accéder au sommet d'une tour.

— Cet habile homme fait son beurre, nous dit Mirabeau. Les villes de province sont nombreuses à nous réclamer une de ces pierres, à titre de symbole de la chute du pouvoir absolu.

Au cours de l'ascension de la tour, côté rue Saint-Antoine, les manœuvres s'écartaient et nous saluaient, bonnet bas. Arrivés au sommet, nous vîmes avec stupeur cet athlète qu'était Mirabeau soulever un énorme moellon pour le jeter dans le vide.

— Compliments ! lui lança l'entrepreneur. Je vous embauche, si le cœur vous en dit !

— Ce serait avec joie, répondit le tribun, mais nous avons d'autres forteresses à démanteler, et ce sera moins facile...

J'éprouvais pour ce personnage à la fois admiration et répulsion. Il m'éblouissait par ses interventions tonitruantes à l'Assemblée et m'indisposait par son flottement entre Cour et Parlement. Il s'ajoutait à cette réserve un physique repoussant mais qui semblait ne compromettre en rien ses succès auprès des femmes. Il avait entrepris, au cours d'une soirée à Fontenay, de me séduire. Je lui avais ri au nez sans le vexer ni le décourager. Il avait, me dit Barnave, autant de femmes qu'il voulait. Les malheureuses...

La nuit du 4 août, qui décréta l'abolition des privilèges, mit mon époux hors de lui : il venait d'obtenir, par l'achat de domaines, l'accès au marquisat... et pour moi le titre de marquise.

Il gémissait :

— Maudits soient Noailles et ses complices, qui trahissent les intérêts de leur caste ! Je me démène pour obtenir un titre qui m'ouvre les portes de la haute société, et patatras !

Il ne pouvait se faire à l'idée que toutes les anciennes valeurs allaient être remises en question et que beaucoup de nantis, notamment les spéculateurs, y laisseraient des plumes.

— Soit ! je me rattraperai d'une autre manière. En attendant, ce satané Noailles va entendre ma chanson !

Je ne partageais pas la hargne de mon époux contre Louis-Marie d'Ayen vicomte de Noailles, que nous rencontrions dans l'intimité des Lameth et des Laborde. Barnave m'avait révélé la teneur de son intervention, au cours de cette nuit historique, dans la salle des Menus-Plaisirs, à Versailles.

— Jamais, me dit-il, je n'ai senti, au sein des États généraux, une conviction aussi unanime, s'ajoutant à une si grande émotion. C'était comme si cette Assemblée ne faisait qu'un seul et même corps. Après le vicomte de Noailles, l'abbé de Lubersac m'a tiré les larmes, et je n'étais pas le seul ! C'en était fini des juridictions seigneuriales, des banalités, du servage, du droit de chasse refusé aux paysans... Notre Assemblée accouchait d'une nouvelle forme de civilisation qui ressemblait à une démocratie.

Il ajouta, en tirant une feuille de sa poche :

— Tiens, lis ! C'est la dernière publication du *Mercure*. Elle parle de cette nuit-là.

Je m'assis et lus ces quelques lignes qu'il avait soulignées au crayon rouge : « L'Assemblée offrait l'aspect d'une troupe de gens ivres dans un magasin de meules et qui brisent à l'envi tout ce qui se trouve sous leurs mains... »

— Le trait est un peu forcé, ajouta-t-il, mais c'est assez bien vu. Des gens ivres... C'est vrai que nous l'étions, mais de liberté et de justice sociale ! Ce soir, ma chérie, je t'amène au Palais-Royal pour un souper au Véfour. Tu y retrouveras Mirabeau, Marat, Brissot, l'abbé Grégoire et Olympe de Gouges. Cela nous promet une soirée animée...

Pour la première fois, il me tutoyait, sans que je me formalise de cette privauté.

Deuxième partie

1

« Vous avez dit Tallien ? »

Frenelle, servante et confidente de Thérésa.
Paris, 1789-1790-1791

J'étais depuis plusieurs années au service de Mme Devin de Fontenay sans qu'à aucun moment nous n'ayons à nous plaindre l'une de l'autre, ma serviabilité répondant à sa confiance. Si je ne puis me targuer d'avoir été sa confidente, ce que je suis devenue par la suite, les événements du royaume ayant pris mauvaise tournure, j'en savais plus sur elle que quiconque, après quelques années passées dans son intimité.

Fille d'une servante attachée aux enfants Cabarrus depuis le départ de Bayonne de la famille, du même âge, à quelques mois près que ma maîtresse, j'ai profité de l'éducation et de l'enseignement de leurs précepteurs, partagé leurs jeux, leurs promenades à cheval, et assisté, témoin volontaire ou non, à leurs premiers émois. Thérésa, cette superbe créature, en avance sur son âge de deux ou trois ans, manifestait une précocité sexuelle étonnante, notamment dans ses rapports avec son frère François, que tous appelaient Paco, mort à la guerre pour se délivrer d'une passion incestueuse.

Je ne puis oublier ce jour, au début des années 1790, où elle me dit :

— Frenelle, aide-moi à me faire une beauté. J'ai rendez-vous avec Mme Vigée-Lebrun, dans son atelier, pour qu'elle fasse mon portrait. Je songe à ma robe à l'amazone avec mon chapeau à panache noir, et puis...

Suivit une longue liste d'affûtiaux. Tandis que je l'en revêtais, elle me parla de cette grande artiste, qui, la trentaine à peine entamée, fidèle de la reine, était la coqueluche des autres Cours d'Europe.

J'assistai donc, pour la première fois, à une séance de pose. J'avais imaginé un lieu mystérieux favorable à l'élaboration de chefs-d'œuvre, et fus stupéfaite d'y voir une sorte de cour voletant et bourdonnant autour de l'artiste sans paraître s'intéresser à son travail.

À peine arrivée, madame fut entourée, soumise au cérémonial du baisemain, louée pour sa juvénile beauté et sa toilette.

L'artiste l'embrassa, l'installa sur un escabeau comme une vulgaire potiche et chercha la meilleure pose et la lumière la plus favorable, dit-elle, « pour mettre en valeur le grain de la peau ». Puis, prenant ses fusains, elle affronta la feuille blanche posée sur un chevalet plus grand qu'elle.

Tandis que Mme Vigée-Lebrun effectuait ses premières esquisses, madame répondait aux questions que lui posait un journaliste, le comte Antoine de Rivarol.

Profitant de l'entretien, j'appris que ce personnage collaborait à deux gazettes : *Le Journal politique national* et les *Actes des Apôtres,* défenseurs de la droite extrémiste et adversaires de la Révolution. Il parla de Mirabeau en termes outrageants, disant qu'« il était capable de tout, et même d'une bonne action » ! Je l'aimais bien, moi, M. de Mirabeau : lors des réceptions que donnait M. de Fontenay, il me saluait très « démocratiquement » en me pinçant la taille.

Leur entretien fut interrompu par l'arrivée d'un jeune homme envoyé par un de ses journaux, qui lui apportait un jeu d'épreuves à corriger. De tout le temps que dura cette lecture, le commissionnaire parut s'intéresser au travail de l'artiste, et plus encore au modèle qui semblait le fasciner, ce qui ne put échapper à ma maîtresse. Lorsqu'il se fut retiré en remportant les épreuves, elle demanda à

M. de Rivarol qui était ce beau jeune homme. Il répondit qu'il s'agissait d'un prote et qu'il s'essayait à écrire, avec un certain bonheur : Jean-Lambert Tallien.

— Tallien..., dit-elle. Vous avez dit Tallien ?

— Auriez-vous déjà entendu parler de lui ? Cela me surprendrait. Il n'en est qu'à ses premiers essais de rédacteur.

— Il me semblait... Pardonnez-moi. Je le trouve éveillé. Il a paru s'intéresser au travail de l'artiste.

— À vous surtout, ma chère ! Il vous buvait des yeux. Et cette révérence, chapeau bas, qu'il a faite en partant, n'était pas pour chasser les mouches...

Au mois de juillet de cette année 1790, nous étions présentes, madame et moi, sur le Champ-de-Mars, pour l'anniversaire de la prise de la Bastille. Madame avait revêtu pour la circonstance un corsage blanc, une jupe à rayures blanches et rouges, une large ceinture incarnat et jeté sur ses épaules un fichu de mousseline orné d'une cocarde tricolore.

Elle se retrouva sans l'avoir prémédité au milieu d'un groupe de ces femmes révolutionnaires exaltées, les Amazones, auxquelles ne manquaient que l'arc, le carquois et le sein nu. Il y avait parmi elles Olympe de Gouges, Claire Lacombe, Théroigne de Méricourt, et une Flamande athlétique, Etta Palm.

L'émotion me tira des larmes quand retentirent dans ce vaste amphithéâtre, entonnés par des dizaines de milliers de voix, des hymnes patriotiques et que grondèrent les canons. J'étouffai un sanglot lorsque je vis M. de Talleyrand, l'évêque d'Autun, célébrer devant un autel monumental, en présence de la famille royale, une messe solennelle. Madame avait pris ma main et, à des crispations, je la sentais tout aussi émue que je l'étais moi-même.

Au retour à notre domicile, j'assistai à une dispute entre madame et M. de Fontenay. Il lui lança d'un air narquois :

— Eh bien, ma mie, cette mascarade révolutionnaire vous a-t-elle au moins divertie ?

Elle répondit d'un air pincé :

— Follement, mon cher ! Vous avez manqué l'un des grands événements de la Révolution. Vous y auriez sûrement été aussi ému que je le fus.

— Que Dieu m'évite ces réjouissances populacières ! Vous, en revanche, semblez y prendre goût. Mme Devin de Fontenay mêlée à la pègre, quelle honte !

— Au milieu de cette pègre, mon cher, il y avait nos souverains, des princes de l'Église et des gentilshommes de Versailles ! Le roi a juré fidélité à la Nation, et le peuple lui a fait une longue ovation.

Je passe sur la suite de cette algarade et les noms d'oiseaux qui s'échangèrent. J'en eus les échos de la pièce voisine dont j'avais laissé la porte entrouverte. Elle fut si violente qu'elle allait laisser une fêlure dans leurs relations déjà ébranlées par les scènes de jalousie de monsieur.

À ces vagues que soulevait la mésentente du couple s'ajoutaient pour ma maîtresse d'autres soucis : les événements dont sa famille était la proie.

J'avais appris, par son courrier, que madame me laissait lire, la mort du roi Charles III, avec qui M. Cabarrus entretenait des rapports d'intérêts et de sympathie depuis la création de la Banque Saint-Charles. Le défunt souverain avait entrepris de grands travaux de salubrité publique, chassé les jésuites et fait souffler sur le pays un vent de libéralisme.

Sur la fin de son règne, il avait proscrit pour les hommes le port des vêtements noirs et de grands chapeaux qui, en favorisant les complots, gênaient l'action de sa police. Il avait répliqué avec humour aux mécontents : « Mes sujets sont comme des enfants qui pleurent quand on fait leur toilette... »

Avec l'accession au trône du nouveau souverain, M. Cabarrus avait du souci à se faire. Charles IV avait été désigné à la place du dauphin Philippe, incapable de régner du fait de son idiotie congénitale. Son premier souci avait été de purger les allées de la Cour des parasites qui pullulaient. M. Cabarrus avait été des premiers visés, bien qu'en fait de parasitisme il y eût pire, et emprisonné sans autre forme de procès.

Après qu'elle eut reçu de Mme Cabarrus la lettre lui annonçant cette nouvelle, madame me dit :

— Frenelle, il va falloir préparer mon bagage.

— Pour Fontenay, madame ?

— Non : pour Madrid. Au risque de me ruiner, je dois tout tenter pour faire libérer mon père. Tiens, lis !

J'avais commencé à préparer les coffres quand monsieur entra dans une violente colère. Il jugeait cette entreprise dangereuse et inutile. La querelle menaça de dégénérer, si bien que madame dut renoncer à ce voyage. Au comble de l'exaspération, elle me dit :

— Je déteste cet homme ! Il me brime, me tient en lisière, m'humilie. Je crains que tout cela n'aboutisse à une séparation…

Dans les semaines qui suivirent, divers événements allaient confirmer cette crainte. L'ambiance générale semblait y pousser : les cahots de la Révolution en marche, la menace de guerre venant des frontières, la misère des temps…

M. Antoine Barnave s'étant montré jaloux des assiduités de M. de Cazalès, capitaine aux chasseurs des Flandres, auprès de sa maîtresse, une querelle avait éclaté, suivie d'un duel. Au premier sang, M. Barnave ayant été blessé à la gorge, l'engagement avait cessé.

Quelques semaines plus tard, un nouveau duel opposait Armand de Castries à Charles de Lameth, l'époux d'Anne-Marie Picot. Un malentendu était à l'origine de ce défi : M. de Castries avait reproché à son rival d'avoir des rapports intimes avec ma maîtresse, dont il s'était épris, alors qu'il s'agissait de M. Alexandre de Lameth qui, lui, ne se privait pas de lui témoigner sa passion.

Le pauvre infirme, innocent de ce dont on l'accusait, s'en tira avec une égratignure, mais l'affaire n'en resta pas là. Des amis et partisans des Lameth envahirent l'hôtel de Castries et le mirent à sac, sans que la police daignât intervenir. Bien mieux : la presse prit le parti des Lameth, avec une telle virulence que le duc de Castries, craignant pour sa sécurité, dut se retirer en Suisse et passer ainsi pour un émigré.

Un autre événement, quelques mois plus tard, bouleversa madame : le décès de M. de Mirabeau, le 2 avril 1791, si ma mémoire est fidèle.

La mort était depuis longtemps aux trousses de cet athlète de la politique. Entre l'Assemblée, les Clubs révolutionnaires et la Cour, il dépensait une telle énergie pour tenter une réconciliation, et, en parallèle, menait une existence tellement dissolue avec ses banquets pantagruéliques et ses orgies, qu'il avait fini par s'effondrer.

Du fait de ses manœuvres conciliatrices, il s'était fait des ennemis de part et d'autre. Beaucoup, dont monsieur, saluèrent sa mort comme un châtiment à ses traîtrises. D'autres, dont madame, regrettaient cet homme de bonne compagnie et ce tribun dont les éclats retentissaient comme des coups de tonnerre. Madame suivit le cortège qui menait sa dépouille au Panthéon, d'où la Terreur allait bientôt l'éjecter.

De telles disparités de sentiments et d'opinions menaient madame et monsieur droit à la séparation.

Le jour où il lut, dans la *Chronique scandaleuse*, un article faisant état de rapports charnels entre son épouse et le tribun disparu, monsieur monta sur ses grands chevaux.

— Il sera dit, madame, que vous n'avez rien épargné pour me ridiculiser ! Je suis au courant de la plupart de vos incartades, et j'en ai pris mon parti, mais me tromper avec ce monstre de perversité…

— C'est pure calomnie ! protesta madame. Comment pouvez-vous m'imaginer cédant à ce personnage laid, vulgaire et instable ? Sans doute êtes-vous prêt à croire ce que cette même feuille écrit de mon amie Anne-Marie Picot, à laquelle elle prête des aventures extraconjugales. La pauvre, qui voudrait d'elle ?

— Pour ce qui vous concerne, on ne prête qu'aux

riches ! Je pourrais vous parler d'Alexandre de Lameth, d'Antoine de Barnave et de quelques autres galants...

— ... et moi de vos maîtresses, notamment de cette Catho que vous entretenez, et des catins avec qui vous passez des nuits à festoyer !

Il se mit à tourner en rond comme un ours en cage, avant de maugréer :

— Brisons là, je vous prie ! Si j'avais trouvé en vous une épouse fidèle et attentive, je ne serais pas allé chercher ailleurs des compensations.

Des mots partirent en fusées :

— Vous vivez comme un satrape, monsieur !

— Et vous, madame, comme une catin !

Dans les jours qui suivirent, j'eus connaissance de la lettre que madame adressa à la *Chronique scandaleuse*, pour protester contre ses assertions calomnieuses. N'en recevant pas le moindre écho, elle décida d'intenter un procès puis y renonça.

— Cela me rappelle, me dit-elle, ce que Beaumarchais fait dire au docteur Bartholo, dans sa comédie, *Le Barbier de Séville* : « Calomniez, calomniez ! Il en restera toujours quelque chose... »

Il faut convenir que les propos de ces plumitifs comportaient une part de vérité. Si madame, à ma connaissance, n'a jamais cédé aux insistances du tribun, elle rendait à monsieur la monnaie de sa pièce, et avec intérêts...

Monsieur avait mentionné à son épouse Alexandre de Lameth à titre d'amant. Ce n'était pas un simple soupçon et il enrageait. Sa jalousie le portait à des égarements indignes de sa condition. Il faisait appel à moi pour connaître la vérité sur cette liaison, mais je me gardais de la lui révéler. Il me disait :

— Savez-vous, Frenelle, comment s'est comporté M. Alexandre lorsqu'il est venu reprendre les ouvrages qu'il a prêtés l'autre semaine à madame ?

— Fort convenablement, monsieur. Il a repris ses livres et lui en a porté d'autres.

— Et où sont-ils, ces livres ?

— Dans la chambre de madame.

— C'est donc *dans sa chambre* qu'il les lui a remis ? Et combien de temps a duré cet échange ? Avait-elle laissé la porte ouverte ?

— Certes, monsieur, et leur entretien n'a duré que quelques minutes.

Je mentais, mais il parut satisfait de cette révélation. Jusqu'où allait l'intimité entre madame et M. Alexandre ? Je ne tenais pas la chandelle et ne les observais pas par la serrure. Le jour où monsieur tenta de s'allier ma complicité par la promesse d'une forte récompense, je l'envoyai paître en lui disant que je me contentais de faire mon service et que l'espionnage me répugnait.

Madame avait à se battre sur deux fronts. M. Alexandre faisait alliance sur un point avec le mari de madame : il était lui aussi jaloux de M. de Mirabeau, et ce sentiment s'était exacerbé à la lecture de la *Chronique scandaleuse*, mais avec moins de virulence que monsieur.

Dès le début de la Révolution, M. Alexandre avait pris parti pour les nouvelles idées et, quittant les rangs de la noblesse, avait choisi de figurer dans le tiers état. Il s'était prononcé contre le veto royal et pour la liberté de la presse, avait dénoncé ceux qui, comme « l'exécrable Mirabeau », menaient un double jeu, par intérêt ou par conviction.

Après la fuite de la famille royale et son arrestation dramatique à Varennes, il avait révisé ses jugements, et, aristocrate au plus profond de ses fibres, s'était rallié à M. de La Fayette et, en compagnie de ses deux frères, victimes comme lui de cette Révolution qu'ils avaient encouragée, allait bientôt émigrer, et croupir trois ans dans les prisons autrichiennes.

Au mois de mai de l'année 1791, madame, au cours d'une collation chez son amie Anne-Marie de Lameth, retrouva un personnage qu'elle croyait avoir à jamais oublié : Jean-Lambert Tallien, cet apprenti gazetier mal fagoté qui avait été témoin de sa première séance de pose chez Mme Vigée-Lebrun.

Ce saute-ruisseau avait quitté M. de Rivarol et son journal avec, semblait-il, l'intention de sauter les rivières et les fleuves qu'il trouverait sur son chemin. Le père des frères de Lameth l'avait pris à son service à titre de secrétaire. Il avait meilleure apparence, dans sa redingote de velours vert, sa culotte blanche qui mettait en valeur ses jambes longues et fines et avec sa chevelure blonde coiffée en catogan, que dans sa mauvaise redingote de prote.

Il resta jusqu'à la fin, se retirant parfois dans un coin de fenêtre pour prendre des notes sur un calepin, dans l'intention, je suppose, de faire à son maître le compte rendu de ces entretiens.

Lorsque ses invités se levèrent pour prendre congé, l'épouse de M. de Lameth demanda au secrétaire d'aller dans le parc cueillir quelques roses pour les remettre à ma maîtresse. Il en rapporta une brassée, en laissa tomber une qu'il ramassa en disant à madame :

— Me permettrez-vous de garder cette fleur ? Quand elle sera fanée, je la glisserai entre les pages d'un livre pour m'assurer de votre souvenir, au cas, bien improbable, où ma mémoire serait défaillante.

Il lui baisa la main et, la rose contre sa poitrine, se retira à reculons, avec une courbette.

Madame n'avait pas revu M. Barnave de quelques mois, quand il frappa de nouveau à sa porte. Il s'excusa de sa longue absence. Devenu conseiller de la reine dans ses démêlés avec les autorités révolutionnaires, il était, disait-il, très pris par ses nouvelles fonctions.

Madame l'accueillit froidement et l'écouta d'une oreille distraite. Il avait les traits tirés, l'œil dans le vague, la lèvre oblique. En quelques mots, il expliqua ses nouvelles attributions.

Il avait été chargé, le lendemain de l'arrestation de la famille royale, de se rendre à Varennes, petite ville de la Meuse, pour ramener les fugitifs à Paris. Au cours du voyage de retour, il avait été subjugué par la reine au point d'en tomber amoureux et de se jurer de la défendre. En revanche, il vouait une haine farouche au chevalier Axel de Fersen, son amant qui, disait-on, l'avait mal protégée.

Il bredouillait :

— Cette malheureuse créature me faisait pitié. Croyez-moi Thérésa, si je vous dis que tout ce que l'on colporte sur elle n'est que calomnie.

— Mais enfin, Antoine, avait répliqué madame, ses dépenses somptuaires, l'affaire du collier, sa correspondance avec la Cour d'Autriche, alors que nous risquons d'entrer en guerre avec ce pays, ses rapports adultérins avec Fersen, ce n'est pas rien…

— Calomnies ! vous dis-je. Tout ce que l'on peut lui reprocher, c'est de n'avoir pas aimé son mari et d'être d'une naïveté désarmante. C'est la raison pour laquelle j'ai accepté d'être son avocat.

— Je ne puis vous le reprocher, si c'est votre conviction. Il n'empêche, vous allez avoir fort à faire, et perdrez beaucoup d'amis. Qu'attendez-vous ? Qu'elle retrouve son trône, le Trianon, son entourage ? Le mieux que vous puissiez espérer est qu'elle soit renvoyée à sa famille et le roi prisonnier d'une forteresse. J'ai même appris que des voix se sont fait entendre pour réclamer leur mort, mais je n'y crois pas.

— Peut-être avez-vous tort. J'ai rencontré ce matin Marat et Danton. Ils sont persuadés que seul le sacrifice du roi peut mettre fin aux nostalgies des absolutistes et laisser la voie libre à la démocratie. J'ai failli en venir aux mains avec ces deux misérables.

Je ne m'entends guère aux affaires de la politique, et madame, dont les sentiments naviguent en permanence entre pragmatisme et sensibilité, moins encore que moi. Entraînée par les idées nouvelles propres à régénérer une société gangrenée, elle était nostalgique du style de vie de l'Ancien Régime et en rêvait comme devant une toile de Watteau ou une pièce de Marivaux.

Les amies de madame se montrent parfois surprises de constater que la soubrette que je suis raisonne et parle aussi bien qu'elles, et souvent avec plus de discernement.

Madame me présente parfois comme une bête curieuse, ce qui me déplaît. Elle me lance :

— Frenelle, rappelle-moi comment se nomme ce gouverneur des Indes qui a succédé à Dupleix ? M... M...

— De Lally-Tollendal, madame.

Elle se tournait vers l'assistance en riant :

— Quand je vous dis, mes amies, que cette fille est une perle rare... Jamais je ne me séparerai de toi, tu le sais, Frenelle ?

— Comme il plaira à madame.

— Et tu ne me quitteras jamais, n'est-ce pas ?

— Jusqu'à ce que la mort nous sépare, madame.

Lasse de faire figure de chien savant et pour lui montrer à quel point je tenais à elle, je lui rappelais qu'à diverses reprises je fus courtisée par des fils de famille prêts à m'enlever au risque d'un scandale.

Le dernier en date avait été un cousin de monsieur, de cinq ans plus jeune que moi. Quand je lui avais demandé ce qu'il trouvait à la soubrette que j'étais, il m'avait répondu qu'il avait été séduit par ma mine « un peu sauvage », ma chevelure brune et crêpelée, mes rondeurs « à la Rubens » (faux compliment !), et par ma conversation. Il était persuadé que j'étais la sœur de madame, ou peut-être une bâtarde de M. Cabarrus. J'eus vite fait de clouer le bec et de renvoyer à ses études cet Éliacin trop jeune, trop beau et trop riche pour moi. C'est Joseph Bidos que j'aime, et je ne souhaite pas le quitter pour échapper à ma condition.

Je jouais le rôle de pense-bête auprès de ma maîtresse, qui avait la tête un peu légère. Le peu de temps que me laissait son service, je l'employais à lire des gazettes et des livres, d'une part pour me tenir au courant des événements et de l'autre pour nourrir mon esprit.

En matière de politique, j'avais quelques idées précises sans pour autant me hausser du col. J'étais persuadée que la Révolution, si elle voulait assurer sa pérennité, devait faire table rase du passé et exiler les souverains plutôt que de les sacrifier.

Madame, en revanche, naviguait à l'aveuglette, cherchant le havre qui se refusait à elle, changeant de direction comme de chemise. Nos discussions tournaient court ; elle me reprochait mes idées extrémistes et moi sa perpétuelle irrésolution. Nous nous querellions parfois, quitte à nous embrasser par la suite.

Elle eut de nouveau affaire à la *Chronique scandaleuse* qui, décidément, ne cessait de lui mordre les talons. Elle s'effondra en larmes le jour où elle lut dans cette feuille la liste de ses amants. On y lisait les noms des Laborde, Lameth, Saint-Fargeau (le Blondinet), Condorcet, Noailles, Montron, Bozon, Castries... Certains, comme des comètes, n'avaient été que des amis, et d'autres avaient été oubliés. Séduire et se laisser séduire était dans sa nature, comme pour d'autres la gourmandise ou la chasse. Les frontières de la pudeur ne lui interdisaient aucune aventure, sauf qu'elle ne s'engageait qu'avec qui lui plaisait, et jamais, comme d'autres que je connais, par intérêt.

Monsieur n'acceptait pas sans répugnance la perspective d'une séparation qui ne portait pas encore le nom de divorce. L'idée était dans l'air, mais il aimait trop son épouse pour s'en séparer à jamais. Leur existence, faite d'une liberté quasi absolue dans leurs relations, convenait à madame, mais indisposait monsieur, obsédé par une jalousie à la Sganarelle. Il semblait même se complaire à la harceler et à mêler sel et vinaigre à ses reproches.

Peu à peu, ils évitèrent de se rencontrer. Il passait de plus en plus de temps chez Catho, sa maîtresse en titre, et elle à courir les salons et les aventures. Cette situation instable menait tout droit à la séparation.

C'est madame qui ouvrit le débat, en novembre 1792. Une tentative de conciliation ayant échoué, il fallut attendre pour que la séparation fût prononcée, mais elle était déjà effective. Ils convinrent du partage de leurs biens. Madame réclama et obtint la garde du petit Théodore. Ainsi, tout était pour le mieux dans le pire des mondes.

Nous étions entrés en guerre contre l'Autriche. La nouvelle Assemblée, la Convention nationale, avait décrété la

Patrie en danger et décidé la mort du roi, après un procès long et pathétique.

À Paris, la situation allait de mal en pis. Le ravitaillement était devenu difficile. Sans les ressources que nous tirions de fermes de Fontenay, nous aurions connu la disette. Lorsque le besoin s'en faisait sentir, Joseph Bidos et moi suivions madame en cabriolet jusqu'au domaine pour en ramener des provisions. Des émeutes de la faim éclataient chaque jour dans les quartiers populaires, violemment réprimées par la Garde nationale. Les queues devant les boulangeries débutaient à l'aube, souvent pour rien. Il n'y avait de pain blanc que pour les puissants du jour ou quelques aristocrates fortunés.

La délation allait bon train, encouragée par les autorités.

Un matin, alors que je réclamais du sucre dans une boutique de la rue des Deux-Ponts, la tenancière m'envoya paître, disant que j'aille en chercher à la Martinique ! Je ripostai à haute voix :

— Du temps où nous avions un roi, les boutiques étaient mieux pourvues !

Un quidam, qui avait recueilli mes propos, me suivit jusqu'à mon domicile. J'avais oublié cet incident quand, le lendemain, les autorités m'en firent souvenir avec fracas. On me traîna au poste le plus proche et, de là, à la Petite-Force, en l'île de la Cité, d'où je ne sortis que grâce à l'intervention des amis de madame, après une semaine passée à me morfondre en compagnie de prostituées.

Cet événement m'apprit à tenir ma langue en public.

Un nouvel instrument de supplice, la guillotine, avait commencé son œuvre de mort avec l'exécution d'un malandrin qui se serait bien passé de cet honneur. Le Tribunal révolutionnaire siégeait en permanence et taillait des coupes claires dans l'aristocratie qui avait le tort de ne pas changer d'air.

Pour madame, l'ambiance devenait délétère. Outre que sa famille, restée en Espagne, pouvait passer pour émigrée, ses opinions, souvent provocatrices, accumulaient des orages sur elle. Je m'attendais d'un jour l'autre à voir la police frapper à notre porte ou à ce qu'elle fût appréhendée à l'extérieur.

La nuit, lorsqu'elle était seule, elle tenait à ce que je dorme dans sa chambre, parfois dans son lit. Elle se plaignait, en feuilletant les gazettes du matin :

— Qu'ont donc contre moi ces plumitifs ? Lis donc cet article, Frenelle, il fait de moi une Messaline ! Et ces ragots ignobles contre Anne-Marie, Mme Laborde, Alexandre Lameth... Et ces appels au meurtre pour ceux qui regrettent la mort du roi et souhaitent qu'on ne réserve pas le même sort à la reine...

Je tentais de la rassurer, disant qu'elle n'avait rien à se reprocher.

— Sans doute, Frenelle, mais sait-on jamais ? Je ne suis pas à l'abri d'une malveillance.

— Vos amis de la Convention ne permettront pas qu'on vous cherche des ennuis.

Elle alluma un cigare, alla tirer quelques bouffées dans l'angle d'une fenêtre et me dit en se retournant :

— L'Espagne, Frenelle, l'Espagne... Si je décidais de m'y rendre, me suivrais-tu ?

— Certes, mais y songez-vous vraiment ?

— J'y songe de plus en plus, au train où vont les choses. Ma sécurité se réduit comme peau de chagrin. D'autre part, je sens la nécessité de me rapprocher de ma famille pour la consoler de ses épreuves : mon père en prison, ma mère malade...

Elle décida de confier son projet à Antoine Barnave, mais, compromis par sa défense de la reine et assailli par une meute de jacobins enragés, il avait regagné son Dauphiné. Elle voulut solliciter l'avis d'Alexandre de Lameth, mais il était passé en Autriche avec La Fayette. Quant à Louis de Noailles, il avait repris les armes dans l'Armée du Nord, avait démissionné devant l'indiscipline de ses hommes et leurs menaces de rébellion, avant de passer en Angleterre.

C'est ainsi que ce voyage devint une sorte de château en Espagne et qu'elle n'y songea plus.

Jean-Lambert Tallien n'avait pas fini de nous surprendre. Il avait franchi un grand pas en devenant le secrétaire de M. de Lameth, mais n'allait pas en rester là. Madame apprit qu'il venait de fonder et de diriger son propre journal : *L'Ami des citoyens*, dont la particularité était d'être imprimé d'un seul côté, pour permettre de l'afficher.

Il s'en prenait aux modérés et marchait à grands pas vers la célébrité et peut-être la fortune. Nous en eûmes la conviction, madame et moi, lors d'une séance à la Convention, où il avait pris avec courage la défense de son ami, le maire de Paris, Jérôme Pétion, accusé faussement de comploter contre le régime.

Ce personnage tout en façade, brillant orateur, sûr de lui et méfiant envers les autres, se prenait pour un lion, mais sa crinière était trop bien frisée pour que tous le prissent au sérieux. Les modérés lui reprochaient d'avoir participé à la préparation des massacres de septembre, qui avaient fait des centaines de morts dans les prisons, mais il planait un doute sur sa conduite au cours de ces événements. Nous ne pouvions supposer que cet homme, qui avait volé une rose à madame, pût tremper ses mains dans le sang, fût-il aristocratique.

Le jeune chancelier Étienne Pasquier, ci-devant baron, informa madame de cet événement au cours d'une soirée d'automne, à Fontenay, où monsieur l'avait invité.

Après l'insurrection populaire du 10 août 1792, la famille royale, chassée des Tuileries, avait trouvé refuge à l'Assemblée. Des lois contre les suspects avaient jeté dans les prisons des centaines de victimes, alors que les armées ennemies marchaient sur Paris à la suite de nos défaites.

Des soupçons de complot avaient suscité dans la population le mouvement de panique qui avait abouti à ce massacre. Le 2 septembre, le tocsin ayant retenti à Notre-Dame, des centaines d'égorgeurs patentés et enivrés avaient envahi les prisons et poussé devant un faux tribunal des centaines de victimes, sans épargner femmes, vieillards et ecclésiastiques. Le massacre avait duré cinq jours et cinq nuits.

— Comment les autorités révolutionnaires, dit madame, ont-elles pu laisser s'accomplir un tel holocauste ?

— Comment feriez-vous, lui répondit M. Pasquier, pour arrêter une tempête ?

— Il y avait bien des responsables ? Pourquoi ne les a-t-on pas recherchés et punis ?

— Il n'y a pas de secret, madame. Je pourrais vous citer le Comité de surveillance de la Commune, une brute, Maillard, ancien clerc d'huissier qui s'est déclaré « Grand Juge de la prison de l'Abbaye », Danton, notre ministre de la Justice, qui a tenté de justifier cette ignominie, Jean-Lambert Tallien…

— Tallien, dites-vous ?

— Il a participé à la préparation de ces journées. Le connaissez-vous ?

— Je l'ai rencontré, il y a fort longtemps, puis je l'ai oublié. Il a fait son chemin, mais pas dans la bonne voie, à ce qu'il semble.

— Ce qui me plaît, madame, c'est que nous partageons les mêmes inquiétudes et formulons les mêmes critiques contre un régime qui a fait son credo du crime organisé. Puis-je me permettre un conseil : montrez-vous de plus en plus prudente, même avec vos amis les plus sûrs. À l'époque où nous sommes, l'on n'est sûr de personne. En revanche, j'espère cheminer longtemps en votre compagnie sur ces chemins dangereux…

Cette amicale complicité allait être compromise. Aussi prudent qu'il disait être, M. Pasquier ne put éviter la suspicion et n'échappa au Tribunal révolutionnaire que par la fuite hors des frontières.

Quant à madame, ayant suivi une voie moins périlleuse, elle allait devenir une des reines de Paris et l'égérie des terroristes.

2

Une prison sur le fleuve

Thérésa Cabarrus. Bordeaux, 1792-1793

Le citoyen Jean-Jacques Fontenay, mon mari, semblait flotter entre deux eaux.

Opportuniste du genre caméléon, mais timide, il se dépensait en courbettes devant les pontes de la Révolution en se lamentant sur la perte de son titre de noblesse. Chaque fois que, par malice, je l'appelais « citoyen », il sortait de ses gonds. Lorsque, persistant dans mon projet, je lui demandai s'il m'accompagnerait en Espagne au cas où j'obtiendrais un passeport, il s'esclaffa :

— Vous croyez sans doute que, sur votre bonne mine et avec un bout de papier, on va vous permettre de franchir la frontière ? Vous seriez arrêtée avant d'arriver à Étampes et conduite en fourgon à la Petite-Force. Quant à vous suivre dans cette aventure, il faudrait que je fusse fou d'amour pour vous, ce qui est loin d'être le cas ! Souhaitez-vous faire de notre petit Théodore un orphelin...

Il ajouta :

— Le sort de ce pauvre enfant ne semble guère vous préoccuper.

Je répliquai vivement :

— Et vous donc ? Je comprends que vous ne souhaitiez pas l'avoir *sur les bras*, comme on dit, alors que vous l'avez si peu porté dans les vôtres !

Il marmonna d'un air penaud :

— Au contraire de ce que vous imaginez, notre fils a toute mon affection. J'aurais aimé, comme vous dites, le porter plus souvent dans mes bras, mais mes affaires prennent tout mon temps.

— Vos affaires... et vos turpitudes ! J'ai rencontré, la semaine passée, votre maîtresse, Catho, en compagnie de sa négresse en costume des Îles. Quelle élégance ! Une vraie dame... Elle doit vous coûter les yeux de la tête.

— Osez donc vous plaindre ! Vous n'inspirez pas la pitié, il me semble !

Je finis par partager l'avis de mon époux.

Ce projet de voyage en Espagne était une pure folie, même s'il ne s'y ajoutait pas une idée d'émigration. Je me serais heurtée au refus des autorités, et, plus grave, à leur suspicion. Après que l'on m'eut mise en garde contre une insistance qui risquait de devenir suspecte, je mis un terme à ces démarches pour me diriger sur Bordeaux. J'avais de la famille dans cette ville : celle de mon grand-oncle Dominique Galabert, armateur fortuné. Je comptais, grâce à lui, et par la mer, accoster aux rivages d'Espagne, bien que ce pays fût en guerre contre nous.

À ma grande surprise, mon époux accepta de m'accompagner.

Nous prîmes place dans la *Turgotine* qui faisait la navette entre les deux villes, à raison de seize sous par lieue. L'obtention des passeports, grâce à son entregent, se fit sans difficulté : nous nous rendions à Bordeaux « pour affaires de famille ». Je passe sur cet interminable voyage d'hiver à travers des contrées mornes et somnolentes. Frenelle nous accompagnait, ainsi que Joseph Bidos et notre petit Théodore, dont la santé, par bonheur, ne nous causa aucun souci.

En posant pied à Bordeaux, j'eus la surprise de me trouver en présence de l'oncle Émile Galabert qui jadis, à Carabanchel, avait souhaité m'épouser, alors que j'avais quatorze ans. Il était marié, bedonnait à pleine ceinture et avait perdu une partie de sa belle chevelure.

La famille nous fit un bon accueil et nous affecta deux chambres dans la vaste demeure de la rue Neuve-de-Tourny, mais je me mis en quête aussitôt d'un autre logis, pour préserver mon indépendance.

Je portai mon dévolu sur un hôtel, cours Saint-Sernin, rebaptisé Fructidor par la Révolution, dans un quartier élégant, face à un vaste jardin public. Les événements lui ayant fait perdre le meilleur de sa clientèle, cet établissement n'avait plus que de rares clients de passage, ce qui me convenait.

Je n'allais pas tarder à retrouver dans cette ville mes deux frères, Domingo et Paco, en mission dans les parages. Domingo était marié à une toute jeune femme, Victoria, Paco demeurant célibataire.

Les Galabert furent aussi satisfaits que moi de notre départ. L'épouse de l'oncle Émile, une grenouille de bénitier, supportait mal l'idée de mon divorce, dont j'avais informé la famille, et souhaitait se débarrasser au plus vite de cette impie.

Mon appartement du Franklin était agréable sans être luxueux. Il dominait une promenade plantée de beaux arbres en quinconces, où déambulaient voitures et carrosses. On donnait fréquemment, sur la pelouse, des fêtes et des concerts de musique militaire. Un oranger déployait sa majestueuse verdure sur ma terrasse ombragée d'un auvent.

Je n'avais pas tardé à comprendre que mon époux, en acceptant de m'accompagner, avait une autre idée en tête : s'informer, avec l'aide de l'oncle Galabert, d'un navire en partance pour les Îles d'Amérique. Il s'était ouvert à moi, à mots couverts, de ce projet, mais je n'y avais guère prêté attention. Le peu de temps qu'il resta à Bordeaux passa en démarches auprès de capitaines de navires neutres.

Je ne pouvais lui en vouloir de quitter Paris, où il se sentait de moins en moins en sécurité, mais son départ allait creuser un abîme dans notre couple, avec un seul lien entre nous : notre fils. Il m'avoua qu'il ne comptait pas partir seul ; Catho le suivrait, l'épouserait peut-être, notre divorce consommé. C'est tout le mal que je lui souhaitais.

Il avait retrouvé, au cours de ses démarches, une dame de la haute société, Henriette Dillon, marquise de La Tour du Pin, qui avait l'intention, elle aussi, de quitter la France avec sa famille. Je n'allais pas tarder à faire sa connaissance et à l'aider de mon mieux.

Je me disais, en installant mes nouvelles pénates, que mon exil serait de courte durée : la Terreur, ayant tracé son sillon de sang, s'essoufflerait et s'enliserait.

En attendant, il fallait vivre.

Frenelle et Joseph ne me quittaient pas. J'avais trouvé à les loger dans une chambre voisine de ma suite. Nous prenions la plupart de nos repas ensemble et passions des soirées à parler le castillan, à jouer de la guitare, à chanter et à danser la *seguedilla* et la *malaguena*, comme au cours des soirées d'été dans le parc de Carabanchel.

Je raréfiai ma visite aux Galabert pour éviter d'affronter l'acrimonie de l'épouse d'Émile, cette pimbêche qui, outre sa haine des impies, était jalouse de moi et jugeait mes toilettes excentriques.

En revanche, je prenais plaisir à rencontrer mes frères. Cantonnés à La Réole, dans le corps d'armée du général Guillaume Brune, ils ne manquaient aucune occasion de me rendre visite.

Paco semblait obsédé par la prescience d'une fin prochaine, que peut-être il souhaitait.

— Tu es pour une grande part responsable de son état suicidaire, me dit Domingo. Il n'a pas supporté ton départ de Carabanchel, moins encore ton mariage, et l'absence n'a pas atténué sa peine. Dans notre jeunesse, je l'ai souvent trouvé en proie à des crises de marasme qui trahissaient le fond de sa nature.

— Que faire, Domingo ? Je ne vais tout de même pas, pour le guérir, en faire mon amant ! Il se sent peut-être un nouvel Œdipe, mais je ne suis pas Jocaste. Cette idée d'inceste devrait le rebuter.

— Elle l'exalte, au contraire ! Il semble que rien ne pourrait l'arrêter dans sa révolte contre ces préjugés vieux comme le monde. Je ne serais pas surpris que ses tourments le poussent à un acte de désespoir.

> *Addenda :* Quelques mois plus tard, l'annonce de sa mort au combat, devant la ville de Hondschotte, dans les Flandres, ne me surprit guère et ne me fit pas verser une larme. L'équivoque que ce frère maudit avait fait régner dans nos rapports m'indisposait et avait fini par détruire les sentiments de frère à sœur que je lui vouais, comme à Domingo.

Une nuit, après une soirée copieusement arrosée, passée avec mes deux frères dans une auberge des bords de l'estuaire, Paco est entré en trombe dans ma chambre, sabre au clair, visage tuméfié par la colère, hurlant :

— *Madre de Dios*, où est-il ? Dis-moi où il se cache, ce *puerco* ! Je finirai bien par le trouver.

Je parvins avec peine à le maîtriser et à lui faire admettre que j'étais seule. Il ne consentit à repartir qu'après avoir fouillé tout l'appartement. Domingo me raconta, le matin venu, qu'un de nos voisins de la veille, ayant fait allusion aux rapports (imaginaires) que j'entretenais avec un officier de la Garde nationale, Paco avait blêmi et s'était retiré sans un mot. Il avait guetté mon retour, forcé mon logis pour me faire cette scène grotesque. S'il avait trouvé celui qu'il cherchait, il lui aurait passé son sabre au travers du corps.

S'il n'avait été envoyé avec son frère aux Armées des Flandres commandées par le général Houchard, je n'aurais pas supporté longtemps son comportement odieux.

Relativement paisible à mon arrivée à Bordeaux, cette ville n'allait pas tarder à s'animer du souffle de la Révolution et de la Terreur.

J'effectuais chaque jour de longues promenades, en compagnie de Frenelle et de Théodore, jusqu'aux Piliers de Tutelle, le long des quais encombrés de navires de commerce, portant pour la plupart des pavillons neutres.

Du fait de l'insurrection des Noirs de Saint-Domingue, les apports en produits exotiques, en sucre et en café notamment, se faisaient de plus en plus rares.

Certains soirs, je me rendais au théâtre. J'assistai à une pièce d'Olympe de Gouges : *L'Entrée de Dumouriez à Bruxelles,* où alternaient défilés, discours patriotiques, scènes de batailles et pétarades. Je me souvenais avoir rencontré deux ans auparavant, sur le Champ-de-Mars, cette Amazone qui avait eu l'audace de rédiger et de proclamer une Déclaration des droits de la femme qui avait fait grand bruit pour peu de résultats.

Le Grand Théâtre est, dit-on, « le plus beau de France ». Cette réputation correspond à la richesse de cette ville qui entretient, notamment avec l'Angleterre et les Îles d'Amérique, un commerce intense. Les hôtels majestueux qui s'alignent le long de « Port de la Lune » témoignent de cette opulence.

La Révolution avait à ses débuts fait souffler un vent salubre dans cette cité endormie sur son pactole. Les pionniers des idées nouvelles avaient trouvé en elle et en son milieu bourgeois un terrain favorable. Ils avaient investi cette Bastille bordelaise : le Château-Trompette, et célébré en fanfare la chute de la royauté. S'il n'y avait pas eu, comme à Paris, des massacres de septembre, c'est que les prisons étaient presque désertes.

La Terreur n'allait pas tarder à les remplir.

Cette image paisible allait changer avec les premières dissensions, dans la capitale, entre Montagnards extrémistes et Girondins modérés. Les premiers, liés à la Commune de Paris, avaient à leur tête Robespierre, Danton et Marat; les seconds avaient des chefs de moindre envergure : Vergniaud, Brissot, Pétion…

Girondine de fait et de conviction, comme dans beaucoup d'autres grandes villes, la Commune de Bordeaux estimait avoir voix au chapitre, au même titre que celle de Paris. Cette antinomie allait susciter dissensions et émeutes contre les représentants de la Convention qui prétendaient ramener cette terre de liberté dans le giron de l'orthodoxie.

Dans un discours à la Convention, un député originaire de Limoges, Pierre Vergniaud, s'était écrié : « Hommes de la Gironde, levez-vous ! Il n'y a pas un moment à perdre... » Un autre député, Jean Grangeneuve, originaire de Bordeaux, avait surenchéri par un appel aux armes et la menace d'une marche sur Paris. Ils allaient, quelques mois plus tard, payer leur audace sur l'échafaud. Affolé par ces menaces, le maire de Bordeaux, M. Saige, s'était empressé de demander à la Convention le pardon des offenses, ce qui ne l'avait pas préservé des vexations et des perquisitions sauvages des extrémistes.

J'eus un sursaut d'indignation en apprenant que la résidence campagnarde des Galabert, à Saint-Julien-du-Médoc, avait été envahie et pillée par des spadassins du Comité de surveillance, et qu'un de leurs navires avait été vidé de sa cargaison. J'intervins auprès des représentants de la Convention pour exiger réparation, ce qui fut fait en partie dans les jours qui suivirent.

La réaction contre ces abus allait venir de la jeunesse bordelaise.

Regroupés au sein d'une Société populaire très remuante, ces fils de bourgeois faisaient chaque matin, en armes, l'exercice sur le terre-plein du Château-Trompette, défilaient en musique et provoquaient de l'agitation au Grand Théâtre et dans les lieux publics..

Pour veiller au grain, la Convention nous avait envoyé deux *missi dominici* : Claude Ysabeau et Marc-Antoine Baudot. Ils se contentèrent de quelques promenades en ville, sous bonne garde, de visites prolongées dans les chais du centre et des environs, de banquets dans les meilleures auberges. Une semaine plus tard, ils reprenaient le chemin de Paris sous les lazzis, baïonnette dans les reins.

Je ne saurais passer sous silence un événement qui a rompu agréablement l'ambiance fiévreuse qui agitait la ville.

À la suite d'ennuis respiratoires, j'avais décidé de me rendre, accompagnée de quelques amis, aux eaux de

Bagnères-de-Bigorre, petite ville située sur l'Adour, qui allait devenir pour moi le fleuve Amour du Pays du Tendre en même temps qu'une source de santé.

Je me fis accompagner pour cette expédition de deux jeunes et beaux officiers : Étienne de Lamothe et Édouard de Colbert, de mon oncle Émile Galabert, qui avait pris en charge les frais de mon séjour, et de mes frères, Domingo et Paco, encore en garnison à La Réole, avant leur départ pour l'Armée du Nord. Joseph Bidos menait notre berline, qu'escortaient les officiers de ma garde prétorienne.

Notre première étape eut lieu, sous un radieux soleil de printemps, au milieu d'une immensité de vignes et de vergers en fleurs. M. de Lamothe nous chanta *Plaisir d'amour* en me tenant par la taille. Au soir tombant, notre berline s'arrêta devant une auberge de Roquetaillade, sur la Garonne, à douze lieues environ au sud de Bordeaux.

Des complications surgirent au moment du coucher. L'auberge, qui n'avait rien d'un caravansérail, n'ayant que trois chambres pour loger cette caravane, mes chevaliers servants durent se résoudre à dormir sur le plancher. Une chambre m'était réservée, et une autre à mes deux domestiques. Mon petit bonhomme, Théodore, avait été confié à Mme Galabert.

Ma porte étant sans serrure, je la bloquai avec une chaise. Vers minuit, j'entendis des grincements sur le plancher et me levai pour ouvrir, certaine qu'il s'agissait d'Étienne de Lamothe. Durant tout le trajet, depuis Bordeaux, il m'avait témoigné une attention qui ne laissait aucun doute sur la nature de ses sentiments. Je le trouvai bardé de son épée, de deux pistolets et d'un coutelas.

— Venez-vous pour m'égorger ? lui dis-je en plaisantant. De grâce, épargnez-moi ! Je me rends…

Il me dit, en s'asseyant sans façon sur le bord de mon lit, qu'il courait un risque en me rendant visite. Il avait observé des pointes de jalousie dans mon escorte, notamment de la part de Colbert et de Paco.

— Vous n'imagineriez pas, me dit-il, ce que Colbert a imaginé pour m'empêcher de venir vous tenir compagnie !

Il a caché mes bottes et mes chaussettes, en se disant que je n'oserais pas venir vous rejoindre pieds nus. L'imbécile... J'aurais marché sur des braises pour traverser ce palier !

Déconcertée par son audace, je lui fis observer qu'il aurait pu, avant de pousser ma porte, s'informer de mes sentiments et m'informer de sa visite. Sa réponse : un éclat de rire en cascade dans mon cou.

— Cela, dit-il en reprenant son sérieux, ne m'a pas paru nécessaire. Votre comportement envers moi, au cours du souper chez les Galabert et durant ce voyage, m'a semblé sans équivoque. Ne le niez pas, Thérésa !

Je m'en gardai bien. Depuis des semaines, je vivais un sevrage éprouvant. L'occasion était trop belle de le rompre, d'autant qu'il avait ce charme un peu provocant auquel les femmes sont sensibles, et qu'avec lui tout préliminaire semblait superflu. Au risque de passer pour une femme facile, je me donnai à lui.

Lorsque Lamothe me quitta, peu avant l'aube, pour retrouver sa paillasse, je perçus des éclats de voix dans la chambre voisine, où l'attendait une conjuration des jaloux. J'allumai ma chandelle, enfilai mon manteau de voyage et trouvai la pièce transformée en salle d'armes, Colbert et Paco ferraillant contre ce pauvre Lamothe.

Aidée de Bidos, éveillé par ce tumulte, je tentai de les séparer, mais mon frère Domingo s'y opposa.

— Laisse-les s'étriper, ces chiens ! me dit-il. Ils l'ont bien cherché.

Ils n'allèrent pas jusque-là. Le duel cessa lorsque Étienne de Lamothe, l'épaule traversée par l'épée de Colbert, dut mettre bas les armes.

Il va sans dire que notre expédition fut remise en cause durant le déjeuner. Mes chevaliers servants, excepté Lamothe, blessé trop grièvement pour remonter à cheval, reprirent la route de Bordeaux. Les adieux furent brefs et sans chaleur.

À peine avaient-ils disparu dans un brouillard de pluie, j'envoyai Joseph quérir un médecin à Langon, ville distante d'une lieue de notre auberge. Sa blessure était moins grave qu'il n'y paraissait, mais il avait perdu beaucoup de sang. Le médecin lui fit un emplâtre d'herbes et de poudre, lui prescrivit un repos complet et des tisanes, que je chargeai Frenelle de lui préparer.

— Thérésa, me dit-il d'une voix courte, cette blessure est un don du ciel. Elle va me permettre de rester seul en votre compagnie le temps de ma guérison.

— Vous ne vous en tirerez pas à si bon compte, mon ami. Je vais vous faire repartir pour Bordeaux par la voiture de poste. Vous y serez mieux soigné qu'ici. Une infection est à redouter, et je ne voudrais pas avoir votre mort sur la conscience.

— N'en faites rien, je vous en conjure. Cette blessure n'est rien, mais j'en porte une autre, plus cruelle, à l'endroit du cœur. Si vous me renvoyez à Bordeaux, j'en mourrai. Je vous suivrai jusqu'à Bagnères, jusqu'en Espagne si vous le décidez.

— Ce serait un long voyage et je ne vous en demande pas tant. Avant tout, cessez de vous tourmenter. Nous en avons pour des journées avant que vous puissiez remonter à cheval.

Le ciel s'était brusquement éclairci. Des bouffées de vent diffusaient dans la chambre des volées de fleurs roses et blanches.

Après une semaine de convalescence pour mon blessé, nous avons gagné Bagnères-de-Bigorre par petites journées. Passé notre ultime étape, Lourdes, deux lieues nous restaient à parcourir.

Cette ville est bien pourvue en auberges et en hôtels où logent en temps de paix de nombreuses familles espagnoles. Je choisis de prendre pension à l'hôtel de Madrid, situé près d'un moulin sur l'Adour, proche de l'église Saint-Vincent, face à une belle frange de montagnes crêtées d'une éblouissante neige de printemps.

J'avais prévu de consacrer une quinzaine à ma cure ; elle allait durer deux mois. Nous les passâmes, Étienne de

Lamothe et moi, à explorer les montages des environs, à cheval ou en voiture selon le temps. De robuste constitution, il s'était remis assez vite de sa blessure, si bien que nous aurions pu regagner Bordeaux plus tôt que nous ne l'avions prévu, mais j'hésitais à quitter cette nature paisible et cette ville aimable. Quant à lui, rien ne le pressait de retourner à son cantonnement.

Il me dit pourtant, au retour d'une promenade près de Baudéan, au pic d'Asté :

— Je ne puis rester plus longtemps absent de mon régiment. Le général Brune est complaisant, mais il pourrait croire, à la longue, à une désertion. Ma chérie, le devoir m'appelle et, quand le clairon sonne, adieu l'amour !

Deux jours plus tard, il recevait un rappel à l'ordre signé du général, lui intimant l'ordre de regagner au plus tôt le 12e régiment de hussards qui s'apprêtait à monter aux frontières du Nord. Je m'attendais, sinon à une demande en mariage, du moins, à ce qu'il promît de me revoir. Il n'en fit rien et j'en souffris.

À peine de retour à Bordeaux, Étienne disparut à jamais de ma vie. Aucune nouvelle de lui, et personne qui pût m'en donner, pas même Domingo. Je lui écrivis ; il ne me répondit pas. J'imaginai le pire : qu'il fût tué au combat ou qu'il eût déserté pour rejoindre les émigrés de Coblence. L'idée ne me venait pas, sotte que j'étais, qu'il eût décidé de m'oublier.

Après un mois d'attente, je décidai de l'effacer de ma vie et de jouir pleinement de la liberté que m'octroyait ma solitude.

Les temps ne s'y prêtaient guère. J'avais quitté le paradis pour la géhenne.

La ville était en ébullition. La Convention nationale nous avait envoyé deux nouveaux représentants : Treilhard et Chaudron-Rousseau. Ils avaient tenté d'instaurer dans cette ville frondeuse l'ordre républicain, mais avaient dû plier bagage plus tôt que prévu, sous les huées et les menaces, pour s'installer à La Réole, à une quinzaine de lieues, où le général Brune, de retour du front, commandait trois bataillons. Ils allaient y retrouver une de mes connaissances, cet autre envoyé de la Convention : Jean-Lambert Tallien. Avec lui, les événements allaient prendre une autre tournure.

L'oncle Galabert m'expliqua que ce conventionnel avait été envoyé dans la région pour procéder à une levée en masse de nouvelles recrues et pour la pacifier, comme il l'avait fait ailleurs avec succès.

Ma nouvelle amie, Mme de La Tour du Pin, que j'avais rencontrée jadis chez les Lameth, m'en apprit davantage sur lui.

Tallien avait mis un terme à sa carrière de journaliste pour se lancer dans la politique. Il avait créé une Société fraternelle, rejoint son ami Danton au Club des Cordeliers, et assumé les fonctions de secrétaire de la Commune. Élu député de la Seine-et-Oise, il avait siégé parmi les extrémistes de la Montagne et voté la mort du roi, « sans appel au peuple », mais en demandant par charité une exécution rapide. Il avait été, à la Convention, l'un des tribuns les plus écoutés pour sa conviction et sa véhémence.

La marquise ajouta :

— Nous avons tout à craindre de cet énergumène. Il ne peut ignorer que nombre de proscrits ont élu domicile à Bordeaux pour échapper à une justice expéditive. Il s'est déjà manifesté par des exécutions dans cette province. Gare s'il s'installe ici !

Tallien avait déjà fait exécuter dans la province un juge, M. de Lavessière, accusé d'avoir tenu des propos factieux. Il avait exigé que sa femme soit mise au carcan, et, avec ses deux enfants, qu'elle assiste au supplice. Il avait expédié quelques aristocrates à Paris, à l'intention du Tribunal révolutionnaire. C'étaient des débuts prometteurs…

— Cet homme, me dit Mme de La Tour du Pin, est un monstre. S'il repère ma présence, c'est ce qui nous arrivera, à ma famille et à moi. C'est pourquoi j'attends le premier navire qui partira pour les Îles d'Amérique.

Elle comptait sur moi pour l'aider dans sa recherche. Je lui promis mon aide, et surtout celle du grand-oncle Galabert, que sa profession d'armateur mettait à même de rencontrer des navigateurs de tous pays.

Cette femme, mon aînée de trois ans, grande, robuste, d'une beauté un peu sévère, en imposait par sa détermination et sa foi inébranlable en l'avenir.

La ville insurgée vivait dans l'attente d'un siège par les troupes du général Brune, avec une confiance illusoire dans ses défenses et son artillerie.

L'investissement débuta un matin de septembre. Les hommes du génie provoquèrent une brèche dans les remparts, près de la porte Sainte-Eulalie. La milice bourgeoise, ces huit cents jeunes freluquets qui jouaient aux soldats sous le Château-Trompette, s'étant évaporée, l'armée put entrer en fanfare dans la ville par la rue du Faubourg-Saint-Junien, sans qu'un coup de fusil ou de canon fût tiré, alors que les habitants avaient de quoi se défendre.

L'armée défila dans des artères désertes et devant des boutiques closes, les bourgeois s'étant cachés dans leurs caves ou ayant déserté la ville pour leur résidence campagnarde. On était loin du courage dont faisaient preuve les Vendéens face aux Bleus.

Joseph Bidos avait tenu à assister à l'entrée de la troupe, et à prendre part éventuellement au combat au côté des insurgés. Il revint penaud et me rendit mes pistolets.

Je lui demandai si Jean-Lambert Tallien était présent. Il l'avait vu debout dans une calèche à deux chevaux, à quelques pas derrière Brune. Fier comme Artaban, il était vêtu d'une redingote de drap bleu ceinturée d'une écharpe tricolore, portait des plumes au chapeau et un sabre au baudrier.

La première décision du proconsul de la République, à peine installé dans la Maison commune, fut d'exiger le dépôt des armes par la population. Il fit circuler des charrettes où s'entassèrent fusils et pistolets, déversés sur les pelouses du Château-Trompette. Je m'interdis de livrer les deux pistolets à silex et canon tournant, cadeau d'anniversaire de mon époux. Si Tallien les exigeait, me disais-je, qu'il vienne les chercher. Je saurais m'en servir !

Tallien était entré dans Bordeaux comme un renard dans un poulailler.

L'un de ses premiers soucis avait été de se débarrasser de M. Saige, ce maire jugé trop peu révolutionnaire. Après un procès prestement bâclé, ce brave homme fut expédié à la guillotine, qui semblait accompagner le proconsul comme un élément indispensable de sa toute-puissance. Le jour de l'exécution, il y avait foule. Un magistrat plus motivé lui succéda dans ses fonctions : M. Bertrand.

Tandis que les molosses de Tallien fouillaient la ville et reniflaient sous les portes à la recherche des insurgés les plus notoires pour les conduire au fort du Hâ, l'armée prenait possession de la ville.

Elle était plus importante que la population ne l'avait prévu. Trois bataillons, quinze cents fantassins, cent cinquante cavaliers, ça n'était pas rien ! À la réflexion, qu'auraient pu faire nos miliciens de pacotille face aux vétérans, pour la plupart des soudards versés dans la territoriale, qui, ayant déjà savouré les délices de la guerre sur les champs de bataille d'Europe, n'auraient sans doute pas daigné faire de quartier ?

Après avoir boudé l'entrée de Brune, la population, sortant des caves ou revenant de la campagne, s'était ruée vers les magasins militaires pour la distribution des subsistances : quelques charretées de grains pour quatre-vingt mille estomacs affamés !

J'eus quelque honte à entendre la foule acclamer ses sauveurs aux cris de « Vive la République, la Montagne et Tallien ! ».

Installés dans le bâtiment des anciens lazaristes, rebaptisé Maison nationale, les représentants parcoururent Bordeaux en calèche durant des jours, escortés par la cavalerie de Brune. Un soir, au Grand Théâtre, ils assistèrent à la représentation d'une pièce d'Olympe de Gouges : *Zamore et Mirza,* qui dénonçait l'esclavagisme. Mme de La Tour du Pin y vint avec son nègre, qui s'appelait Zamore...

À la fin du spectacle, me dit-elle, Tallien, montant sur la scène pour une brève allocution, s'était écrié :

— Citoyens, gardez vos applaudissements pour le moment où vous aurez à juger de la réussite de notre mission, lorsque cette ville aura retrouvé l'ordre et ses convictions patriotiques. N'oubliez pas que nous sommes, comme vous, de simples citoyens !

De simples citoyens? Voire...

Tallien se conduisait avec l'autorité d'un proconsul de Rome et une élégance qui suscitait l'admiration de la populace, laquelle faisait mine d'oublier les visites domiciliaires, les perquisitions et les emprisonnements arbitraires.

La collecte des armes, dont certaines étaient de véritables œuvres d'art, l'avait satisfait au-delà des prévisions. On en avait fait le compte : trente mille fusils, autant de pistolets, et des armes blanches en quantité...

Désarmée, sujette à des vexations, la ville était assurée en revanche d'être ravitaillée, aussi spartiate que cela fût, et l'ordre régnait.

Pour présider le Tribunal révolutionnaire copié sur celui de Paris, Tallien avait nommé le citoyen Lacombe, cidevant maître d'école, qui ne manquait pas de culture mais occultée par une étroite orthodoxie. Décidé à jouer le rôle du Grand Juge d'un Sanhédrin bordelais, il assumait ses fonctions avec une rigueur exemplaire. En neuf mois, trois cents aristocrates, fédéralistes, bourgeois, ecclésiastiques, sans distinction de sexe, passèrent entre ses délicates mains d'esthète avant de monter sur l'échafaud.

Tallien l'avait prévenu :

— S'il se trouve parmi vos assesseurs un lâche pour s'opposer à la condamnation de son père reconnu coupable, il le suivra à la guillotine !

La population assistait aux supplices, place Nationale, anciennement Dauphine, comme on va au théâtre, d'autant que le spectacle était gratuit, avec toujours un détail particulier dans le comportement des victimes. On y amenait des enfants juchés sur les épaules de leur père, et on leur faisait crier : « Vive la Révolution ! » et « Mort aux traîtres ! ». On leur apprenait, avec la lâcheté et la soumission, le goût du sang.

Je m'abstins de participer à ces boucheries. Frenelle et Joseph s'y rendirent deux ou trois fois puis, au comble de l'horreur, y renoncèrent. Elle m'annonça qu'elle avait vomi et s'était évanouie. Joseph avait entendu un condamné s'écrier :

— Quel peuple pour une République !

Le public assistait parfois à des intermèdes plaisants. Lorsque ce fut son tour un obscur journaliste un peu poète, Marandon, monté au supplice ivre mort, dansa une gigue devant la guillotine et entonna *La Marseillaise* avant d'être jeté sur la planche.

Satisfait du cours que prenait son mandat, Tallien écrivit à la Convention : « L'esprit public se forme et les méchants sont consternés. Le peuple s'instruit et bénit chaque jour l'heureuse Révolution… »

J'avais tout lieu d'être inquiète pour mon propre sort.

Fille d'un riche financier acoquiné à l'ancien roi d'Espagne, ci-devant marquise Devin de Fontenay, familière de quelques grandes familles, réputée tenir des propos séditieux, je me disais que mon tour n'allait pas tarder.

J'avais, dans le cercle de mes relations, Mme Justine Boyer-Fonfrède. Cette dame vivait seule, une partie de sa famille résidant à Saint-Domingue, son mari et deux de ses frères ayant péri sur la guillotine, à Paris. Privée de son logis de la rue du Chapeau-Rouge mis sous scellés, elle errait comme une âme en peine. Je l'hébergeai, le temps d'effectuer les démarches qui lui rouvriraient sa porte. Trop timide et craintive qu'elle était pour solliciter une faveur du proconsul, je décidai de le faire à sa place, quoi qu'il pût m'en coûter.

Démarche absurde et dangereuse, dira-t-on ? Sans doute, mais je comptais sur les souvenirs que Tallien avait pu garder de moi pour réussir dans cette démarche, malgré le décret interdisant aux représentants de recevoir les doléances des citoyennes, par mesure de sécurité, certains risquant de céder à leurs charmes et de leur accorder plus qu'elles ne demandaient.

Tallien m'avait-il oubliée ou fit-il mine de ne pas me reconnaître ? Il ne manifesta aucune surprise en me voyant. Après que j'eus exposé le motif de ma démarche, il convint qu'il y avait eu quelque abus et me promit de donner droit à ma requête. Deux jours plus tard, Mme Boyer-Fonfrède réintégrait son domicile.

J'étais à la fois satisfaite et déçue.

Je m'étais sottement attendue à trouver un proconsul à la romaine, trônant dans un fauteuil damassé, avec autour de lui des esclaves attentifs à ses moindres volontés. Je m'étais trouvée face à un personnage falot, un peu voûté, au regard glissant, à la bouche morose, vêtu avec une recherche superflue. Sa longue chevelure blonde et bouclée, ses yeux teintés du bleu et du gris d'une mer brumeuse, avaient balayé cette fâcheuse impression. Un « bel homme », disait Mme Boyer-Fonfrède. Je n'étais pas loin de partager son avis.

En me donnant congé, il m'avait dit d'une voix un peu nasillarde :

— J'espère, citoyenne, avoir le plaisir de vous revoir. On donne ce soir, au Grand Théâtre, une pièce de cette grande patriote qu'est Olympe de Gouges : *Mirabeau aux Champs-Élysées.* Aurai-je le plaisir de vous y rencontrer ?

Il semblait ignorer que cette grande patriote était montée sur l'échafaud quelques semaines avant. Je me rendis au théâtre. Il ne s'y trouvait pas.

Toujours dans les transes face à une insécurité accrue de jour en jour, Mme de La Tour du Pin attendait la remise de ses biens abusivement placés sous séquestre, ce qui lui permettrait, après leur vente, d'embarquer pour l'Amérique dans de bonnes conditions. Informée du succès de mon intervention auprès de Tallien en faveur de Mme Boyer-Fonfrède et de quelques autres de mes connaissances, elle sollicita pour elle la même démarche.

Je fus au regret de refuser. J'avais senti lors de ma dernière intervention, chez Tallien et dans son entourage, un mouvement de suspicion envers moi. Elle admit mes raisons, décida de se priver de mon concours et n'eut pas à le regretter : sa requête fut enregistrée, en attendant mieux, ce qui pouvait durer longtemps.

Un matin, j'eus un moment d'émotion en entendant Frenelle m'annoncer un visiteur : le proconsul en personne !

Je le fis asseoir, lui proposai du muscat et lui demandai ce qui me valait l'honneur de cette visite impromptue.

— Citoyenne, dit-il, je tenais à m'assurer que vous êtes bien cette jeune femme que j'ai rencontrée au cours d'une séance de pose chez Mme Vigée-Lebrun, puis dans le parc des Lameth. C'est bien vous. Comment ai-je pu hésiter ? Il est vrai que vous avez bien changé ! Davantage de maturité, une beauté plus sereine, une assurance dans vos gestes et vos propos. Une vraie femme...

J'allais répliquer que lui aussi avait bien changé, mais que je préférais la première version, quand, *ex abrupto,* il me demanda si j'avais des nouvelles de ma famille restée en Espagne, et de mon père en particulier. Je me gardai de lui en donner, ce qui, implicitement, eût été avouer une « correspondance avec l'étranger » ; cela aurait, c'est le moins qu'on puisse dire, été mal vu des autorités.

Je ne pus pourtant éviter de lui dire que, mon père étant emprisonné à San Isidro de Madrid, il m'eût été difficile de recevoir du courrier et que la guerre que nous menions contre l'Espagne interdisait ces échanges. Il parut satisfait de ma réponse. Il me dit, en faisant tourner son verre pour apprécier la robe de mon muscat :

— Votre père ne restera pas longtemps en prison, citoyenne. Nos armées le délivreront. Je souhaite qu'il retourne en France, où il sera utile aux finances de la République.

Il refusa les biscuits mais vida son verre, et dit en se levant :

— Pardonnez-moi. Je ne fais que passer, mais nous aurons d'autres occasions de nous rencontrer. Cette ville me cause des problèmes. Je crois en avoir fini avec les suspects et on m'en amène d'autres. Un véritable tonneau des Danaïdes...

Avant de me quitter, il déposa sur ma main un baiser aristocratique.

— J'aurais plaisir, me dit-il, à vous revoir, mais quand, mais où ?

— Venez donc demain soir. Je reçois des amis pour disputer quelques parties de cartes.

— Je ne pratique pas les jeux de hasard, *madame*, mais je serai présent.

Il repartit en laissant dans son sillage un discret effluve de jasmin.

Je me hâtai d'envoyer un billet à Mme de La Tour du Pin pour lui suggérer d'être présente ce soir-là, afin d'entretenir mon invité de son affaire. Elle accepta de mauvaise grâce, de crainte que son insistance lassât le proconsul. Je dus insister. Elle accepta, mais avec une réserve : elle aborderait Tallien à sa descente de voiture, *comme par hasard.*

Elle m'informa, dès le lendemain, du résultat de sa démarche.

— J'en suis fort déçue, me confia-t-elle. Après m'avoir dit que ces affaires de séquestre l'importunaient, il m'a parlé de ma famille d'un ton acerbe, disant que tous les ennemis de la République méritaient leur sort. Il a passé le tranchant de sa main sur sa gorge avec un mauvais sourire. J'ai répliqué que je ne l'avais pas abordé pour l'entendre proférer ces malédictions, et je lui ai tourné le dos.

— Diable ! Voilà qui n'augure rien de bon pour votre affaire et votre sécurité. Je vais tenter de l'amadouer.

— N'en faites rien ! me répondit-elle avec aigreur. Je préfère me passer de vos conseils et de vos services...

La soirée s'était déroulée dans une ambiance sereine.

Mon *invité d'honneur* nous avait parlé de son alter ego, Claude Ysabeau, qui lui avait taillé des croupières dans ses rapports destinés à la Convention. Il lui reprochait notamment de manquer d'énergie, ce qui était un comble, et de fréquenter des aristocrates ! Tallien souhaitait être rappelé à Paris pour faire litière de ces assertions mensongères. Cette idée ne faisait pas mon affaire : j'avais trouvé en lui, semblait-il, un appui ; s'il partait, j'avais tout à craindre de son remplaçant.

À quelque temps de là, j'appris avec stupeur, par Tallien lui-même, qu'Ysabeau l'accusait, dans un récent courrier, d'avoir eu des rapports intimes avec « la citoyenne Cabarrus, protectrice des aristocrates, financiers et accapareurs ». Ces mensonges me firent bondir. Moi, la maîtresse de ce trublion empanaché, de ce proconsul de pacotille ? Quant à me reprocher d'être la « protectrice » des suspects, c'était me prêter un pouvoir que je ne revendiquais pas, et qui, ce qui était plus grave, risquait d'attenter à ma sécurité.

Un soir où je promenais dans les allées du jardin public la levrette offerte par le grand-oncle Galabert, mon attention fut attirée par une affiche du Grand Théâtre annonçant la représentation d'une comédie : *Le Départ des villageois pour la frontière,* d'un auteur dont le nom m'était inconnu. Bien que ce titre n'eût rien pour susciter mon intérêt, je décidai de m'y rendre, en compagnie de Frenelle, passionnée autant par le théâtre que par la lecture.

Ce spectacle d'une extrême platitude, tissu de tirades patriotiques, fut applaudi et ovationné. J'observais Tallien dans sa loge : immobile, le visage marmoréen, il semblait préoccupé par d'autres soucis.

Le rideau baissé, l'acteur qui tenait le rôle principal imposa le silence et, à la surprise générale, entonna un couplet qui aurait pu lui valoir la guillotine :

Français, en guerriers magnanimes,
Portez ou retenez vos coups.
Épargnez les tristes victimes
À regret s'armant contre nous !

Il fut accueilli par un tollé, les révolutionnaires ayant rayé de leur vocabulaire le mot « épargner ». Un officier de hussards bondit sur la scène, prit l'acteur au collet pour l'éjecter dans les coulisses en s'écriant :

— Sachez, citoyens, que nous n'épargnerons aucun suspect ! Nous avons déclaré la guerre à l'ennemi de l'intérieur. Qu'il tremble pour sa vie !

J'entendis crier « Vive le roi ! », puis des clameurs indignées qui secouèrent l'assistance, et enfin *La Marseillaise.* Tallien n'avait pas bronché, comme si cette tempête ne le menaçait pas. Je perçus pourtant son nom jeté en pâture à la foule.

Dans les jours qui suivirent, des perquisitions et des rafles menèrent au fort du Hâ les comédiens, les administrateurs et une partie du personnel du Grand Théâtre, qui fut rebaptisé Théâtre de la République.

Plusieurs occasions allaient se présenter pour moi de revoir Tallien. Je recevais de sa main des invitations à participer à des fêtes patriotiques et à des réceptions, auxquelles je me rendais volontiers. Il m'accueillait avec un sourire aimable, m'appelait *madame* et non *citoyenne* et me baisait la main à l'ancienne mode.

3

Notre-Dame du Bon-Secours

Je dormais profondément dans le petit jour balayé par la pluie et le vent, ma levrette sur le tapis, quand des coups retentirent à ma porte. Frenelle, s'étant levée pour ouvrir, se trouva en présence de deux argousins se disant représentants du Comité de surveillance et chargés de s'assurer de ma personne.

L'un d'eux me tendit le document attestant de sa mission, et me dit :

— Munissez-vous de vêtements chauds et d'une couverture. Les nuits sont fraîches, au fort du Hâ.

Je connaissais, sans y avoir pénétré, cette bâtisse en forme de donjon, flanquée d'échauguettes, proche de la cathédrale Saint-André. Le mot *sinistre,* bien que galvaudé, lui allait à la perfection. Elle semblait sortir d'une eau-forte ou d'un lavis de cendre pour figurer les mœurs carcérales du Moyen Âge et des temps de l'Inquisition. Je ne passais jamais devant sans un frisson, en imaginant d'interminables incarcérations, des oubliettes, des tortures, la « vermine grouillant dans la paille humide des cachots », dont se délectent les lecteurs de romans qui évoquent notre histoire.

Une heure plus tard, après une halte au guichet ouvert dans un passage donnant sur la place où s'était arrêtée la voiture, le concierge me conduisit à la geôle qui m'était destinée, entre des rangées de portes dotées de judas contre lesquels se pressaient des visages blêmes d'hommes et de femmes, et d'où sortaient des implorations et des mains tendues vers moi.

La geôle où l'on me jeta sans ménagements n'offrait d'autre avantage, si je puis dire, que le silence et la solitude. Le décor était d'une nudité intégrale, si l'on excepte les graffitis couvrant les murs, un martyrologe que j'allais avoir tout le temps de déchiffrer.

Une question m'obsédait : de qui pouvait bien venir le décret d'arrestation qui me frappait? De Tallien? J'en doutais, étant donné la nature de nos rapports. Peut-être cet ordre venait-il de plus haut, de la Convention, informée des rapports que Tallien entretenait avec l'aristocrate que j'étais?

Combien de jours ai-je passés dans ce cachot? Je ne saurais le dire avec exactitude. J'avais commencé à graver d'un trait sur la pierre la succession des jours, puis j'y avais renoncé. J'avais froid, j'avais faim, je dormais mal, et c'est tout ce qui m'importait. De temps en temps le silence était troublé par les cris des prisonniers, des femmes surtout, que leur détention et leurs épreuves rendaient folles. De mes gardiens, je ne voyais que le visage à travers le guichet, deux fois par jour : le masque de l'indifférence.

Un matin, mon gardien me fit sortir. J'étais, me dit-il, attendu au parloir. Par qui? Par Tallien.

Un air contrit imprimé sur son visage, il m'ouvrit ses bras. Je faillis le laisser m'étreindre, mais le repoussai et tambourinai des deux mains contre sa poitrine en gémissant :

— Tallien, pourquoi m'avez-vous laissée me morfondre dans cette sentine? Pourquoi? Vous ne pouviez ignorer mon sort! Peut-être l'ordre d'incarcération venait-il de vous... Je vous déteste!

Il me maîtrisa et m'écarta sans cesser de me tenir les bras.

— Calmez-vous! me dit-il. Comment pouvez-vous imaginer que cet ordre ait pu être signé de ma main? Je sais d'où il vient, et je sévirai. Si je ne vous ai pas délivrée plus tôt, c'est que j'étais en tournée d'inspection dans le nord de la région. En attendant, vous êtes libre. Ramassez vos hardes. Je vais vous ramener à votre hôtel.

Je cédai quand il m'attira contre lui. Dans son cou, je respirai la délicate fragrance de jasmin, son parfum préféré semblait-il. En roulant vers le Franklin, il voulut tout savoir sur mon incarcération. Avais-je été convenablement nourrie ? M'avait-on bien traitée ? Que pouvais-je reprocher à mes gardiens ?

— On m'a traitée, lui dis-je, comme si je n'avais pas plus d'importance que du bétail. Le plus pénible était l'incertitude des lendemains. Qu'allait-on faire de moi ? Me laisser croupir là durant des années ? Me jeter dans la charrette des condamnés ? J'étais si oppressée par l'angoisse, la solitude et le silence qu'il m'arrivait d'adresser la parole à un graffiti en forme de visage qui ressemblait à un Christ souriant.

— Avez-vous réclamé ma présence ? Vous a-t-on répondu que j'étais en mission ?

— Quand je réclamais votre visite, le gardien me répondait : « Tallien ? il se moque bien de toi. Il a d'autres soucis en tête... »

— Il aura des comptes à rendre ! Je vais m'en occuper.

— N'en faites rien, je vous prie. Ces gens sont des malheureux...

Quelques jours plus tard, Jean-Lambert Tallien, proconsul de la République et maître de Bordeaux, devint mon amant.

Il semblait attendre cette faiblesse de ma part comme une récompense. Il m'avait délivrée ; je ne pouvais rien lui refuser, d'autant que j'étais sensible à sa séduction. Il n'y eut pas de préliminaires entre nous, comme si tout était convenu.

Je me souvenais de la réaction de Frenelle lorsque, dans le parc de Mme de Lameth, il m'avait demandé la permission de garder une rose en souvenir de moi : « Eh bien, madame, on dirait que ce garçon en pince pour vous ! Peut-on y voir le début d'une idylle ? »

L'idylle ? Elle avait mis longtemps à se traduire en actes, mais venait de s'épanouir dans les derniers relents de pierre humide de la geôle, dont il m'avait semblé, durant des jours, que ma chair était imprégnée. J'avais détesté cet homme ; je me pris à l'aimer. Il était jeune : six ans de plus que moi qui en avais vingt, séduisant malgré des traits assez communs, vêtu avec une élégance un peu recherchée, doté dans l'intimité d'une voix pénétrante, mais aiguë et déplaisante dans ses discours.

Je n'eus pas à regretter de lui avoir cédé, et lui à se reprocher ses avances. Il se montra un amant fort convenable, généreux dans les témoignages de sa passion. Il ne me laissait manquer de rien, s'informait auprès de Frenelle de ce qui aurait pu me faire plaisir : un bijou, une robe, un parfum... Il tenait à ce que je lui fisse honneur au cours des réceptions et dans sa loge du Théâtre. Il se cambrait comme un coq quand il entendait dire qu'après avoir été « la plus belle femme de Paris », j'étais la plus séduisante de Bordeaux.

Une idée venait parfois gâter mon euphorie : qu'étais-je pour Tallien ? une maîtresse, une égérie, une proie ? Je prenais ma revanche de ses prétentions supposées en faisant de ce fauve un toutou aussi soumis que ma levrette. Malgré mon jeune âge, j'avais acquis très vite la conviction que les hommes étaient des Samson naïfs et les femmes des Dalila propres à les dompter. S'ils avaient du mal à maîtriser leurs passions, je savais imposer des limites aux miennes.

Tallien avait beau se donner en public des allures de tigre, dans l'intimité, il rampait devant moi comme un chat. Il sortait volontiers ses griffes en public, mais, seul avec moi, il faisait patte de velours et ronronnait. Croyait-il m'avoir apprivoisée ? Je savais, moi, que je le tenais en laisse.

Les fêtes se succédaient à Bordeaux, dans une ambiance révolutionnaire et patriotique, sans que la guillotine cessât de fonctionner afin de fournir un quota satisfaisant de victimes à la Convention, qui avait ouvert ses portes à la Terreur.

En décembre, pour satisfaire aux utopies de Robespierre, la ville avait célébré avec faste le culte de la Déesse Raison : une mascarade à laquelle je fus contrainte de participer, malgré ma répulsion. Je figurai dans un défilé de jeunes femmes en tunique blanche ceinte de tricolore, portant des rameaux de buis. La fête connut son apogée au Théâtre, par des discours et des chants. Je me trouvais dans la loge de Tallien.

Je dis un jour à Tallien, alors que nous déjeunions sur la terrasse, dans un bain de soleil tiède :

— N'êtes-vous pas écœuré de ces exécutions, de ce sang, de ces larmes ? N'y a-t-il pas dans votre cœur place pour la pitié ? La plupart de ces victimes sont innocentes, vous le savez, et vous persistez à les sacrifier !

Il protesta, disant qu'il avait réduit le nombre des exécutions. J'obtins que la guillotine fût transportée de la place Nationale dans la cour du fort du Hâ, et que le sinistre Lacombe, ce comptable de la mort, fît montre de plus de justice et de modération dans ses verdicts. C'est ainsi que je parvins à sauver la vie à des gens victimes de leurs origines aristocratiques ou accusés de fautes bénignes.

— Savez-vous, me dit Tallien, comment on vous appelle ? Notre-Dame du Bon-Secours !

Tallien n'avait pas remarqué les assiduités que me manifestait le général Guillaume Brune. Cet officier semblait guetter la moindre dissension entre nous pour avancer son pion. Et lui, ce n'était pas un tigre de papier.

À force d'insister, j'obtins que Tallien fît délivrer à Mme de La Tour du Pin un passeport pour la Martinique. Ça n'avait pas été simple. Elle avait accouché à la fin de l'année d'une fillette, Séraphine, et, affaiblie par ses couches, elle souffrait de devoir renouveler des démarches décevantes.

À cette époque, le port était envahi par une centaine de navires de tous bords, la plupart battant pavillon américain, qui attendaient pour lever l'ancre le bon vouloir des autorités.

J'appris, par le grand-oncle Galabert, qu'un de ces navires, une frégate, la *Diane*, jaugeant cent cinquante tonneaux, allait quitter le quai dans une quinzaine. Quand je fis part de cette nouvelle à Mme de La Tour du Pin, elle n'eut de cesse de se rendre à bord pour demander qu'on acceptât de l'y prendre, ainsi que son mari et ses enfants, qui se terraient dans les environs depuis des mois.

Le 3 mars, j'assistai à son départ. Ses bagages, à bord depuis trois jours, comportaient des vivres pour le temps de la traversée : pots de cuisses d'oie et de confitures, sacs de pommes de terre, de haricots et de biscuits, quantité de bouteilles de vin…

— C'est mon seul bien, me confia-t-elle. Ces vivres, je les ai amassés depuis des mois, en me privant. Le capitaine Pease m'a prévenue que la nourriture à bord serait maigre. Je ne supporte pas l'idée que mon mari et mes enfants souffrent de la faim.

Elle ajouta en me serrant contre elle, avec une grosse émotion dans la voix :

— Je n'oublierai jamais ce que vous avez fait pour moi, Thérésa. Sans vous, je n'aurais jamais pu quitter la France, et j'aurais peut-être fini mes jours sur l'échafaud.

Un matelot aida les passagers à monter dans un canot qui décolla du quai d'un coup d'aviron pour aller se coller contre le flanc de la *Diane*. Je restai jusqu'à ce que le capitaine Pease eût lancé le *off!* annonçant le départ. Ses voiles larguées, la frégate prit le fil du courant en direction du bec d'Ambès.

Entre ma sortie de prison et le départ de Mme de La Tour du Pin pour les Îles d'Amérique, quelques mois riches d'événements ont passé.

Dans les derniers jours de l'année 1793, nos représentants célébrèrent un fait d'armes qui allait faire un héros d'un jeune capitaine d'origine corse, qui portait un prénom et un nom curieux : Napoléon Bonaparte. Il avait arraché à coups de canon à l'occupant anglais cette enclave royaliste : le port de Toulon.

Tallien tint à ce que je revêtisse une tenue appropriée. Il choisit un habit d'amazone bleu à boutons dorés et un bonnet rouge bordé de petit-gris, orné d'une plume d'un rouge vif. Je protestai, lui disant que j'allais ressembler à Théroigne de Méricourt.

— J'en conviens, me dit-il, mais avec la beauté en plus...

Il voulut m'imposer le sabre et le baudrier. Je regimbai et le fis renoncer à cette idée saugrenue.

Pour célébrer l'événement, le général Brune fit gronder ses canons aux quatre coins de la ville, comme s'il avait le pressentiment que sa carrière allait dépendre de Bonaparte. Quant à Tallien, il avait eu cette idée burlesque : me faire prononcer un discours sur l'éducation. Je lui demandai s'il se moquait de moi. Il s'en défendit.

— Je suis très sérieux, ma chérie. Ce discours, tu n'auras pas à l'écrire, mais simplement à le prononcer. Il passera mieux, venant d'une femme, et fera de toi une citoyenne sans peur et sans reproche. Il s'intitulera *Esquisse rapide d'un plan d'éducation pour la jeunesse.* Alors que j'écrivais dans mon journal, *L'Ami des citoyens,* je me suis passionné pour cette question.

Je m'esclaffai en lisant le brouillon de son discours. Il paraissait avoir été écrit avec une plume ébréchée, le style en était maladroit, plein d'enflure, de redondance, et, s'il y avait de bonnes idées, elles partaient en fusées pour retomber en cendres. Je dictai ma version à Frenelle. Cette « esquisse rapide » était interminable. J'y taillai à coups de sabre. Tallien dut se contenter, non sans ronchonner, de cette nouvelle mouture.

Le soir, la salle capitulaire du couvent des Récollets était pleine à craquer. J'avais renoncé à mon uniforme grotesque d'amazone pour une toilette simple, sans dentelle ni bijoux, tête nue, coiffée « à la Titus » pour être à la mode : cheveux courts et bouclés.

J'avais la gorge sèche lorsque Tallien, avec son éloquence habituelle, avait lancé de la tribune :

— Citoyennes et citoyens de Bordeaux, écoutez et retenez les leçons d'une mère de famille exemplaire. Vous y puiserez un exemple. C'est grâce à elle et à ses pareilles, vos sœurs, que la République et la nation connaîtront des années de prospérité et de bonheur !

Je demandais aux élèves de respecter leurs maîtres et aux maîtres de leur enseigner l'amour de la patrie, la haine de la servitude et de la *tyrannie,* un mot que j'avais ajouté de mon propre chef.

La salle entière se leva, lorsque, d'un air inspiré et de ma voix la plus puissante, je lançai :

— Que la jeunesse de ce pays attende sans murmure et sans effroi l'heure qui doit la séparer de ses maîtres dont elle aura obtenu l'affection, l'estime et les regrets !

La foule m'ovationna. Tallien fit imprimer ce discours, dont il envoya un exemplaire au Comité de Salut public de Paris et à ses amis de la Convention et des Clubs.

Je n'avais pas lieu d'être fière de cet exploit, mais il me valut un regain de considération de la part des autorités.

Brune, qui avait assisté à cette soirée, me serra dans ses bras en me disant qu'il avait eu de la peine à retenir ses larmes, ce dont je doutais. Ancien instituteur, Lacombe débita quelques flagorneries maladroites.

Profitant de cette nouvelle faveur, je parvins à arracher à la prison et à l'échafaud des victimes de notre Fouquier-Tinville au petit pied. Je faisais en sorte d'agir sans trop apparaître, de manière à ne pas nuire à Tallien et à ne pas m'attirer les foudres des extrémistes.

Dans le courant de janvier, seize condamnés seulement montèrent à l'échafaud. Leur nombre n'allait cesser de décroître jusqu'au mois de mai, où le bourreau put aller travailler à son jardin.

Mon modeste appartement de l'hôtel Franklin était devenu le rendez-vous des familles de victimes dont un ou plusieurs membres étaient promis au sacrifice. Certaines accompagnaient leur requête d'une bourse que je refusais, Notre-Dame du Bon-Secours souhaitant demeurer irréprochable, ou que j'employais à secourir des malheureux. Il y avait dans mon antichambre de tout monde, et je ne faisais aucune discrimination entre la ci-devant marquise et la femme du marinier.

Brune marquait une certaine impatience dans son esprit de conquête, d'autant qu'il redoutait d'être rappelé par la Convention pour acheminer ses troupes vers les frontières.

Il ne se passait pas de semaine qui ne nous donnât l'occasion de nous rencontrer. C'étaient chaque fois des baisemains insistants, des propos équivoques glissés à mon oreille et des invitations à danser. Je garde le souvenir d'un colosse aux traits rudes, au front dégarni, aux favoris flamboyants, qui portait l'uniforme à ravir.

Il était né à Brive, petite ville du bas Limousin, comme Treilhard, ancien avocat au Parlement de Paris, qui avait séjourné à Bordeaux l'année passée comme représentant de la Convention. Rien ne le destinait aux armes. Il était venu à Paris à l'aube de la Révolution, avait exercé les professions d'imprimeur puis de journaliste. Danton l'ayant fait entrer à la Garde nationale, il avait changé la plume pour le sabre, suivi Dumouriez aux Armées du Nord et combattu avec Houchard devant Hondschotte, où était mort mon frère Paco.

La Convention l'avait dirigé sur le département du Bec d'Ambès, pour y effectuer, avec le concours de Tallien, des levées, faire l'inspection des forts et des citadelles et maintenir l'ordre en évitant de faire couler le sang comme cela s'était produit à Lyon ou à Marseille. Il y parvint sans avoir à faire usage des armes. Bordeaux devrait lui élever une statue…

Il me témoignait sa confiance au point de m'avouer une faute qui aurait pu lui valoir sa destitution mais accrut ma sympathie : il avait soustrait au Tribunal révolutionnaire l'un de ses compatriotes, M. de Martignac, et l'avait caché durant plusieurs mois.

Il me fit une autre confidence : il était marié depuis quelques années, aimait son épouse mais satisfaisait aux exigences de sa nature quand l'occasion s'en présentait.

Profitant d'une absence de Tallien parti en mission pour La Réole, Brune passa à l'attaque illico et sans prendre de gants, en véritable ruffian qu'il était sous son bel uniforme.

Un soir, après une bruyante soirée entre amis, il s'était mis en tête de ne partir que le dernier. Fausse retraite ! Il sonnait à ma porte quelques minutes plus tard, sous un faux prétexte : il avait fait exprès d'oublier ses gants. En le voyant surgir, mon cœur, si je puis dire, battit la générale.

Ce qui devait arriver arriva. Je partageai avec lui une nuit fertile en assauts, sans commune mesure avec les étreintes ferventes et délicates de mon Tallien, qu'il détestait, l'appelant le « pète-sec » ou le « roquet », ce dont je m'offusquais sans conviction.

Au lever du jour, en partageant mon déjeuner, il me dit :

— Citoyenne, nous n'allons pas en rester là. C'est à vous que je souhaite consacrer les derniers jours qui me restent avant mon départ. Eh oui, ma chère ! la Convention m'appelle. Ne me dites pas que cela vous déplaît et que je devrai entreprendre un siège pour vous faire céder ! Cette nuit, vous avez mené le combat sans faillir ni demander grâce.

J'avoue que j'avais eu du mal à suivre le rythme de ses offensives. J'en souffrais encore dans ma chair et j'étais sur le flanc, alors que, frais comme un esturgeon de la Garonne, il dévorait des piles de tartines grillées et avalait des bols de café.

J'avais observé qu'il me disait *ma chère* et non, comme Tallien, *ma chérie*. Il devait réserver cette dernière expression à sa femme et marquait ainsi une différence entre une passade et l'amour conjugal. Il avait eu tout bonnement envie de cette femme qu'on disait « la plus belle de Bordeaux », quitte à lui tirer sa révérence sans éprouver de regret ni se soucier des dégâts qu'il laissait sur le champ de bataille. J'en concevais peu d'amertume mais une légère déception. Il m'aurait plu de percer la carapace de ce guerrier pour y trouver un cœur d'homme. Son cœur ? il l'avait laissé dans sa ville natale.

De tout le temps que Tallien fut absent, soit plus d'une semaine, le sabbat ne cessa pas une seule journée ni une seule nuit.

Un détail obscène m'avait choquée : pour notre première nuit, il avait usé d'un préservatif. Je le vois encore, dans la lumière de la chandelle, sortir de sa poche de chemise un sachet en peau de Venise, qu'il avait gonflé pour en vérifier l'étanchéité, en me disant dans un gros rire :

— Précaution de soldat, ma chère ! Il y a quelques mois, j'ai ramené d'une partie fine une vérole carabinée. Rassurez-vous, il n'en reste rien, mais sait-on jamais ?

Il ne fit usage de cette « précaution » qu'au cours de nos premiers ébats. Il s'en débarrassa vite en la jetant dans la cheminée.

Au risque de trahir notre intimité, Brune insista pour que je l'accompagne dans ses tournées d'inspection. Lorsque je lui fis observer le danger que nous courions, il éclata de rire.

— Ne vous tracassez pas, ma chère ! Que faisons-nous de mal ? En l'absence du *roquet*, je promène sa compagne. Simple devoir de courtoisie...

Ces équipées en calèche me plaisaient. Nous arrêtions

l'attelage sur la crête des falaises qui dominent l'immensité de l'estuaire grisâtre, crépitant de vaguelettes, avec, dans le lointain, discrètes comme un mirage, des rives plates, noyées de brume.

Assis dans l'herbe, entre des cabanes de pêcheurs au carrelet, il me parlait de son pays natal, cette Corrèze à laquelle il aurait aimé consacrer un livre en forme d'églogue. Il allait le faire plus tard, au retour de ses campagnes, et de sa plus belle plume, car il avait une nature d'écrivain.

Je ne l'aimais pas plus qu'il ne m'aimait lui-même, mais peu importe. Lorsqu'une voix murmurait en moi qu'il aurait pu être l'homme de ma vie, je la faisais taire. Aurais-je pu supporter longtemps ce soudard qui se prenait pour le Cid Campeador et considérait les femmes comme des forteresses à investir.

J'ai suivi ses exploits sur les cartes et dans les gazettes. Il a fait, dans le sillage de Bonaparte, puis de Napoléon, une carrière éblouissante, mais avec une fâcheuse tendance au pillage. On disait « piller à la Brune ».

Lorsque, quelques semaines plus tard, il monta dans sa calèche pour regagner Paris et assumer de nouvelles missions, il me dit d'un air indifférent :

— Adieu, ma chère. Faites mes amitiés à Tallien. Quant à vous, croyez bien que je ne vous oublierai pas…

Juchée sur le châtelet de la porte Saint-Junien, je le regardai s'éloigner dans la timide lumière du printemps, à la tête de sa troupe. Sa présence ne s'imposait plus dans cette ville : l'ordre y régnait.

Frenelle, Bordeaux, 1794

Une corvée que j'aurais subie à contrecœur me fut épargnée : faire queue devant les boutiques. Je repoussais l'idée d'avoir à me mêler à ces files interminables de malheureuses qui, avant l'aube, dans la pluie et le vent, grelottaient devant les boulangeries et les boucheries. On ne trouvait, à volonté, que du poisson et des fruits de mer. De même pour le vin, mais il était néfaste aux estomacs creux.

Je me souviens d'une visite que nous fîmes, madame et moi, à la marquise de La Tour du Pin, devenue citoyenne Latour. Un rouge d'indignation aux joues, elle nous avait montré la ration quotidienne de pain qu'elle venait de se procurer après avoir fait le poireau durant des heures. Elle le brandissait comme pour nous le jeter à la figure.

— Ce pain national, criait-elle, votre chien n'en voudrait pas. Regardez ! On y trouve des balayures de blé, des pois avariés et même du chiendent. Il n'y manque plus que de la sciure !

Elle avait fait mine de jeter le croûton dans la cheminée, avant de poursuivre d'un air plus calme :

— J'ai pu en obtenir deux livres, que je partage avec mon pauvre Zamore. Alors que j'allaite, comment puis-je vivre avec cette ration et de la mauvaise viande une fois par semaine ?

Elle avait ajouté avec une pointe d'aigreur :

— Vous avez bien de la chance, Thérésa, de pouvoir manger à votre aise.

L'ingrate… Elle oubliait qu'une fois par semaine madame lui faisait livrer par mes soins une tourte de six livres de ce « pain de représentant », fait d'une bonne farine, que les boulangers cuisaient à part.

Madame lui avait répondu :

— Ne rendez pas Tallien responsable de ces privations. Il se démène pour obtenir des livraisons des fermiers des Charentes, mais ils ne le font qu'à contrecœur et au compte-gouttes. À les en croire, les récoltes sont toujours inférieures à ce qu'on en attendait.

Ce qu'elle oubliait de dire, c'est que M. Tallien avait décidé de livrer aux flammes certaines fermes des environs dont les propriétaires cachaient leurs grains et se faisaient tirer l'oreille pour en livrer. Il en avait donné l'ordre à Brune, lequel avait refusé, disant que l'on n'était pas en Vendée et qu'il n'était pas dans la région pour jouer les pyromanes.

Le bruit commençait à courir à Paris que les représentants, et pas seulement ceux de Bordeaux, menaient une vie de sybarites et usaient de la prévarication pour faire fortune. Les basques de M. Tallien commençaient à sentir le roussi.

Il y avait, dans ces accusations, du vrai et du faux. La richesse de Bordeaux, ville de négociants, de vinadiers et de négriers, la plus riche de France après Paris, disait-on, favorisait ces opérations délictueuses : agiotage et spéculation sur les denrées notamment.

Je me dois de faire amende honorable, moi-même, tentée par l'argent facile, n'ayant manqué aucune occasion de m'en procurer.

Madame s'était fait confier des passeports vierges par l'intermédiaire du secrétariat de M. Tallien. Elle en faisait bénéficier des familles d'aristocrates qui souhaitaient respirer un air plus salubre et se faire oublier des pourvoyeurs de la guillotine.

J'avoue qu'il m'est arrivé de prélever quelques-uns de ces

documents et de les avoir négociés pour des sommes modiques à des familles qui auraient donné toute leur fortune pour ce viatique. J'éprouvais d'autant moins de scrupules que ce trafic s'opérait sur une grande échelle et au plus haut niveau. Je me contentais de récolter des miettes.

Sans rester insensible au mirage de l'argent, madame ne s'est pas, à ma connaissance, livrée à de telles extorsions de fonds. Elle se satisfaisait du luxe discret que lui procurait son compagnon, lequel n'avait cure de s'enrichir à si bon compte et contre ses principes d'honnête homme. S'il lui arrivait d'accepter les dons en argent des familles suspectes connues pour leur richesse, elle s'en défaisait en aidant des familles dans le besoin ou par des actes de charité auprès des hôpitaux et des hospices.

Au risque de me répéter, j'affirme que, dans cette foire d'empoigne, M. Tallien faisait figure de spartiate et menait l'existence d'un honnête commis de la République. S'il se présentait, au cours des cérémonies, dans des tenues prestigieuses, c'était pour faire honneur à sa mission.

Il avait tendance à laisser faire ? Soit. Cela tenait à son aménité, à son indulgence et à sa faiblesse. Le tribun de la Convention, le révolutionnaire extrémiste, le maître de Bordeaux, n'était puissant qu'en apparence, porté qu'il était par sa belle allure, sa faconde et sa culture. Si ses colères fréquentes ébranlaient son entourage, son visage se libérait très vite de ce masque.

Accusé de sybaritisme par ses adversaires de la Convention, il répliquait : « Dans la cellule du ci-devant séminaire où je loge (il exagérait !), modeste dans tout ce qui m'environne, avec six livres par jour, je n'ai d'autre éclat que celui que me donne une garde extérieure nécessaire au bon ordre, dans un logis où les citoyens peuvent se présenter à leur gré... »

Il eut le toupet d'écrire à sa mère, qui vivait seule à Paris, rue de la Perle, dans un état proche de l'indigence : « Je ne mange pas du pain blanc mais l'infâme pain national... » J'étais bien placée pour savoir que ses belles dents n'avaient jamais affronté la pâtée de chien du commun. Il n'avait aucun scrupule à savourer les mets délicats que madame et moi lui préparions, ou ceux des meilleures auberges de la ville et des environs.

Les meilleurs repas, c'est surtout chez Mme Dupré qu'ils nous étaient servis. On y faisait bombance. S'il y avait un sybarite dans la clique des représentants, c'était bien ce personnage hypocrite, et non son rival.

Pour confirmer l'aisance dont nous profitions, il me suffit de me souvenir de la lettre envoyée de Paris par une amie de madame : un véritable appel au secours. Elle réclamait, « pour ne pas mourir d'inanition, du sucre, du café, du thé… et du savon ! ». Ce qui fut fait.

M. Tallien avait un grave défaut que l'attitude de madame justifiait : il était jaloux.

Comment ne l'eût-il pas été d'une créature que tous les hommes de son entourage lui enviaient, avec d'autant moins de scrupules qu'elle n'était pas retenue par les liens du mariage. Il s'irritait des assiduités de Brune, d'Ysabeau, et même de ce cloporte, le commissaire Laporte. Son comportement, au cours des réceptions qu'il donnait chez madame, était affligeant : il ne quittait pas madame de l'œil, notamment lorsqu'on donnait un bal, intervenait dans ses entretiens et l'invitait à danser pour éviter que d'autres ne le fissent.

Je n'assistai qu'une fois au débordement de sa jalousie. Il fut d'une telle violence que je crus leur rupture imminente. Il est vrai que madame s'était rendue coupable d'une maladresse insigne.

L'un de ses anciens amants, Félix Le Peletier de Saint-Fargeau (le Blondinet), avait fait sa réapparition. Il avait fait carrière dans l'armée avant d'émigrer, aux premiers temps de la Terreur. Il était revenu pour venger son frère, Louis-Michel, assassiné par un royaliste au Palais-Royal, la veille de la mort du roi.

Informée de son retour et souhaitant peut-être susciter un retour de flamme, madame lui adressa son portrait en miniature, avec quelques mots révélateurs de leurs relations passées, brèves mais intenses. Intercepté par la censure postale, cet envoi avait échoué sur le bureau de M. Tallien. Il le mit dans sa poche et, quelques heures plus tard, le jeta sur les genoux de madame en lui disant d'un air furieux :

— Thérésa, votre comportement est odieux ! Qu'est-ce à dire ? Avez-vous l'intention de m'abandonner pour aller retrouver ce freluquet ? J'attends une explication.

Madame se troubla, garda le silence et, soudain, éclata en sanglots. D'un mouvement sec de sa canne il lui arracha le mouchoir dont elle s'épongeait les yeux, puis la brandit vers moi en s'écriant :

— Vous, Frenelle, qui avez sûrement été sa complice, disparaissez ! Si madame a besoin de sels, je vous sonnerai.

De la pièce voisine, sans avoir à coller mon oreille à la porte, je perçus les propos d'une extrême violence dont il accablait madame, disant qu'il s'était trompé sur elle, que sa nature de catin reprenait le dessus et qu'ils allaient devoir se séparer.

— Je vous ai libérée de la prison, madame, eh bien il me suffira d'un mot pour vous y renvoyer ! S'il le faut, la guillotine calmera vos ardeurs hystériques !

Bien entendu, il n'en fit rien. L'humiliation qu'il avait ressentie céda le pas à l'affection et à l'amour qu'il lui vouait. Il croyait la dominer ; elle le tenait en lisière. Je frémissais en songeant à ce qui serait advenu de leurs rapports s'il avait appris sa liaison avec le général Brune. Je n'allais pas tarder à le savoir.

M. Tallien allait avoir, au retour de sa mission à La Réole, une autre occasion de laisser éclater sa jalousie.

De bonnes âmes n'avaient pas manqué, par des propos insidieux, de faire état de l'idylle brûlante de madame avec le général. M. Tallien tenta de s'informer auprès de moi et de Joseph du comportement de sa compagne en son absence. Nous nous gardâmes de donner pâture à ses alarmes. Madame avait reçu le général, certes, mais toujours en compagnie d'autres invités. Il l'avait promenée en voiture ? Sans doute, mais dans l'intention de la distraire...

— Sachez, madame, lui dit-il, que je me refuse à jouer le rôle du cocu dans vos marivaudages ! Si mes soupçons se confirment, vous ne pourrez plus compter sur ma protection.

Par de faux repentirs et des minauderies de chatte, dans lesquelles elle excellait, madame parvint à le persuader que ses soupçons n'avaient aucun fondement et qu'il était victime de calomniateurs acharnés à les séparer. Il était le seul homme qui comptât pour elle. Comment aurait-elle pu tromper un homme qui lui avait sauvé la vie et ne lui refusait aucun caprice ?

Elle mena si bien sa barque que le navire reprit sa route après la tempête, toutes voiles dehors. La vie retrouva son train normal, avec sa succession de réceptions et de cérémonies qui faisaient oublier les rumeurs d'orage venant de la capitale.

Un soir, madame m'apprit que le tyran Robespierre la visait à travers monsieur. Il le tenait pour responsable de la régression des idéaux de la Révolution à Bordeaux et de la mansuétude scandaleuse du Tribunal, la guillotine ayant pratiquement cessé de couper des têtes. Abattre cette réfractaire lui eût été facile : il eût suffi de la convoquer à Paris.

C'est monsieur qui fut rappelé. Il partit à la fin du mois de février.

Robespierre lui servit son paquet, disant que M. Tallien avait abusé de son pouvoir, qu'il avait dissous le Comité de Salut public pour le remplacer par des créatures de son clan. Il l'accusait en outre de mener un train de vie faisant injure à la misère publique, de se pavaner au bras d'une Messaline, fille d'un banquier traître à sa patrie...

— Malheur, s'était écrié l'Incorruptible, à qui ose faire supporter au peuple la terreur réservée à l'ennemi ! Périsse le scélérat qui ose abuser du nom sacré de la liberté et des armes qui lui ont été confiées, pour apporter le deuil dans le cœur des patriotes !

M. Tallien laissa passer la tornade avant de riposter qu'il avait ramené la paix républicaine dans la région qu'on lui avait confiée, que l'armée de Brune n'avait pas fait une victime, que la guillotine avait été sans excès mais efficace, qu'il n'était pas responsable des maladresses et de l'incompétence des agents chargés du ravitaillement de la population...

Il avait ajouté que, pour ce qui concernait la citoyenne Fontenay, cela relevait de sa vie privée.

Il avait plaidé sa cause au Comité de Salut public avec une telle conviction mêlée à son éloquence révolutionnaire, qu'il était sorti blanchi de cet affrontement et que l'on avait fait litière des soupçons qui l'avaient humilié. On lui avait même offert de présider quelques séances de la Convention...

Madame n'avait pas profité de l'absence de monsieur pour donner libre cours à la licence ou à l'oisiveté. Elle avait fait le siège du remplaçant de M. Tallien pour obtenir les fonds nécessaires à la création d'un hospice de charité pour les vieillards, les veuves et les nécessiteux. On l'avait installé dans un ancien couvent de bénédictins. L'inauguration avait eu lieu en grande pompe le 10 avril. Deux cents malheureux y ont été logés aux frais de la commune.

Madame n'oubliait pas ses propres intérêts, mais personne n'aurait pu le lui reprocher.

En acquérant les droits d'exploitation d'une fabrique de salpêtre, elle devenait fournisseur aux Armées. En passant de la poudre de Venise à la poudre à canon, elle se donnait un statut de patriote exemplaire et un brevet de civisme. Cette activité avait une face cachée : madame la mettait à profit pour abriter dans son entreprise des suspects dignes d'intérêt.

Cette initiative arrivait au bon moment : la Convention venait de confier une mission d'inspection à un nouvel envoyé de Robespierre.

Ce missionnaire, Marc-Antoine Jullien de la Drôme, était le plus insolent jean-foutre que la ville ait eu à affronter. Comparés à lui, Ysabeau et Lacombe faisaient figure d'agneaux.

À moins de vingt ans, avec l'Incorruptible comme maître

et la Déesse Raison comme culte, il se propulsait dans la carrière en se donnant des allures de chevalier blanc, mais il lui manquait le panache.

Ne pouvant attaquer M. Tallien, demeuré à Paris, c'est à Laporte qu'il s'en prit. Il lui secoua les puces, lui plongea le nez dans son caca, exigea de la part du cloporte, maître de la guillotine, un meilleur rendement. Il fallut remonter l'échafaud sur la place Nationale et lui redonner sa pâture.

Mais Jullien de la Drôme n'avait pas l'étoffe d'un tribun. C'était un beau garçon, un peu efféminé, auquel on aurait donné l'hostie sans confession. Il fit long feu à Bordeaux. Un mois après son arrivée, il s'éclipsa sans demander son compte. On aurait soupiré d'aise si l'on avait compris qu'il quittait Bordeaux avec l'intention de vider son sac sur l'autel de son dieu. Malgré la brièveté de sa mission, le nombre des exécutions capitales était monté en flèche ; il retomba sitôt son départ.

Ce jouvenceau nous surprit : il tira la leçon de cet échec humiliant en inspirant à Robespierre des mesures propres à mettre un frein aux excès des représentants en mission. Écœuré peut-être de la tournure que prenait la Terreur, il s'engagea auprès de Bonaparte pour la campagne d'Italie, avec le grade de capitaine d'état-major, et rédigea pour le général corse une gazette : *Le Courrier de l'Armée d'Italie.* Plus tard, il participa à la campagne d'Égypte, où il allait retrouver M. Tallien. Mais ceci est une autre histoire...

Thérésa. Bordeaux et Paris, 1794

Forte de mes nouvelles fonctions de fournisseur aux Armées pour la poudre à canon, j'adressai une requête à la Convention destinée à permettre aux femmes et aux filles de participer à l'élan de solidarité contre la guerre et la misère.

J'avais trouvé une formule heureuse, dont Frenelle fut la première à prendre connaissance : « qu'elles servent le pays dans les asiles secrets du malheur ». Tallien, me disais-je, aurait été fier de moi.

Je n'allais pas, comme Olympe de Gouges et ses Amazones, jusqu'à solliciter l'égalité entre les sexes, ce qui m'eût rendue suspecte. Mon message exprimait l'idée que « les compagnes de l'homme ne doivent pas en être les rivales, mais les appuis et les consolatrices ». Le repos du guerrier, en quelque sorte, ce qui ne risquait pas de m'attirer les foudres des conventionnels. Envisager une émancipation plus large eût été pour l'heure une utopie.

Je dois convenir que méditations profondes et actions fortes sont l'apanage des hommes, mais que les femmes, de par leur nature, sont plus aptes à lutter contre la misère et le malheur. Je terminais par cette exhortation : « Ordonnez que les jeunes filles, avant leur mariage, passent quelque temps dans les asiles de la pauvreté et de la douleur, et s'y exercent aux vertus que la société attend d'elles ! »

Je fondais quelque espoir sur ces propositions et fus déçue. La Convention prit bonne note de ce message, mais, malgré l'intervention de Tallien, il passa à la trappe. Outre que Robespierre me poursuivait d'une vindicte farouche, il avait, comme on dit, d'autres chats à fouetter.

Les courriers fréquents de Tallien m'informaient des poussées de fièvre qui agitaient le pays, en floréal et en prairial, les nouvelles saisons du calendrier républicain. Si le bourreau chômait à Bordeaux, il avait, à Paris, du pain sur la planche.

Robespierre avait commis une faute qui allait le mener à sa perte.

En condamnant à la guillotine le plus célèbre tribun de la Révolution, Danton, et quelques-uns de ses compagnons de route : Delacroix, Desmoulins, Philippeaux, il se rendait impopulaire. En sacrifiant l'illustre chimiste Lavoisier (« La République n'avait pas besoin de savants ! »), une trentaine de fermiers généraux et une vingtaine de royalistes accusés de complot dans la prison du Luxembourg, il avait passé les bornes.

Des femmes figuraient parmi les victimes : la douce Lucile Desmoulins, Mme Rolland, Madame Élisabeth, la sœur du roi… La traînée de sang qui suivait le tyran était devenue un ruisseau où le peuple pataugeait jusqu'à l'écœurement. Le bourreau Sanson ne faisait plus recette et la Convention commençait à murmurer.

Que devenait mon Tallien dans cette fête sanguinaire ? Il faisait mine d'aboyer avec les loups mais gardait ses distances.

Il n'avait pas tardé à comprendre que la manœuvre de Robespierre consistait à l'atteindre en s'en prenant à moi. Cette évidence me donnait des angoisses. Je m'attendais, chaque matin, à recevoir le courrier qui me convoquerait à Paris et imaginais les recours susceptibles de me tirer d'embarras, comme de prendre un bateau pour les Îles d'Amérique ou l'Espagne.

Je vis ressurgir sur ces entrefaites celui que je ne m'attendais plus à revoir : mon ex-mari, Jean-Jacques Devin de Fontenay.

Il souhaitait trouver un navire en partance pour l'Amérique. Il avait grossi, portait des lunettes de myope, avait perdu le plus gros de sa chevelure rousse, et son visage, dont la laideur m'affligeait, portait en plus les marques de son intempérance. Il était vêtu comme un gueux, d'une redingote effrangée, chaussé de bottes avachies et coiffé d'un chapeau verdâtre qui battait de l'aile.

— J'ai besoin de ton secours, me dit-il. J'ai l'argent nécessaire à mon transport, mais, en débarquant à la Martinique, je me trouverai sans ressources pour acheter ou louer une plantation.

Je lui marquai ma surprise : en quittant Paris, il avait dû liquider ses biens, qui étaient encore considérables. Compatissante néanmoins pour sa détresse, je lui confiai quelques bijoux et trois rouleaux de louis. Il articula un faible merci, refusa la collation que je l'invitais à partager avec moi, embrassa distraitement son fils et disparut.

À quelque temps de cette visite, j'eus l'occasion de confirmer mon titre de Notre-Dame du Bon-Secours.

Incarcéré par le Comité de Salut public de Bordeaux, un négociant en cognac, M. Martell, attendait l'ultime rendez-vous avec le bourreau. J'intervins auprès d'Ysabeau pour que sa peine fût commuée en une forte amende. Je fis de même pour un autre négociant, M. Legris, un de nos amis, poursuivi par la police d'Ysabeau pour des fautes mineures. Il chercha refuge à l'hôtel Franklin, où je le cachai quelques jours dans la chambre de Frenelle. Arrêté peu après, il fut, sur mes instances, condamné, comme M. Martell, à une amende, dont il s'acquitta sans peine.

Ma fabrique de salpêtre tournait rond.

Tallien m'envoya le compliment de la Convention à l'adresse des particuliers voués à cette production. C'était un morceau de littérature digne d'une anthologie : « Aux armes, citoyens ! Au nom du genre humain en révolution, le bonheur réside dans le salpêtre. Continuez à manifester votre patriotisme en recueillant jusqu'au dernier atome de cette précieuse matière... ».

On avait appris à mes ouvriers une chanson qu'ils entonnaient en se rendant au travail dans les églises et les abbayes désaffectées des environs : « *Descendons dans les souterrains / La liberté nous y convie / Pour affronter Pitt en bateau / Il ne nous faut que du salpêtre...* » Un autre couplet donnait la recette sommaire de la fabrication de ce produit : laver la terre dans un tonneau, en laisser l'eau s'évaporer, recueillir le nitre... M. Martell s'était associé à moi dans cette industrie rémunératrice.

C'est au début de mai que la fatalité s'abattit sur ma personne.

Une lettre du Comité de Salut public m'ordonnait de regagner Paris. Cette décision répondait à une loi récente interdisant aux ci-devants de résider dans des ports ou des villes frontalières, afin d'éviter de nouvelles migrations et de contrecarrer des complots contre la République

Le matin du 4 mai, toutes affaires cessantes, je résiliai ma location, cédai mes parts à M. Martell. Laissant mon fils Théodore et ma levrette aux Galabert, je partis en compagnie de Frenelle, de Joseph et d'un chausseur de Bordeaux, dont j'étais la cliente : Jean Guéry. Il avait des affaires à régler à Paris et profitait de l'occasion que je lui offrais.

Je fus assez satisfaite du portrait que le rédacteur de mon passeport faisait de moi : « Taille, 5 pieds et 6 pouces, visage blanc et joli, cheveux noirs, front bien fait, bouche et menton petits... » L'image, en quelque sorte, que toutes les femmes souhaiteraient que l'on fît d'elles et que l'on gardât.

On a beaucoup glosé sur mes relations avec Jean Guéry. Il est vrai que ce bel homme dans la trentaine, jovial et prolixe, avait tout pour nous distraire par sa faconde au cours de cet interminable voyage, et pour séduire la femme sevrée d'amour que j'étais. De plus, il participait généreusement aux frais du voyage.

Un printemps d'une tiédeur lénifiante, notre cohabitation permanente, nos repas pris en commun, confirmèrent une attirance réciproque qui se concrétisa dans une auberge des Charentes, à Blanzac, un soir de mai.

Jusqu'aux portes de Paris, chaque nuit, nous avons, Jean Guéry et moi, partagé le même lit, et nous sommes aimés avec une ardeur accrue. J'appréhendais le moment où nous allions devoir nous séparer, peut-être pour ne plus nous revoir.

J'avais donné rendez-vous à Tallien dans un cabaret proche de la porte de Charenton. Il ne se fit pas attendre, me serra longuement contre sa jaquette bleue et, ses mains sur mes épaules, radieux, soupira :

— Je vous retrouve telle que je vous ai quittée, Thérésa. Grands dieux ! il semble même que vous ayez embelli...

— Que dites-vous là ? Ce voyage m'a harassée et je dois être affreuse.

— Comment ai-je pu vivre aussi longtemps loin de vous ? Nous allons rattraper le temps perdu, n'est-ce pas, ma chérie ?

Je me gardai de le détromper mais fus chiche de compliments. Il paraissait fatigué, lui, et son gilet s'était distendu. Il nous surprit en éclatant d'un rire en *pizzicati*, en dansant une gigue et en brandissant son chapeau à plumes. Il lui arrivait souvent, entre deux vagues de morosité, de se livrer à ces exhibitions burlesques d'ivrogne, qui me faisaient hausser les épaules.

— Ma mère, me dit-il, nous attend à son domicile, rue de la Perle. Vous pourrez y séjourner avant de trouver à mieux vous loger, car elle vit dans des conditions modestes. Je n'aimerais pas que vous alliez vous installer à Fontenay ou dans le domaine des Lameth.

Je lui tins tête. Il finit par convenir que je serais plus en sécurité à Fontenay, dont mon ancien mari n'avait pu se défaire, qu'à Paris. Notre repas d'auberge fut animé. Il fit état de ses nouvelles relations au gouvernement et dans les Clubs : des gens qui, comme lui, avaient juré la perte de Robespierre. S'il ne s'agissait pas d'un complot en préparation, cela y ressemblait fort.

Il employa des métaphores animalières pour me parler

de son action : il aboyait avec les loups, attendait le moment de planter des banderilles dans le flanc du taureau avant l'estocade, qui ne tarderait guère...

Tallien se plaignit que, dans l'entourage de l'Incorruptible, on eût tenté de le discréditer en faisant croire à des projets de fuite en Amérique avec un magot (six millions !), fruit de ses trafics avec les suspects emprisonnés. Il m'avoua que cela lui eût été facile, mais qu'il n'avait pas voulu, imitant en cela son ami Danton, « emporter la patrie à la semelle de ses souliers ».

— Ma place, me dit-il, est sur ce navire démâté qui prend l'eau de toutes parts. L'abandonner serait la dernière lâcheté. Et pourtant...

Il se mit à ruminer ses rêves exotiques, me parla de Mme de La Tour du Pin, qui devait vivre grassement dans sa plantation des bords du Mississippi, de Devin de Fontenay, dont je lui avais appris la visite et l'aide que je lui avais offerte.

Après le déjeuner, je le priai de remercier sa mère et de l'embrasser pour moi, puis je pris la route de Fontenay, sans même avoir franchi la barrière. Je me contentai d'envoyer Joseph Bidos s'informer de l'état de mon appartement de l'île Saint-Louis, pour le cas où je devais séjourner dans la capitale.

Il me ramena une mauvaise nouvelle : le citoyen Devin étant considéré comme émigrant, les scellés avaient été posés sur la porte. Le concierge lui avait déclaré, d'un air faussement contrit, que le mobilier avait été « déménagé », pour ne pas dire pillé. Il demanda des nouvelles de sa maîtresse, apprit que j'allais me retirer à Fontenay, et s'empressa d'en informer le Comité de Sûreté.

À mon arrivée à Fontenay qui, Dieu merci, avait échappé au séquestre du fait de son relatif éloignement de Paris, j'éprouvai une autre déception. Tout était sens dessus dessous : portes éventrées, volets arrachés, arbres coupés pour servir de bois de chauffage, et un intérieur réduit à néant ou peu s'en fallait.

Par chance le printemps était dans sa splendeur, avec des journées chaudes, si bien que nous n'eûmes pas à faire du feu. Frenelle et Joseph, aidés de Jean Guéry, s'activèrent pour rendre habitable cette ruine. Nous ne manquions pas de nourriture et nos sommeils étaient paisibles, du moins lorsque Jean Guéry mettait un frein à ses élans.

Le 22 mai, nous eûmes la visite d'un enquêteur, le citoyen Boulanger, accompagné de deux acolytes aux mines torves. Il venait, dit-il, pour mettre mes biens (et mes documents !) sous séquestre et procéder à mon arrestation. Par chance, je m'étais absentée pour aller me ravitailler au village avec Jean Guéry. Joseph me fit prévenir par un gamin dont nous utilisions les services pour mettre de l'ordre dans le parc.

Après qu'on lui eut fait comprendre que je ne reviendrais pas d'une semaine et qu'il perdait son temps, Boulanger ne resta que quelques heures mais promit de revenir. S'il ne mettait pas la main sur sa victime, dit-il, mes serviteurs paieraient pour moi.

Avec maintes précautions, nous ne reparûmes qu'à la nuit tombée. J'appris le motif de mon arrestation : « La Cabarrus, née étrangère, dans un pays en guerre contre la France. » C'était léger et de plus erroné.

Je jugeai prudent de prendre le large au plus vite en laissant Jean Guéry vaquer à ses affaires.

Durant des semaines, ce fut, entre le citoyen Boulanger et moi, une partie de cache-tampon qui aurait pu me distraire mais qui m'épuisait.

On signalait ma présence dans une pension de Vincennes ? J'avais trouvé refuge chez un notaire, ami de mon ancien mari, maître Gibert. On croyait s'y saisir de ma personne, mais j'avais fui pour me cacher chez une autre de nos relations, M. Desmouseaux. On m'avait aperçue, errant dans le faubourg Saint-Antoine ? Costumée en fille publique, je dînais dans un bouchon discret du Palais-Royal, en compagnie de Tallien. J'avais fini par trouver à Versailles, près de l'ancien Parc aux Cerfs du roi Louis XV, un meublé où je passai une semaine sans éprouver la moindre alerte.

Jean Guéry, venu m'y rejoindre, m'apprit que Marc Antoine Jullien était retourné à Bordeaux, où il y sévissait avec une rigueur exemplaire aux yeux de la Convention, malgré les bonnes intentions qu'il avait témoignées naguère en regagnant Paris. Il tenait à tout prix à démontrer que cette ville était « un labyrinthe d'intrigues et de gabegie », et qu'il s'y présentait de nouveau « pour y mettre de l'ordre ». Il avait modifié son apparence, son visage s'ornait d'un hérisson de barbe, sa cravate à la Steinkerque lui tenait le menton haut et lui donnait de l'arrogance. Bientôt il partirait pour la campagne d'Italie.

Il avait pourtant crié victoire en découvrant, dans les caves de Saint-Émilion, un repaire de suspects. Trois d'entre eux étaient parvenus à prendre la fuite, deux autres s'étaient suicidés. Les prisonniers avaient été, les jours suivants, conduits à l'échafaud.

Au cours d'une nuit de mai, à Versailles, Jean Guéry s'éveilla en sursaut et me secoua l'épaule, disant qu'il avait entendu des bruits insolites dans le jardin. Il se leva, entrebâilla les volets et les referma aussitôt.

— Il y a des hommes autour de la maison, me dit-il. Habillez-vous et montez vous cacher dans les combles. Je me charge de les recevoir. Je leur dirai que vous êtes absente pour quelques jours. Tant pis s'ils m'emmènent. Au moins vous serez sauve.

Je consentis à user de ce subterfuge et montais m'ensevelir sous des sacs de fanes de haricots. C'était compter sans le zèle du citoyen Boulanger. Il fit fouiller l'immeuble de fond en comble, découvrit ma cachette et me dit avec un accent de triomphe :

— Eh bien ! citoyenne Cabarrus, on peut dire que tu m'as donné du mal... Cette fois, je te tiens et, même si tu as des amis qui ont le bras long, tu n'échapperas pas à la justice.

Boulanger et ses sbires prirent le temps de boire un café, d'attaquer mon pain et mon fromage, en plaisantant sur « ces aristocrates qui se croient au-dessus des lois ». Il faisait grand jour quand la berline prit la route de Paris. Frenelle et Jean Guéry m'accompagnaient.

Elle tourna dans les quartiers du centre pour trouver une prison où nous loger. Les Madelonnettes, l'Abbaye, Saint-Lazare, les Carmes, le Luxembourg, toutes affichaient « complet ».

Le citoyen Boulanger bougonnait :

— Tudieu ! Toutes nos prisons sont combles ! Si l'on m'écoutait, l'affaire serait vite réglée !

Il sortit son pistolet et en porta le canon sur sa tempe en éclatant de rire.

Cette interminable équipée nous fit traverser la place de la Révolution, où l'équipe de Sanson vérifiait le fonctionnement de la guillotine. Boulanger, qui avait copieusement arrosé son succès en cours de route, s'écria avec un accent et des gestes de théâtre :

— Nous voici, citoyenne, sur les lieux de la tragédie ! Dans quelques jours, tu tiendras le premier rôle. La répétition va commencer…

À la fin de la journée, c'est à la Petite-Force, rue Pavée, que l'on trouva à m'héberger. Le dos au mur, appuyé sur sa pique, la pipe aux lèvres, un sans-culotte ouvrit la grande porte et nous mena à la loge du concierge. Nous avions « beaucoup de chance » : quelques cellules s'étaient vidées dans la journée.

Boulanger, par dérision, fit le galant : il m'aida à descendre de voiture, me dit que cet hôtel me conviendrait sûrement, souleva Frenelle par la taille pour l'extraire de la berline, mais, prenant mon compagnon par le collet, il l'envoya rouler sur les dalles en l'injuriant, avant de le conduire à la prison du Luxembourg. Frenelle resterait près de moi. Quant à Joseph, il avait réussi à fausser compagnie à nos cerbères mais allait être rattrapé et enfermé à la Grande-Force, rue du Roi-de-Sicile.

L'angoisse allait, durant des jours, être notre pain quotidien.

4

« Les têtes tombent comme des ardoises »

Jean-Lambert Tallien. Paris, 1794

Pauvre Marc-Antoine Jullien… Il passait ses journées à parcourir la ville pour veiller à ce que l'ordre y régnât, et les campagnes pour en ramener des charretées de denrées. On disait qu'il allait « faire son marché ». Son modèle, Papa Maximilien (de Robespierre) étant d'une sobriété monacale, il s'attachait à faire de même et boudait les fastes gastronomiques de ses pairs. Il observait le même comportement avec les femmes, si bien que le bruit courut qu'il était un chevalier de la jaquette et que lui et l'Incorruptible…

Thérésa m'avait détrompé. À diverses reprises, m'avait-elle rapporté, cet Éliacin, avant de se laisser pousser la barbe, avait tenté de la séduire et en avait été pour ses frais.

Je ne lui aurais pas trop tenu rigueur d'avoir cédé : elle l'aurait sans doute convaincu de mettre un frein à son zèle dans l'arrestation des suspects. Je me souviens que, dans les mois qui ont précédé mon retour à Paris, le nombre des exécutions a baissé, au point que Lacombe, que Thérésa appelle le « cloporte », a été prié de prendre un congé. Sous le proconsulat de Jullien, durant un mois, cent vingt-sept suspects, hommes et femmes, avaient péri, le col tranché.

Plusieurs fois par semaine, ce freluquet adressait à son mentor des lettres délirantes, comme un chien qui remue la queue en rapportant à son maître le gibier abattu. J'ai gardé la copie d'un de ces courriers faisant état d'un séjour bref à Bordeaux. À part quelques vérités qu'il m'est difficile de contester, c'est un tissu d'erreurs, de mensonges et de calomnies. Qu'en en juge :

« Dans cette ville, la justice révolutionnaire est moins avide de sang que d'argent. Une femme a attaché à son char certains notables et la ville la suit. Cette favorite se nomme doña Thérésa Cabarrus. Elle tient le bras de la Justice, a exigé la destitution du Comité de surveillance et donné libre cours à des détournements. Je dénonce l'union libre de Tallien avec cette étrangère, et je l'accuse, lui, de faiblesse et de modérantisme... »

Il avait eu, pour accélérer le rendement de la guillotine, une idée saugrenue : « Faire édifier un échafaud doté de sept portes, dont deux très grandes, comme pour des granges, qu'on appellerait la guillotine à quatre couteaux... » *Sic !*

Jullien devait, me disais-je, puiser ces idées délirantes dans ses cauchemars. Dieu merci, il ne put mettre ce dernier en chantier. Robespierre en eut-il connaissance ? Je n'en crois rien, sinon son protégé aurait pris la route de Charenton pour y retrouver d'autres aliénés.

Il souhaitait égaler les exploits de Fouquier-Tinville et de Sanson.

Il l'avait entendu, au retour de sa mission, sur la fin d'un repas chez le ci-devant vicomte Nicolas de Barras, déclarer :

— Citoyens, nous avons atteint des chiffres qui vont vous surprendre. En moins de deux mois, l'accusateur public, notre ami Fouquier, a envoyé à Sanson mille trois cent soixante ennemis de la République, sans épargner les femmes. Et je ne tiens pas compte des résultats réalisés en province, notamment à Bordeaux, dont je reviens... Comme dit Fouquier, « les têtes tombent comme des ardoises par grand vent » ! Avant de prendre des billets de loterie, faites donc appel à mes conseils...

Il faisait allusion à ces sinistres loteries dites « de la Sainte Guillotine », qui, sous les galeries du Palais-Royal, organisaient des paris sur les chances et les risques de quelques célébrités. Cette affaire faisait de l'or. Je revois encore l'homme juché sur le cul d'une futaille, brandissant des listes portant des noms et des commentaires. Un orgue de Barbarie et un singe étaient chargés d'attirer le chaland.

On m'a fait longtemps le reproche de n'avoir pas tenté l'impossible pour soustraire Thérésa aux griffes des terroristes. Que l'on croie à de l'indifférence ou à de la lâcheté de ma part m'indispose. Depuis notre première rencontre dans l'atelier de Mme Vigée-Lebrun, elle est devenue pour moi le symbole de la beauté et du charme, mais la différence de nos conditions excluait tout espoir de la conquérir. D'autres hommes, depuis, s'en sont chargés, mais ils se sont évaporés ; moi je reste et, jusqu'à la fin de mes jours, malgré les humiliations qu'elle m'a infligées, je resterai son amant et son époux. Il fallait que cela fût dit. Eh bien ! je l'ai fait.

Qu'aurais-je pu entreprendre pour la sauver ?

Je me suis précipité chez Robespierre, un matin, dans l'heure qui a suivi la nouvelle de son arrestation. Je l'ai trouvé attablé devant son déjeuner de café noir et de tartines grillées, dans la maison de ses logeurs, de modestes artisans, le couple Dumay. Rasé de frais, vêtu de sa redingote à rayures, ses lunettes bleues sur le front, cravaté de bruges, il grignotait son pain grillé avec des mines de chat, en lisant le journal étalé devant lui, auquel il parut prêter plus d'attention qu'à ma présence. Il dit pourtant à Mme Dumay :

— Ma chère, veuillez servir du café à mon ami Tallien.

Il ajouta :

— Eh bien ! ne reste pas debout et dis-moi ce qui t'amène de si bonne heure.

Je lui racontai ce que je venais d'apprendre : l'exploit de Boulanger et l'incarcération de Thérésa et de sa servante à la Petite-Force. Je craignais, ajoutai-je, que Fouquier ne s'intéresse à elles, alors qu'elles étaient innocentes.

Il but une gorgée de café et murmura en s'essuyant les lèvres :

— Thérésa… Thérésa Cabarrus… Il s'agit, je suppose,

de cette fille de banquier espagnol attaché à la Cour de Madrid ?

Devinant qu'il faisait la bête, je précisai que Cabarrus, natif de Bayonne, était emprisonné à Madrid en qualité de Français. Quant à sa fille, citoyenne irréprochable, je pouvais en témoigner. On avait dû lui dire qu'elle était ma compagne. Il aurait suffi d'une intervention de sa part pour qu'elle fût libérée.

— Hum..., fit-il. Voilà qui est embarrassant. Son sort ne dépend pas de moi, mais du Tribunal. Si elle est aussi innocente que tu le dis, elle sera relâchée. À toutes fins utiles, adresse-toi au Comité de surveillance, au Comité de Salut public et à la Commune. En cas d'échec, tu auras le recours d'une démarche auprès de Fouquier.

Je me levai sans boire mon café, recoiffai mon chapeau et partis en bougonnant :

— Fouquier... Autant dire la jeter aux pieds du diable !

Cette visite au maître du régime avait été de ma part une manœuvre aussi vaine que dangereuse, je l'appris plus tard.

La présidence de la Convention étant assurée par roulement, j'avais été remplacé. J'étais ainsi privé d'une grande part de mon autorité. En défendant Thérésa, je devenais en quelque sorte son complice, et mes jours étaient en danger.

Alors que j'effectuais, en pure perte, diverses démarches auprès des Comités, Robespierre me demanda où j'en étais. Je lui avouai mes échecs. Il me répondit d'un ton glacial :

— Mon pauvre Tallien, je crains que Fouquier ne refuse de relâcher tes protégées. Tu le connais. Le mieux pour toi est de renoncer, sachant ce que tu risques. Cette créature, qui t'a tourné la tête, ne mérite ni compassion ni grâce. Veux-tu que je te cite le nom de ses amants ? Tu es cocu, mon pauvre ami, et prêt malgré tout à revenir à ta pâtée empoisonnée ! Ne m'importune plus avec cette catin. Que meurent les scélérates complices de la contre-révolution !

Il me laissa, cloué de stupeur au plancher, pour aller saluer Saint-Just, retour d'une mission dans les Armées du Nord. Il y avait commis quelques erreurs qu'on allait lui faire payer.

À une semaine de cette rencontre, j'assistai, en compagnie de mon ami Barras, à la fête de l'Être suprême. Robespierre allait s'y couvrir d'un ridicule qui allait le pousser vers l'abîme.

Par un temps radieux de printemps, la foule qui avait envahi le Champ-de-Mars était singulièrement silencieuse, comme dans une basilique. Profondément croyant, Robespierre parlait d'un Être suprême pour éviter de prononcer le nom de Dieu.

Durant une semaine, des centaines d'ouvriers avaient bâti une butte pompeusement qualifiée de « montagne ». On avait planté à son sommet un arbre de la Liberté et une colonne coiffée d'une terrasse circulaire et d'une statue de plâtre tenant une palme.

Les conventionnels en grande tenue, parmi lesquels je me trouvais au côté de Barras, avaient pris place sur la pente, face à l'École militaire. Des rondes de femmes et de filles déambulaient en musique, sur un pas de danse, en brandissant des rameaux fleuris. La « montagne » émergeait d'une cohorte de milliers de gardes nationaux et de soldats marchant à la trompette et arborant les drapeaux de la République. On exhiba en fanfare le trône de la Déesse Raison, occupé par une majestueuse matrone vêtue de blanc.

Je passe sur les discours interminables et les hymnes repris en chœur par la foule. Vêtu de son habit à rayures bleues et blanches à larges revers, d'un pantalon de nankin et de bas blanc, avec sur le chef un chapeau à large bord et à plumes qui, haussant sa taille, lui conférait de la majesté, Robespierre fit attendre une heure son apparition. Il portait un bouquet dans les bras. Détail insolite : il était souriant et affable.

On avait bien fait les choses. J'attendais, avec une pointe de perversité, des épisodes burlesques ; tout se déroula dans la meilleure ambiance patriotique, et sans trop de singeries. Je garde en mémoire quelques phrases du despote. Elles n'avaient rien de rassurant :

— Français, voici enfin arrivé ce jour à jamais sacré que

nous consacrons à l'Être suprême. Demain, nous combattrons avec plus de conviction et de vigueur que jamais les vices et la tyrannie !

Je pouvais, sous cette phraséologie révolutionnaire, percevoir une menace à peine voilée à l'adresse de ceux qui complotaient contre lui et lui tenaient tête à la tribune de la Convention. Il y eut des remous lorsque, avec la complicité de l'infirme, Couthon, il proposa d'ôter aux prisonniers le droit de se défendre.

Il y eut une passe d'armes entre lui et François Bourdon, député de l'Oise, qui avait demandé l'immunité pour les parlementaires. Réponse de Robespierre :

— Les scélérats, quels qu'ils fussent, seront poursuivis jusque dans les enceintes sacrées du pouvoir !

— Veux-tu dire, riposta Bourdon, que tu nous considères comme des scélérats en puissance ?

— Je ne t'ai pas nommé, lui lança le tyran. Malheur à celui qui se sentirait visé !

Je n'avais guère de sympathie pour Bourdon, délateur et ivrogne, mais, en l'occurrence, je l'applaudis en songeant que, le cas échéant, il pourrait m'être utile contre notre adversaire commun. Bourdon dut se dire que, sans doute sous l'influence du vin, il était allé trop loin : il se garda durant des jours de reparaître.

Le lendemain, je prenais le frais avec quelques amis à la terrasse du Véry, au Palais-National (ex-Royal), après avoir tenté en vain d'obtenir un droit de visite à Thérésa, quand Barras me toucha le coude pour me faire observer des mouvements insolites autour de nous.

— Des espions du Comité de Salut public…, me dit-il. Je les flaire à cent pas. Ils nous guettent. Eh bien ! je vais leur dire deux mots. Qui m'aime me suive !

Nous nous levâmes tous pour les apostropher, sous les regards ironiques des autres consommateurs.

— Mouchards, espions ! leur lança Garnier. Retournez à vos niches !

— Allez-vous laisser en paix d'honnêtes citoyens ? ajouta Barras.

J'eus la maladresse de renchérir :

— Nous en avons assez des vingt mille gredins que les Comités lâchent à nos trousses ! Disparaissez !

Ils battirent mollement en retraite en protestant qu'ils n'étaient que d'honnêtes citoyens en promenade et qu'ils iraient se plaindre aux autorités.

Le lendemain à la tribune de la Convention, Robespierre se livra contre moi à une sévère semonce :

— Le citoyen Tallien reproche aux Comités d'entretenir vingt mille inspecteurs, autant dire une armée ! Il parle sans cesse, et avec effroi, de la guillotine, comme d'une chose qui trouble et avilit notre Assemblée. Vous pouvez juger à travers lui de quoi sont capables ceux qui appuient le crime par le mensonge !

Cloué à mon banc, je n'osai riposter, ce qui n'aurait fait que me livrer pieds et poings liés au Minotaure. J'avais du souci à me faire pour ma sécurité et, indirectement, pour celle de ma compagne. Mes déplacements étaient suivis et consignés par des mouches, comme si l'on allait me prendre en défaut et me livrer à l'accusateur public.

L'affaire qui concernait Jean Guéry, le compagnon de voyage de Thérésa, peut-être son amant, ajouta à mes alarmes.

Il demeurait lors de ses séjours à Paris rue Feydeau, et suivait les réunions de la section du Mont-Blanc, proche de son domicile. Je reçus de ses amis un billet me priant d'intervenir en sa faveur pour sa libération. On ne pouvait lui reprocher que ses rapports avec la citoyenne Cabarrus, dont il ignorait, disait-on, les opinions contre-révolutionnaires.

Je répondis que je ne connaissais cet homme que de nom. Quant à la femme dont on me parlait, je l'avais rencontrée à Bordeaux mais sans pouvoir la soupçonner des fautes qu'on lui imputait. Ses rapports avec le nommé Jean Guéry ne me concernaient en aucune façon. La justice trancherait de son cas.

J'ajoutai :

— Un représentant du peuple trahirait son mandat en

prenant la défense de suspects. Je ne prends donc aucun intérêt à leur sort.

On pourra me reprocher le contenu et le ton de cette réponse, mais, aussi lâche que pût paraître mon attitude, elle était d'une froide logique : en ignorant le sort de Thérésa, je la protégeais. Assurer sa défense et celle de Guéry eût été me condamner, et elle avec moi. Quant à lui, il pouvait bien aller se faire pendre !

Je protestai par lettre auprès de Robespierre pour m'exempter de l'accusation d'enrichissement. Je vivais en modeste citoyen auprès de ma vieille mère, avec pour seul luxe mes livres. Les erreurs que j'avais pu commettre durant mes missions à Bordeaux étaient consécutives à l'« humaine faiblesse ».

Sans réponse de sa part, je décidai de l'affronter de nouveau à la sortie d'une séance. Il m'écouta sans un mot, en prisant du tabac, haussa les épaules et se retira en prétextant des affaires urgentes.

— J'ai subi de sa part, me dit Barras, la même humiliation. Il m'a écouté et a rompu sans dire un mot. J'avais l'impression d'avoir tenté en vain de mettre la main sur une couleuvre.

— Une vipère, veux-tu dire, et de l'espèce la plus venimeuse !

Comble de l'ignominie : Robespierre tenta de dresser Thérésa contre moi, et d'avoir ainsi deux têtes à trancher au lieu d'une.

Il avait envoyé un de ses sbires à la Petite-Force dans l'intention de la faire témoigner contre moi, en échange d'une levée d'écrou. Ce chantage avait piteusement échoué.

J'étais à ce point exaspéré par ces manœuvres que je m'en pris au tyran à la barre de la Convention, en m'écriant :

— On maintient à la Petite-Force une détenue arrêtée par Boulanger, dont la faute est d'avoir refusé de signer une déposition contre moi. On voulait lui faire avouer que j'avais eu l'intention, lors de mes missions à Bordeaux, de prendre le bateau pour l'Amérique avec un magot de six millions !

J'enregistrai, au milieu d'un grand silence, quelques timides applaudissements. Désormais, me disais-je, Robespierre n'était plus un adversaire pour moi mais un ennemi irréconciliable. L'un de nous devrait disparaître. Fort de mon bon droit, j'étais disposé à me défendre, mais le rapport des forces était en sa faveur. C'était un affrontement entre pot de terre et pot de fer.

Robespierre avait déjà subi des attentats qui auraient dû le mettre en garde contre un excès de confiance. Il ne semblait pas en tenir compte.

On venait d'exécuter une émule de Charlotte Corday, Cécile Renaud, fille âgée de vingt ans d'un papetier de la Cité. Alors qu'elle avait approché de près le tyran, on l'avait arrêtée, fouillée, et l'on avait découvert sur elle un petit couteau dont elle avait hésité à se servir, comme fascinée par sa proie. Elle avait été jetée sur la planche vêtue de la robe rouge des parricides.

Robespierre eut à connaître d'autres alarmes.

Les nouvelles de la province avaient de quoi lui donner des sueurs froides. Les complots des aristocrates reprenaient de plus belle. Ils avaient des chefs, des hommes et des armes pour organiser ce qu'on a appelé la Terreur blanche, qui ne valait pas mieux que l'autre mais allait durer plus longtemps. Prises de villages, attaques de convois, pillages et massacres se succédaient, alors que nos armées, en guerre contre une Europe coalisée, ne pouvaient intervenir.

Le 26 juin, Jourdan, originaire de Limoges, général en chef de l'Armée de Sambre-et-Meuse, avait mis en échec un vétéran des armées autrichiennes, Frédéric de Saxe-Cobourg, devant Fleurus, en Belgique. Victoire à la Pyrrhus : nous avions perdu cinq mille hommes…

Sur ces entrefaites, j'eus des nouvelles de Thérésa : elle avait été transférée, sans Frenelle, de la Petite-Force à la prison des Carmes, où sa détention serait moins sévère.

Les jours passant, ma passion pour elle, aiguisée par une angoisse partagée, ne faisait que croître. J'aurais dû, après les humiliations qu'elle m'avait infligées, tenter de l'oublier. Il n'en était rien. Les blessures semblaient cicatrisées et l'espoir me soutenait de retrouver une vie commune exempte d'équivoque.

En ce mois de juillet 1794, au comble de la Terreur, les événements se succédaient à une allure vertigineuse.

Sur le front des combats, Jourdan et Pichegru avaient arraché Bruxelles aux Autrichiens. Paris avait célébré la prise de la Bastille, mais dans la morosité ; le cœur n'y était plus. J'entendis pour la première fois l'hymne de Méhul : *Le Chant du départ,* qui allait galvaniser nos troupes. Les paroles étaient du frère du poète martyr, André Chénier, dont je me récitais parfois les vers : *«Pleurez, doux alcyons... Doux alcyons pleurez...»*

La machine de mort poursuivait son œuvre sans relâche, mais une trame se développait dans l'ombre contre le despote. Ses meilleurs compagnons commençaient à le lâcher et s'absentaient sous des prétextes futiles des séances de la Convention, cette sorte d'arène pour des combats de coqs ou de chiens, où l'on s'injuriait et se menaçait. Billaud-Varenne, Collot d'Herbois, Carnot, ayant usé du mot « dictateur » pour s'en prendre à Robespierre, il en fut troublé. Que ses anciens amis pussent comploter contre son auguste personne lui semblait inconcevable.

On lui reprochait d'avoir élaboré une liste de conventionnels à proscrire. Il le nia.

L'exécution, le 23 juillet, du ci-devant vicomte Alexandre de Beauharnais, général créole de la Martinique, qui s'était illustré dans la guerre d'Indépendance américaine, mêla quelques gouttes de vinaigre au vin de la Révolution. On lui reprochait d'avoir capitulé devant Mayence, face à l'armée prussienne. Jugé le matin, il avait été livré le soir même à la guillotine, sans que l'on relève contre lui une faute ou une trahison flagrante. Il laissait une épouse emprisonnée aux Carmes avec Thérésa, et deux enfants.

Je pourrais m'étendre sur la séance de la Convention qui eut lieu le 26 juillet (8 thermidor).

Dans un discours d'une brutalité à la limite de la démence, Robespierre avait demandé la tête de quelques traîtres et l'épuration des Comités qui refusaient sa tyrannie. Selon l'usage, la Convention avait voté l'impression de ce discours, document implacable pour les générations futures.

Mon collègue Cambon, député de l'Hérault, s'en prit au tyran avec son rude accent du Midi, en s'écriant :

— Il est temps de dire toute la vérité ! Un seul homme paralyse notre assemblée : Robespierre ! Je demande que l'on renonce à l'impression de son discours !

Nous lui donnâmes satisfaction. En descendant de la tribune, rouge de colère, le visage en sueur, il nous lança :

— Demain, mes amis, l'un de nous deux sera mort !

Connaissant le caractère hâbleur de Cambon, certains accueillirent cette prophétie avec scepticisme ; d'autres, dont j'étais, la prirent au sérieux. En écoutant Robespierre expédier les affaires courantes de sa voix monocorde et cassante, je me sentais pris d'un vertige, proche du malaise, la température dont tous étaient incommodés, sauf Robespierre, étant insoutenable.

J'en fis la remarque à Barras.

— Rien de surprenant, me dit-il. La canicule convient aux reptiles...

Le lendemain, je reçus de Thérésa un lettre qui allait changer le cours de l'Histoire.

Thérésa Cabarrus. Prison des Carmes, juillet 1794

La Petite-Force laissera dans ma mémoire des images dignes de l'enfer. Cette prison pour femmes avait été ravagée, deux ans avant ma détention, par un incendie dont elle portait encore les traces : murs noircis, amas de gravats, parquets brûlés, avec une puissante odeur de cendres froides.

Aucune humiliation, aucune brutalité ne nous fut épargnée de tout le temps que dura notre séjour. Des sans-culottes à moitié ivres m'avaient conduite, pour me fouiller, dans un cabinet faisant office de greffe, une opération qu'ils appelaient en riant le « rapiotage ». Lorsque, après mon bagage, ils avaient prétendu me fouiller *à nu*, j'avais protesté, m'étais débattue, sans pouvoir les empêcher de mener à bien leurs investigations. Je craignais que cela ne se terminât par un viol collectif; ils s'en étaient abstenus, de crainte d'avoir des comptes à rendre.

J'ignore s'il en fut de même pour Frenelle : nous fûmes séparées et elle a toujours refusé de m'en parler.

J'avais dans ma cellule, pour tout mobilier, une paillasse, de celles qu'on dit « grouillantes de vermine », une chaise branlante, une caisse en guise de table et un cuveau pour les nécessités. Je retrouvais là des conditions identiques à celles que j'avais connues au fort du Hâ.

Ma détention, dans une parfaite solitude, avait duré un

mois. La nourriture exécrable avait occasionné des irruptions de dartres et de pustules. Je passe sur les visites nocturnes des punaises et surtout des rats. Je garde encore aux orteils les traces de leurs morsures, que je dissimulai plus tard par des bagues. Cette coquetterie, qui me fit taxer d'excentricité, devint une mode. Quant aux promenades, elles se bornaient à une ronde dans une cour sordide et puante.

À qui dois-je mon transfert aux Carmes, sans ma servante ? Je posai la question au concierge. Bouche cousue. Tout ce qu'il m'apprit, c'est que je ne perdais rien au change : à l'en croire, j'avais changé ma geôle infâme pour un palace !

Un « palace », l'ancien couvent des Carmes-Déchaux ? C'était exagéré. Devenu un hôtel particulier, il avait laissé son luxe aux ronces de la Révolution. Ces bâtiments situés rue de Vaugirard étaient relativement confortables et *fréquentés,* si je puis dire, par l'élite de l'aristocratie. On voyait encore, sur des lambris, la trace du sang versé lors des massacres de septembre.

Nos cellules, chambres ou cabinets, portaient en négatif la trace des tableaux qui les avaient ornés. Dans la vaste cour prolongée par un jardin assez bien tenu, sous le préau, je rencontrai nombre de ci-devants : les princes de Montbazon et de Salm, le marquis de Gramont, les comtes de Champagnetz et d'Autichamp, ce dernier frère d'un chef vendéen insurgé, et quelques dames de la haute société.

Le concierge me montra, avec un sourire pervers, l'endroit où la princesse de Lamballe, dame de compagnie de la reine, avait été décapitée et éviscérée. On avait ouvert dans le jardin une sorte de guinguette, le bal des Tilleuls, que, le nombre des prisonniers s'accroissant, on avait transformée en cellules.

Je retrouvai dans les allées du jardin Mme de Lameth, épouse d'Alexandre, qui avait été mon amant avant son mariage et le mien. Ignorait-elle cette liaison ou souhaitait-elle l'oublier ? Toujours est-il qu'elle ne m'en souffla mot. J'y rencontrai de même une autre connaissance, la comtesse d'Aiguillon, dont le mari, Armand Vigneron de Duplessis-Richelieu, était réputé chevalier de la jaquette. En octobre, il y avait cinq ans, déguisé en poissarde, il avait participé à la marche des femmes sur Versailles et avait poussé le canon. Danton, ayant remarqué sa présence, lui avait jeté : « Fous le camp, salope ! Ta place n'est pas parmi nous... » Devenu maréchal de camp dans l'Armée du Rhin, il avait émigré.

J'eus des relations plus intimes avec Marie-Joséphine Tascher de La Pagerie, que, je ne sais pourquoi, tous appelaient Rose. Originaire des Trois-Îlets, à la Martinique, elle était en France depuis quinze ans et avait épousé le vicomte Alexandre de Beauharnais, qui lui avait donné deux beaux enfants : Eugène et Hortense.

Elle était ma voisine de dortoir, dans l'ancienne salle à manger. Mon aînée de dix ans, elle m'attirait par sa grâce un peu languide de créole, son attendrissante morosité, sa propension à se livrer aux confidences. Nous devînmes bientôt des compagnes, puis des amies.

Parmi ces aristocrates, le débraillé semblait être de mise, dans la perspective d'avoir bientôt à affronter l'accusateur public. Le vernis original s'était écaillé. Presque tous, du prince au baron, y compris les dames, faisaient fi de leur tenue et de l'hygiène la plus élémentaire. Certains, qui sentaient le renard et vivaient dans la crasse, sans souci de dignité, s'exprimaient en langage vulgaire, s'enivraient et se ruinaient aux cartes.

Les relations charnelles étaient à l'avenant. Profitant de la relative liberté qui leur était consentie, les prisonniers donnaient libre cours à leurs instincts, la nuit venue, sans daigner se cacher. D'autres liaisons, plus rares et plus discrètes, sentaient l'eau de rose.

Je ne puis, *a posteriori*, jouer les mijaurées, ayant moi-même cédé à cette ambiance dépravée. J'éprouvai pour un jeune hobereau du Périgord, Edmond, dont le frère venait de partir pour la Conciergerie, un sentiment de compassion. Il baigna le creux de mon épaule de ses larmes en me racontant son malheur. Je le consolai à ma manière qui, si elle se joue de la morale, est une panacée efficace à ce genre de maux.

Ce relâchement avait comme excuse la présence permanente, en coulisses, de la mort. Nous évitions d'en parler, mais, chaque jour ou presque, elle se rappelait à nous en faisant tourner la roue de sa sinistre loterie. Plusieurs fois par semaine la charrette de Sanson venait prélever son contingent de victimes. C'était alors comme si, dans les heures qui suivaient, une chape de plomb tombait sur nous. Ce laps de temps passé, les amours et les jeux reprenaient leur train.

Je pensais à Tallien. Qu'était-il devenu dans les remous de la Terreur, et pourquoi ne me donnait-il pas de nouvelles, que je me contentais d'apprendre par les journaux. Le bougre semblait tirer son épingle du jeu. Dans ses interventions à l'Assemblée, relatées en détail, il faisait étalage de convictions républicaines que nul ne lui contestait mais taillait des croupières à Robespierre.

Avait-il tenté de correspondre avec moi alors que je me trouvais à la Petite-Force ? Peut-être, mais j'étais au secret, et les billets que j'avais moi-même confiés au concierge avaient dû passer à la trappe.

Je nourrissais quelques soupçons quant à sa réserve. Nous nous étions quittés, à Bordeaux, à la suite d'une querelle consécutive à ma liaison avec Brune, et on avait dû le mettre au courant de mes brèves amours avec Jean Guéry. Qu'il m'en eût tenu rigueur n'aurait rien eu de surprenant, mais qu'il me laissât macérer dans l'angoisse était odieux. Avait-il fait table rase de notre passé commun ? J'en doutais.

Un matin de juillet, décidée à en avoir le cœur net, je me retirai à l'ombre d'un marronnier pour lui écrire une lettre que je confiai au concierge, avec un pourboire généreux. Il me promit, parole d'honneur ! de l'acheminer.

J'étais loin de me douter que cette missive pourrait avoir des conséquences dramatiques sur la situation générale. Après avoir reproché à Tallien de se désintéresser de moi, j'avais ajouté :

« L'administrateur de la Police vient de m'informer de ma présentation imminente au Tribunal, pour ainsi dire, à l'échafaud. Cela ressemble au rêve que j'ai fait la nuit passée : Robespierre n'existait plus et les prisons rouvraient leurs portes. Ce rêve, un homme courageux suffirait pour le réaliser, mais par votre indigne lâcheté, il ne restera personne qui puisse jouir d'un tel bienfait. Adieu ! »

J'avais jeté une bouteille à la mer. À supposer que cette lettre parvînt à son destinataire, suffirait-elle à ranimer sa passion et à le décider à passer aux actes ?

Je restai le reste de la journée et toute la nuit à me morfondre, sachant ce qui m'attendait : l'appel des condamnés, mon nom tombant comme une pierre, la marche vers la Conciergerie... J'accueillais par des haussements d'épaules les propos lénifiants de Rose et de Mme d'Aiguillon. Mon sort, si ma lettre lui était parvenue, ce que le concierge me confirma, était entre les mains de Tallien. La provocation dont j'avais usé : « votre indigne lâcheté », allait, me disais-je, le piquer au vif.

Ce soir-là, je repoussai les étreintes larmoyantes d'Edmond et passai une nuit blanche. Ma dernière nuit, peut-être...

Le calme dont nous jouissions aux Carmes n'était qu'apparence. Il se passait ailleurs des événements graves dont nous étions informés par les journaux et les propos de notre bonhomme de concierge, qui se mêlait volontiers à nos conciliabules.

Quelques jours avant ma lettre à Tallien, un projet d'évasion ourdi par quelques prisonniers avait échoué, comme ceux qui l'avaient précédé. L'affaire avait pourtant été préparée avec soin. Les conjurés avaient entassé des cordes dans la chambre de M. de Champanetz, sous le dôme. Une des mouches qui hantaient les lieux, ayant eu vent de ce projet, l'avait dénoncé. Bilan de cette opération manquée : une cinquantaine de prisonniers conduits à la Conciergerie.

Edmond n'était pas du nombre, et je m'en réjouis. En revanche, par le chien savant de Rose, nous avions appris que d'autres prisonniers allaient quitter les Carmes.

Fortuné était un carlin d'une intelligence exceptionnelle. Il avait été dressé à entrer dans la prison, avec des messages des enfants de Rose sous son collier, et à ramener ceux de leur mère. Il pénétrait dans les lieux, la queue droite, insensible aux sollicitations de caresses, sautait sur les genoux de sa maîtresse et repartait, mission accomplie. Nous étions ainsi tenus au courant du quotidien de la Terreur, dont ne nous informaient pas les journaux.

Rose vivait alors une passion avec le général Lazare Hoche qui, après avoir combattu avec honneur, avait été dénoncé comme suspect par son chef, Pichegru, et incarcéré aux Carmes.

C'était un bel homme de vingt-six ans qui, par la carrure, me rappelait Guillaume Brune. Elle était sensible à sa beauté et à sa puissance physique ; lui à son charme capiteux de créole.

Lorsque le nom de Hoche tomba au cours de l'appel, ce fut un déchirement. Rose s'accrocha à lui, mêlant le chagrin à la colère, disant que la République sacrifiait les meilleurs de ses soldats. Hoche après Beauharnais, c'était trop de malheur.

— Rassurez-vous, me dit Mme d'Aiguillon, notre Rose se consolera vite ! Je la connais : elle brûle, mais comme un feu de paille, et n'a pas plus de cervelle qu'un colibri.

Par l'intermédiaire de Fortuné, nous apprîmes, quelques jours plus tard, que Lazare Hoche avait passé à travers les mailles du filet et qu'on lui avait confié un nouveau commandement. Lazare méritait bien son nom…

Il partit pour le front sans donner de ses nouvelles à sa maîtresse. Il est vrai que notre navire en perdition ne se prêtait guère aux amours éternelles. Rose vécut quelques passades et une longue et singulière amitié avec le brasseur Sancerre, un ivrogne, un bellâtre qui se vantait d'être le meilleur cavalier de Paris. Il avait commandé en Vendée une horde de pillards et s'était fait étriller. Jeté en prison aux Carmes, il restait des heures en compagnie de Rose, à faire des réussites sous les marronniers.

Les événements n'allaient pas tarder à faire écho à ma lettre à Tallien.

Jean-Lambert Tallien. Paris, 26 juillet (8 thermidor)

La lettre de Thérésa m'avait profondément humilié. Je l'avais lue et relue. Il m'arrivait de sursauter dans mon sommeil et de me dire qu'il n'était pas possible qu'elle eût osé m'accuser d'une « indigne lâcheté », alors que je ne cessais de me démener pour la faire libérer, impuissant, il est vrai, à le lui faire connaître.

Je montrai cette lettre à Barras. Il me dit :

— Fameuse banderille de la part de *ton Espagnole*! Cette femme a du cœur et de la tête. Cette lettre est une provocation. Comment vas-tu réagir ?

J'avouai piteusement que je n'en savais rien, que j'avais tout tenté. Qu'avait-il à me proposer, lui ?

— À ta place, me dit-il, si tu tiens vraiment à ta Thérésa, je sortirais mon pistolet et je tuerais Robespierre ! N'oublie pas cette lettre. Tâche de t'en souvenir pour les jours qui viennent. Tu vas avoir à te battre pour la justice… et pour celle que tu aimes. Si nous remportons la victoire, tu passeras pour un héros et Thérésa pour ton inspiratrice. Quel beau thème de roman cela ferait !

Nous étions conscients, à commencer par le tyran, que la Terreur battait de l'aile. Attaqué de toutes parts, insulté, menacé, Robespierre faisait front avec son flegme habituel.

Sous le prétexte de complots plus ou moins imaginaires,

les prisons se vidaient à pleines charrettes et Sanson ne connaissait pas de répit. On guillotinait même aux flambeaux. En quelques jours, cent cinquante prisonniers extraits du Luxembourg et quarante-cinq des Carmes avaient été dirigés vers la Conciergerie, d'où, après un bref interrogatoire, ils avaient été jetés dans la « charrette à Charlot », et en route pour le supplice ! Des familles entières avaient été décapitées, et de braves gens, victimes d'une homonymie, avaient subi le même sort.

Pour donner un intérêt nouveau à ce spectacle, on avait transféré l'échafaud de la place de la Nation à celle de la Bastille, puis à celle du Trône-Renversé. C'était chaque fois la même parade : gardes nationaux, soldats, ramassis de sans-culottes ivres et braillards, roulements de tambours. Une nouvelle version des massacres de septembre...

Robespierre, dans l'intention de redonner de la vigueur à sa popularité défaillante, proclamait son intention de ramener l'ordre par la modération. Il n'en prenait pas le chemin... En vérité, il souhaitait en finir avec les excès des commissaires conventionnels tout en refusant de retirer ses victimes à Moloch. Il n'en était pas à une contradiction près !

Les journaux parlaient d'une « discorde » au sein de la Convention, alors qu'il s'y préparait une guerre au couteau.

L'affaire Catherine Théot n'était pas propre à ramener la sérénité dans l'Assemblée et à redonner du crédit à Robespierre.

Cette vieille dame s'était proclamée « l'Ève nouvelle » et tenait boutique de voyance et de prophéties. Moyennant quelques louis, elle pouvait faire d'un laquais un héros en puissance. Incarcérée à la Bastille puis à la Salpêtrière, elle n'avait cessé de jouer les pythies. Relâchée puis de nouveau incarcérée pour avoir reçu dans son salon des personnages suspects, elle avait lâché l'identité de quelques clients... dont Robespierre, en qui elle voyait un « Nouveau messie ». Elle nomma de même un prince de l'Église éminemment suspect, que le tyran, à la requête de cette sorcière, avait protégé.

Cette révélation faisait, sur la tunique de lin blanc de l'Incorruptible, une tache qu'il allait avoir du mal à cacher, bien qu'à tout prendre, ce ne fût pas une pièce majeure à sa charge.

Il mit quelque temps à la cape, espaça ses présences à l'Assemblée et ses visites dans les Clubs et les Comités, où il était accueilli au mieux par des murmures, au pire par des sarcasmes. Il était facile de deviner que la lutte qui s'était tramée dans l'ombre n'allait pas tarder à émerger au grand jour et que le gouvernement, à commencer par Robespierre, en serait ébranlé.

Le 26 juillet (8 thermidor), Robespierre donna lecture à la Convention d'un interminable discours qui aurait pu passer pour son testament politique. Il était par moments d'une grande dignité et même chargé d'une émotion qui tira des larmes à ses partisans et suscita des doutes chez ses adversaires. Il semblait chercher à faire entrevoir, sous le masque du despote, le visage de l'homme.

Il rappela judicieusement que « notre Révolution, la première à être fondée sur les droits de l'humanité et les principes de la justice, n'imposait que la vertu, là où d'autres n'exigeaient que de l'ambition... ».

Il reprit son masque en tentant de faire accepter l'idée que les excès de la Terreur étaient l'œuvre de quelques « monstres », dont il s'abstint de donner les noms et dans lesquels, peut-être, il me rangeait. De même en mettant en cause la réalité de sa fameuse liste de conventionnels voués à la proscription, et la réputation qu'on lui prêtait d'être un dictateur.

Je frémis d'indignation lorsqu'il se lança dans des insinuations visant ses opposants : il les assimilait à « un monde de *fripons*, peu nombreux » il est vrai, responsables des malheurs que nous connaissions. Il brandit un épouvantail :

— Laissez flotter un moment les rênes de la Révolution, et vous verrez le despotisme militaire s'en emparer et les factieux renverser les représentants de la volonté nationale... Le remède : punir les traîtres, épurer les Comités, écraser les factions et restaurer l'autorité de la Convention.

Je suis fait pour combattre le crime et non pour en faire une forme de gouvernement…

Ce discours, débité d'une voix lente et monocorde comme une litanie, avait duré trois heures, dans un amphithéâtre archicomble, et par une chaleur accablante. Il souleva un mouvement d'enthousiasme dans le clan de ses amis et de l'exaspération sur les bancs de l'opposition.

Des clameurs partirent en fusées, venues de tous les bancs et de l'assistance. J'y mêlai la mienne, malgré l'état comateux dans lequel je me trouvais.

Il faisait, dans cet amphithéâtre, une chaleur d'étuve. Aucun souffle d'air ne filtrait des hautes fenêtres occultées par des rideaux. Parmi les députés comme dans l'assistance, des hommes et des femmes, ayant perdu connaissance, avaient dû être évacués. Je suivis mes amis qui sortaient précipitamment de cet enfer pour se jeter dans le premier cabaret venu, pour boire un gobelet de coco ou de limon frais.

Stanislas Fréron, ancien missionnaire à Toulon, où il avait laissé de mauvais souvenirs, paraissait ivre de colère quand il nous lança :

— Robespierre ne nous a pas convaincus, mes amis ! Son discours en forme de testament n'est qu'une parade destinée à inspirer la peur et à justifier une nouvelle vague de Terreur.

— Nous saurons bien l'en empêcher, dit Barras, avec un regard à mon intention. J'ai mon idée. Nous en reparlerons à la prochaine séance.

Son acrimonie contre Robespierre datait du jour où ce dernier lui avait reproché les excès dont il s'était rendu coupable dans sa mission en Provence, une province qu'il avait mise en coupe réglée après l'expulsion des Anglais par Bonaparte. Je n'aimais guère ce terroriste repenti, ce prévaricateur, mais son autorité, son intelligence, sa prestance imposaient le respect.

Mon premier souci, avant de retourner chez ma mère, fut de m'informer auprès de l'accusateur public du sort que l'on allait réserver à Thérésa. Il se contenta de me dire d'un ton bourru qu'il ne l'avait pas encore interrogée et que la justice suivrait son cours. La justice… je ne savais que trop bien ce que cela signifiait l'arbitraire.

Je dormis mal cette nuit-là, fenêtre ouverte sur l'espoir vain d'un filet de fraîcheur. En me tournant et me retournant sur ma couche moite et humide de sueur, des images flottaient dans ma tête : Thérésa à la Conciergerie, attendant l'appel de son nom… Thérésa livrant sa chevelure à un commis de Sanson… Thérésa dans la charrette qui la menait à l'échafaud… Et ces mots qui revenaient comme une grêle : « une indigne lâcheté… ». J'aurais dû la haïr vivante et je ne l'avais jamais autant aimée qu'au moment de la perdre.

Paris s'éveilla, au matin du 9 thermidor, dans une brume de chaleur. L'orage faisait rouler ses chariots derrière la colline de Montmartre sans lâcher une goutte de pluie. Une odeur d'égouts montait jusqu'à ma chambre.

En cheminant vers les Tuileries, j'appris, à la terrasse d'un cabaret, que la journée allait être rude et que s'annonçaient des événements d'importance.

Barras, qui commandait l'armée chargée de la défense de Paris, avait, dès l'aube, décidé, de sa propre autorité, la mise hors la loi de François Hanriot, chef de la Garde nationale, un ivrogne fort en gueule, disciple du tyran. De même pour Dumas, président du Tribunal révolutionnaire, lui aussi inconditionnel de Robespierre.

La nouvelle avait fait l'effet d'un séisme. On ne parlait que de cela. Soutenu par le seul quarteron de ses affidés qui formaient une sorte de garde patricienne, Robespierre avait du souci à se faire.

Comme je l'avais présumé, la séance de la Convention fut des plus animées.

Un porte-parole de l'opposition mit le feu aux poudres en réclamant la vérité sur la liste de proscription.

— Il faut en finir avec cette équivoque ! s'écria-t-il. Nous voulons la vérité !

Billaud-Varenne renchérit :

— Il faut arracher le masque, quel que soit le visage qui s'en affuble ! Je préfère voir mon cadavre servir de trône à un ambitieux plutôt que d'être, par mon silence, complice de forfaiture !

Quelques propos émergèrent du tumulte :

Panis : Mon nom a été prononcé au Club des Jacobins. J'exige une confirmation !

Robespierre : Ne cherche pas à obtenir une rétractation de ma part. Je n'ai ni flatté ni calomnié. Ce n'est pas dans ma manière, et je ne crains personne.

Charlier : Tu te flattes d'avoir du courage et de la vertu ? Alors tu nous dois la vérité. Je propose que ton discours soit envoyé pour examen aux Comités.

Robespierre (avec un mauvais sourire) : Tu plaisantes ! Faire réviser mon discours par mes adversaires serait absurde !

Plusieurs voix, dont la mienne : Nous exigeons des noms ! Des noms ! Des noms !

En gardant dans sa manche la liste de proscription, Robespierre suscitait une équivoque qui risquait de le condamner. Avait-il compris que la partie dans laquelle il s'était engagé était perdue d'avance, qu'il révélât ou non cette liste ? L'opposition, accrochée à ses basques, n'allait plus le lâcher. Son masque se fissurait et laissait apparaître un visage où la peur le disputait à l'arrogance. Il se proclamait champion de la vérité mais il la trahissait.

On en resta là, après cette matinée doublement orageuse, le tonnerre accompagnant les éclats de voix. Conséquence de mon « indigne lâcheté » ? Je n'étais pas intervenu dans ce duel oratoire et m'en repentais amèrement, d'autant qu'à n'en pas douter mon nom figurait sur la liste.

Barras me raconta, au cours d'un déjeuner au Véry, que Robespierre s'était prudemment éclipsé pour retourner à son domicile, chez les Dumay. Il l'avait vu en promenade aux Champs-Élysées avec à son bras sa fiancée, fille de ses logeurs, comme un couple de simples bourgeois. Abordé par Barras, il lui avait dit :

— Si toi et ta faction croyez pouvoir vous débarrasser de moi, vous vous égarez. Je regagnerai la confiance de la Convention.

Il lui montra du bout de sa canne le ciel encore lourd de nuages et ajouta :

— En fin de compte, nous aurons une belle journée...

Elle allait être longue.

En fin de soirée, Robespierre se rendit au Club des Jacobins alors que discussions et altercations menaient la danse. Imperturbable, il écouta Billaud-Varenne et Collot d'Herbois condamner un régime où la vérité et la liberté étaient foulées aux pieds. Il demanda la parole ; on la lui accorda.

— Citoyens, dit-il, il semble que la plupart d'entre vous étiez absents à la Convention ce matin. Ils auraient appris que l'on peut s'exprimer librement et que les factieux redoutent d'être dévoilés. En se manifestant par leurs interventions, ils se sont déclarés mes ennemis et ceux de la Patrie !

Il sortit une liasse de sa poche pour donner lecture de quelques passages de son discours de la veille, puis, l'ayant replacée dans sa redingote, il ajouta à la surprise générale :

— Citoyens, vous venez d'entendre mon testament. Mes ennemis sont si puissants que je ne puis leur échapper. Je succomberai sans regret et vous laisserai ma mémoire. Vous la défendrez, j'en ai la certitude. Je suis prêt, comme Socrate, à boire la ciguë.

Ces derniers mots tombèrent dans un gouffre de silence. Il fut rompu par la voix du peintre David, ancien terroriste, médiocre en politique et prosélyte du tyran :

— S'il le faut, Robespierre, nous boirons dans ta coupe !

Je me souvenais de lui pour l'avoir observé, lors des massacres de septembre, son carton à dessin sur les genoux, occupé à saisir sur le vif l'agonie des prisonniers. C'est, en dépit de son talent, un personnage veule et sot.

Dumas prit à son tour la défense de Robespierre. Il se dit surpris qu'après des semaines de silence les factieux s'opposent soudain aux « vérités foudroyantes » de son dieu.

La voix de Couthon perça le tumulte qui avait suivi cette déclaration.

— Citoyens ! s'exclama-t-il, nous assistons à la plus dangereuse des conspirations. Nous verrons ceux qui l'ont ourdie pâlir devant la volonté populaire !

Des voix éclatèrent :

— Vive Robespierre ! Les factieux à la guillotine !

Il avait fallu bien peu de chose pour retourner une situation aussi dramatique. D'après ce que me dit Barras, malgré ce débordement d'enthousiasme en vase clos, le sort de Robespierre, en dépit de son habile intervention, était irréversible.

— J'ai vu, me dit-il, un de ses adversaires les plus âpres, Collot d'Herbois, se jeter à ses genoux pour lui demander de se réconcilier avec les Comités. Une scène grotesque ! J'en avais honte…

Le vent s'étant retourné en faveur de Robespierre et de sa clique, des députés reconvertis lui proposèrent de tenter de ramener les Comités à la raison en usant de la même éloquence. Il décida de s'en abstenir et de s'en tenir à la seule décision de l'Assemblée.

La Convention avait décidé de siéger, en dépit de l'heure tardive. Ce fut une nuit étrange, dont l'histoire allait se souvenir.

Nous avions tous, pour nous tenir en éveil, abusé du café et du vin, si bien qu'en pénétrant dans sa salle, nous avions les nerfs à vif. Sur notre chemin, nous avions pu constater que la vie de la capitale suivait son cours normal : les boutiques avaient allumé leurs quinquets, les restaurants étaient combles et on faisait queue devant les théâtres. Dans celui de la République, on jouait un drame de Legouvé : *Épicharis et Néron*. J'y avais assisté la veille et avais été sensible à ces vers :

Quelle indigne terreur de votre âme s'empare ?
Et pourquoi voulez-vous, Romains, qu'on se sépare ?
Voilà donc les grands cœurs qui devaient tout souffrir ?
Ils osent conspirer et craignent de mourir…

Cette réplique m'avait remis en mémoire l'imprécation humiliante de Thérésa.

Avant de me rendre à l'Assemblée, je fis étape au Comité de Salut public, qui siégeait en séance de nuit, présidée par Saint-Just, âme damnée de Robespierre, lequel était absent. Saint-Just avait été rappelé d'une mission aux Armées, après quelques fautes, et le torchon brûlait entre lui et son maître. Il paraissait anesthésié et répondait par monosyllabes aux questions dont on l'accablait. Tout ce que l'on put tirer de lui, c'est que Robespierre livrerait le lendemain la liste de proscription. Ce n'était pas une mince nouvelle.

Collot d'Herbois, visage vultueux, agité comme un rat pris au piège, s'écria de sa voix qu'on qualifiait de « trompette de la Révolution », un doigt pointé vers Saint-Just :

— Toi et tes complices, avez-vous juré de plonger la nation dans le sang et le malheur ? La liberté et la vérité survivront à vos manœuvres. Saint-Just, lâche, hypocrite, tes poches sont pleines de calomnies dirigées contre nous !

— Je ne te donnerais pas ma basse-cour à gouverner ! rugit le député Bertrand Barère.

Saint-Just, rouge d'indignation, jeta des regards autour de lui comme pour trouver un secours, et bredouilla :

— Vous improvisez la foudre à tout moment et d'une manière aveugle. Au nom de la République qui nous est chère, revenez à des sentiments plus modérés et à des idées plus justes.

Il replia lentement son portefeuille, se leva et disparut sous les huées.

La séance dura une partie de la nuit. La plupart de mes amis s'étaient retirés. Je restai, conscient qu'un coup de théâtre pouvait intervenir à tout moment.

On avait hissé l'infirme Couthon dans sa chaise roulante, pâle comme un cadavre, le visage agité de tics nerveux, jusqu'à la tribune. Il évoqua la destitution annoncée d'Hanriot, l'arrestation imminente de Dumas et du maire de Paris, Lescot-Fleuriot, et s'écria :

— La contre-révolution menée par des brigands nous menace, citoyens ! Ces mesures vont produire dans Paris une grande émotion et susciter des troubles.

Il lut le bref message que Saint-Just lui avait laissé avant de se retirer : « L'injustice a flétri mon cœur. Je vais m'en ouvrir à la Convention. » Il le déchira.

En apprenant que Saint-Just s'était rendu à la Convention, je dis à mon collègue Stanislas Rovère, député des Bouches-du-Rhône :

— Il faut nous y rendre dare-dare. J'ai l'impression que les heures que nous allons vivre seront décisives et qu'il faut en finir au plus vite avec Robespierre...

Malgré l'heure indue, une foule houleuse avait envahi la salle et piétinait à l'extérieur, sous la pluie battante, et jusque dans les couloirs, si bien que nous dûmes jouer des coudes pour gagner nos bancs. Saint-Just pérorait à la tribune. Je l'entendis citer Caton, Philippe de Macédoine, Pisistrate... et le cardinal de Richelieu !

— Il tente d'endormir l'assistance avec des narcotiques, dis-je à Barère. Nous allons devoir la réveiller, sinon tout est foutu. Suis-moi !

Pris soudain d'une audace folle qui devait beaucoup au vin, je grimpai à la tribune, écartai Saint-Just malgré ses protestations, et m'écriai :

— Citoyens, vous me connaissez. Je suis un homme de raison, un modéré. Si j'interviens, c'est pour défendre l'ordre public. Nul ne peut demeurer insensible aux divisions qui se sont exprimées. Saint-Just a parlé en son nom et pas au nom de la vérité. Je demande que le voile soit déchiré !

Je ne m'attendais pas aux applaudissements qui déferlèrent sur moi comme une houle et semblaient faire écho au crépitement de la pluie et aux rumeurs de l'orage. J'en étais éberlué en descendant de la tribune. On me tapait sur l'épaule, on m'étreignait, on me complimentait de cette heureuse formule : « Que le voile soit déchiré. »

Le charivari que j'avais engendré dépassait mes espérances. Billaud-Varenne grimpa à son tour à la tribune et, pointant Saint-Just du doigt, s'écria :

— Voilà l'homme qui a proposé d'épurer la Convention

et a souhaité la mort de ceux qu'il juge indignes. Dans cet appel à la violence, que deviennent la vérité et la justice ?

Dans la confusion générale qui s'ensuivit, je vis avec stupeur des gendarmes monter à la tribune et entraîner Saint-Just qui se débattait en s'égosillant. Des gendarmes ! Envoyés par qui ? Robespierre, malgré leur récente querelle, perdait en lui son bras droit et ne pouvait compter sur le secours de son frère cadet, Augustin, dit « le Jeune », qui se contentait de le suivre comme un chien son maître. Quant à Couthon et à Philippe Le Bas, personnage honnête mais falot, ce n'étaient que des seconds couteaux. Un adolescent, un infirme, une ombre…

Avec son éloquence qui l'entraînait parfois à des outrances, Barère, cramponné à la tribune pour faire le procès de Robespierre, jeta à la foule et à ses collègues :

— Notre assemblée est aujourd'hui placée entre deux égorgements. Montrer sa faiblesse serait la condamner. Y a-t-il parmi nous un seul représentant du peuple qui puisse accepter plus longtemps la tyrannie ?

Des cris fusèrent dans une envolée de chapeaux brandis à bout de bras :

— Périssent les tyrans ! Nous voulons vivre libres et égaux ! Vive la République !

Sans se départir de son flegme habituel, Robespierre avait fait face à la tempête. Blême, les traits tirés, il tenta de prendre la parole, mais ses premiers mots disparurent dans les clameurs qui l'assaillaient de toutes parts. Au nom de la liberté, Laurent Lecointre demanda qu'on le laissât s'exprimer ; Mallarmé s'y opposa.

— Lui donner la parole, dit-il, serait dangereux. Il a plusieurs tours dans son sac.

C'est alors que, de nouveau, en songeant à Thérésa, je me ruai sur la tribune, réclamai le silence et m'écriai, à l'intention des extrémistes de la Montagne :

— Citoyens, comprenez que nous ne sommes pas des modérés, mais que nous sommes excédés par l'injustice et le crime qui l'accompagne. Nous voulons un Tribunal révolutionnaire qui fasse preuve de plus d'humanité !

C'est alors que l'idée me vint de sortir de ma poche le

couteau qui ne me quittait pas, de l'ouvrir et de le brandir vers Robespierre en m'écriant :

— Je n'hésiterai pas, quant à moi, à me servir de ce poignard pour ôter la vie à ce nouveau Cromwell, si la Convention n'a pas le courage de le décréter d'accusation !

Ce «poignard» donnait un ton de tragédie à mes propos. En quittant mon perchoir, englouti par une vague de bras tendus vers moi pour m'étreindre, j'entendis des voix proclamer que j'avais trouvé les mots et l'attitude qui convenaient. Je ne pensais qu'à Thérésa et à la fierté qu'elle aurait éprouvée pour mon attitude. Elle allait être libérée et la vie entre nous reprendrait son cours normal. J'entendis, comme venue du fond d'un puits, une voix qui réclamait un vote par acclamation pour l'arrestation du despote. On lui donna satisfaction. Robespierre allait payer le prix du sang.

Il s'était levé et avait tenté en vain de rétablir le silence. Autant vouloir calmer d'un geste une tempête. Je l'entendis proférer protestations et menaces, d'une voix qui ne lui était pas ordinaire, disant que mes propos mettaient la République en danger de mort. Il interrogea du regard ses alliés de la Montagne ; ils ne bronchèrent pas.

En descendant de la tribune, il m'écrasa d'un regard froid comme l'acier. Je l'entendis lancer à Thuriot, président de cette séance et dépassé par les événements :

— Tu présides une horde de brigands, mais donne-moi au moins la possibilité de me défendre ! À moins que tu n'aies décidé de me laisser assassiner…

Thuriot agita sa sonnette pour lui clouer le bec. Garnier de l'Aube lança au prisonnier :

— Tu peines à parler, brigand ! C'est le sang de Danton qui te remonte à la gorge et t'étouffe.

Robespierre ne semblait plus maître de lui quand il riposta :

— Lâche ! C'est donc que tu veux venger Danton ? Lâche ! Pourquoi ne l'as-tu pas défendu quand il est monté à l'échafaud ?

Personne n'avait encore osé prononcer le mot d'«arrestation». Louis Louchet, ardent terroriste aveyronnais, s'en chargea, en ajoutant qu'il fallait en finir dans les règles républicaines. Proposition adoptée.

Il se fit un silence lorsque Augustin Robespierre, accédant à la tribune, s'écria :

— Citoyens, si mon frère est reconnu coupable, je le suis aussi. J'ai partagé sa vertu et je veux partager son sort. Je demande pour moi le même décret d'accusation !

— Eh bien, jeune homme, dit Thuriot d'un air bonhomme, nous acceptons ce geste généreux. Qu'il en soit fait comme tu le souhaites.

Un écho retentit dans la salle : la voix de Robespierre :

— Je refuse que mon frère meure par ma faute. Il est innocent. Permettez-moi au moins de le défendre !

On le lui refusa. Il protesta avec une véhémence inhabituelle :

— La République est morte et les brigands triomphent !

Alors que l'on procédait à l'arrestation de Couthon et de Dumas, j'entendis Stanislas Fréron, le massacreur des Toulonnais, soupirer :

— Mon Dieu, qu'il est difficile d'abattre un tyran…

Lorsqu'il reprocha à Couthon d'avoir voulu « accéder au trône en se hissant sur les cadavres des représentants », l'infirme répliqua :

— Réfléchis, imbécile ! Tu me vois monter sur un trône alors que je ne peux gravir une marche sans me faire aider ?

Le comportement du dernier carré des complices de Robespierre me surprit. Avec une conviction et un courage auxquels je rends hommage, ils firent front contre l'adversité et semblèrent accepter la fatalité qui les accablait. Un seul, Le Bas, homme intègre, compagnon de la première heure de Robespierre se débattit avec vigueur au point d'avoir sa redingote en lambeaux. Il allait échapper au procès en se brûlant la cervelle.

Un souffle terrible venait d'arracher des pages au livre de l'Histoire et de les disperser. J'avais pris ma part de ces événements, et l'on m'en sut gré. On proclama que le poignard que j'avais brandi avait marqué la fin de la tyrannie et ouvert la voie des temps nouveaux.

En sortant de la Convention, je titubais, la tête encore bourdonnante du tumulte de l'Assemblée. Je traversai d'un pas d'automate la foule qui m'acclamait, massée sur le parvis. Une femme me sauta au cou ; d'autres me baisèrent la main ; un vieil homme me dit qu'il eût aimé m'avoir comme fils.

J'avais l'estomac creux. À la première boutique que je trouvai sur mon chemin, j'achetai un biscuit que je grignotai en marchant. Ma mère était morte d'inquiétude. Elle me voyait, me dit-elle, « montant à l'échafaud » ! Elle fit réchauffer de la soupe, que j'accompagnai d'un verre de vin. Puis je m'effondrai sur mon lit.

L'Histoire marchait à grands pas.

On aurait pu penser qu'en raison de ce renversement de situation la guillotine allait être mise au rancart. Ce n'était pas l'avis de l'accusateur public, Fouquier-Tinville. Lorsque l'exécuteur des hautes œuvres lui demanda s'il devait procéder au démontage de la machine, il lui répondit :

— Fais ce qu'on te demande et attends les consignes. Moi, je n'en ai pas reçu. Alors je poursuis ma tâche...

Des charrettes chargées de quarante-cinq condamnés quittèrent la cour de la Conciergerie pour l'échafaud. Informés du bouleversement de la journée et de la nuit, des prisonniers avaient sauté sur la chaussée, s'étaient fait libérer de leurs liens et, acclamés par la foule, avaient arrêté les attelages. Ignorant sa destitution ou s'en moquant, Hanriot avait surgi, sabre au clair, avec un peloton de cavaliers, avait dispersé le rassemblement, rattrapé les fugitifs et les avait fait remonter dans la charrette. Thérésa n'était pas du nombre.

L'ambiance de Paris avait brutalement changé.

On avait fermé les barrières et fait sonner le tocsin. Ordre avait été donné aux concierges des prisons de mettre les détenus au secret. Hanriot avait été arrêté peu après avoir fait livrer les condamnés à Sanson, et après une chevauchée épique à travers Paris. Parfaitement ivre, ce qui semblait être son état naturel, il menaçait de son sabre ceux qui s'opposaient à sa cavalcade, traversait en trombe les marchés, escorté par ses cavaliers, en vomissant des imprécations.

Sa chevauchée avait pris fin devant les portes de la Convention, alors que, manifestement, il avait l'intention d'y ramener l'ordre à sa manière. Il se trouva devant un mur de baïonnettes croisées et un huissier qui lança à son estafette :

— Cet homme n'est plus votre chef ! Vous n'avez plus à répondre à ses ordres !

Hanriot avait été arrêté une heure plus tard dans un cabaret, à demi inconscient, et conduit au Comité de Sûreté. Il s'écria :

— Vous pouvez mettre Robespierre hors la loi, mais vous ne ferez pas taire mes canons !

Arrêté mais non décrété hors la loi, ce qui supposait des complications judiciaires, Robespierre avait été conduit à la prison du Luxembourg par ordre de la Convention. Le concierge avait dit aux gardes :

— Ordre de la Commune : n'ouvrir cette porte à personne. Passez votre chemin !

Il en avait été de même pour ses complices : Couthon à la Bourbe, Saint-Just aux Écossais, Le Bas à la Maison de Justice.

Je me rendis à l'Hôtel de Ville pour prendre des nouvelles de la situation.

La Grève était envahie par des curieux et des soldats, l'arme au pied autour des canons. On avait déjà allumé les lustres à l'intérieur et, sur la place, des flambeaux et des pots à feu. Malgré la présence d'un peloton de gendarmerie, des rixes éclataient, qu'il fallait maîtriser, l'arme au poing.

Le premier personnage que je rencontrai sur le parvis était le député de la Corrèze, Jacques Brival, ancien procureur du roi. Je me souviens qu'il avait eu une formule heureuse pour qualifier les aristocrates entourant la reine : « les chevaliers du poignard ». À la suite d'un revirement, il avait proposé de fondre les statues des rois pour en faire des canons. Fidèle à Robespierre, il avait viré de bord devant les excès de la Terreur.

Débraillé et furieux, ce bel athlète moustachu s'écriait en gesticulant :

— J'ai appris que Robespierre avait été conduit à l'Hôtel de Ville. L'idée m'est venue de le voir et de lui cracher mon mépris à la gueule. On m'a interdit l'entrée, nom de Dieu, à moi, un parlementaire !

J'appris que Robespierre s'était violemment insurgé contre le projet d'incarcération au Luxembourg. Il voulait d'abord rencontrer les meneurs de l'insurrection, qu'il rendait responsables d'une arrestation jugée arbitraire.

— Une seule chose aurait pu le sauver, ajouta Brival : qu'il prît la tête d'une insurrection menée par la Commune. Il n'en a pas eu le pouvoir, le courage ou s'y est refusé.

— Je ne vois pas, dis-je, Robespierre prenant la tête d'une insurrection et marchant avec les canons de la Commune sur la Convention. Ce n'est pas un meneur d'hommes. En revanche, il se peut qu'il attende et espère une insurrection populaire. Il risquerait d'être déçu...

La Commune avait bien lancé un ordre de mobilisation aux quarante-huit sections que comptait la ville, mais la plupart s'étaient récusées. Elles constituaient des foyers permanents de subversion et avaient à leur actif la chute et l'élimination des Girondins, ce qui donnait la mesure de leur puissance.

Un de mes collègues et amis, Dulac, qui venait de boire le vin des canonniers, me donna des nouvelles de Robespierre.

À défaut de lui trouver un lieu de détention normal, on l'avait conduit dans un local de police de la Cité. Il avait eu un sursaut d'énergie en demandant l'aide de la section du quartier, l'une des plus puissantes, qui avait le privilège de faire sonner le bourdon de Notre-Dame en cas de troubles. Il faillit réussir, mais, apprenant qu'il était décrété en état d'arrestation, les sectionnaires groupés pour répondre à son appel avaient fait demi-tour.

C'est alors que, pour plus de sûreté, on décida de le conduire à l'Hôtel de Ville. Il avait protesté, disant qu'on voulait faire de lui un factieux, alors qu'il avait le plus profond respect pour la loi. Coffinhal, un colosse auvergnat, auteur de la formule : « La République n'a pas besoin de savants », l'avait pris au collet et entraîné de force.

— En me perdant, s'était écrié le prisonnier, vous condamnez la République !

En moins d'une heure, la situation allait prendre un tour nouveau.

À la Convention comme à la Commune, l'irrésolution était partagée. À l'Assemblée, Lecointre faisait distribuer des fusils et des munitions. À l'Hôtel de Ville, où la Commune se tenait sur le pied de guerre, le maire lançait des appels à l'aide à la population mais recevait peu d'échos.

Alors que la nuit tombait, canonniers et soldats faisaient depuis des heures le pied de grue sur la Grève et se demandaient ce qu'on attendait d'eux. Des filles venaient les distraire, batifoler avec eux, boire leur vin, mais ils avaient un œil sur l'horloge et se sentaient l'estomac creux.

Au secrétariat de la Convention, Lazare Carnot se grattait la tête et se demandait à qui, dans l'éventualité d'une insurrection populaire favorable à Robespierre, il pourrait en confier la répression. Un jeune gendarme venait de lui remettre un billet. Il le lut, soupira et le jeta sur son bureau.

— Tu es bien jeune, dit-il au messager. Quel âge ?

— Dix-neuf ans, citoyen représentant.

— Ton nom ?

— Lieutenant Charles de Merda, ci-devant baron.

Carnot cacha un sourire derrière sa main et lui demanda ses états de service. Encore adolescent, il avait été incorporé dans la Garde constitutionnelle du roi, puis dans la Garde nationale pour se retrouver dans la gendarmerie. Fils d'un négociant, il avait toujours été attiré par les armes.

— Merda…, dit Carnot. C'est un nom qui a dû t'attirer les railleries de tes camarades.

— Souvent, citoyen représentant, mais ceux qui s'y sont

risqués l'ont payé cher. Je suis un excellent duelliste, au sabre ou au pistolet.

Il ajouta qu'il avait procédé à l'arrestation de Hanriot et lui avait lié les mains dans le dos.

— Solidement, je l'espère ? Hanriot est une brute.

— De toutes mes forces, mais il était ivre et ne s'est pas défendu. Je pourrais faire mieux si vous m'y autorisez, citoyen représentant.

— Quoi donc ? Parle...

— Rassembler quelques gendarmes et marcher sur l'Hôtel de Ville pour amener la Commune à la raison.

— Vraiment ? Eh bien, lieutenant Merda, tu ne manques pas de toupet. Si nous avons besoin de tes services, je sais que nous pouvons compter sur ton dévouement.

À la fois flatté et déçu, le lieutenant Merda se hâta de retrouver son corps au Comité de Sûreté. Avoir maîtrisé Hanriot n'était pas un exploit dont il eût pu se vanter sans jouer les bravaches. Il rêvait d'un autre exploit, plus dangereux mais plus méritoire. Donner l'assaut à l'Hôtel de Ville, affronter la troupe et les canons, eût été absurde. À la réflexion, il en convenait.

On l'avait traité de « mauviette » pour n'avoir pas fait feu sur Hanriot au lieu de le ligoter, et cela l'avait ulcéré. Une *mauviette*, lui ? Il allait démontrer que l'on se trompait et que son nom, en passant à la postérité, serait un objet de respect après avoir été un motif de dérision.

Il invita une poignée de gendarmes à le suivre. Où ça ? À l'Hôtel de Ville. Pour y faire quoi ? On verrait bien.

Il sauta à cheval et, fier comme Artaban, suivi de son peloton de six hommes, marcha sur la place de Grève. Passé minuit, soldats, gardes nationaux et canonniers attendaient la relève, fumant leur pipe, faisant danser le gobelet et lutinant les filles. L'air sentait le vin, le tabac et la poudre. Il était facile de deviner qu'une rixe mal maîtrisée, un coup de feu auraient pu déclencher une émeute et une tuerie.

Merda s'assit sur une marche de l'Hôtel de Ville, ses hommes autour de lui. Il alluma sa petite pipe de faïence et se mit à réfléchir à la manière de s'introduire dans la bâtisse sans attirer l'attention. Pour y faire quoi, alors que Barras, disait-on, avait réuni de la troupe et, tambour battant, marchait sur la Maison commune pour l'investir et s'en rendre maître ? Il se dit que lui, la *mauviette,* avait un rôle à jouer, avant même que ne se déclenchât l'assaut. Un rôle qui ferait de lui un héros.

Une porte s'ouvrit derrière lui. En tournant la tête, il constata que les hommes qui en étaient sortis avaient oublié de la refermer. Il s'y engouffra en faisant signe à ses hommes de le suivre.

Ils traversèrent un grand hall qui bourdonnait comme une ruche affolée et montèrent les escaliers d'une allure tranquille. La porte donnant sur la salle du Conseil, éclairée *a giorno,* était entrebâillée ; Merda la poussa. Un huissier lui ayant demandé ce qui justifiait sa présence, il lui répondit qu'il était détenteur d'une « ordonnance secrète » et ne pouvait en dire plus.

— À qui dois-tu la remettre ?

— Je ne suis pas autorisé à vous le dire.

Un groupe d'hommes les entoura ; il les écarta en les menaçant de son sabre, arguant de sa « mission secrète ». L'huissier ordonna qu'on le laissât aller.

En ouvrant une autre porte, il se trouva en présence d'une poignée d'hommes qui discutaient avec animation. Il remarqua, dans le fond de la pièce, assis dans un fauteuil, visage de marbre, un coude sur son genou, sa tête reposant dans sa main, un homme qu'il n'eut pas de peine à reconnaître : Robespierre. Il se dit que le cours de leurs destins venait de trouver son confluent.

Il s'avança vers lui, tira son sabre et lui en mit la pointe sur la gorge en disant qu'il était un traître et n'échapperait pas à la justice. En les menaçant de son pistolet, il écarta ceux qui se portaient au secours de Robespierre, qui venait de répondre d'un ton calme :

— Le traître, c'est toi, et je vais te faire fusiller ! Gardes, veuillez maîtriser ce fou !

On n'en eut pas le temps. Merda visa la tête et fit feu de son pistolet. Robespierre poussa un cri, tenta de se lever, retomba, la mâchoire brisée. Ce fut la débandade lorsque

Merda, sortant son autre pistolet, ordonna à ses hommes de faire de même. Il saisit un chandelier et se mit à poursuivre les fuyards, parmi lesquels se trouvait Couthon dans sa chaise roulante. Il tira sur l'un des hommes qui lui faisaient descendre l'escalier et le blessa. La chaise et son occupant basculèrent au milieu des hurlements de terreur.

Alerté par les coups de feu, Augustin Robespierre s'était précipité vers son frère et tentait, avec des sanglots dans la voix, de le ranimer. En voyant ressurgir Merda, il l'apostropha :

— Tire, assassin, tire donc ! Tu as tué mon frère, alors tue-moi !

Merda restant indécis, comme fasciné par cette scène, Augustin se dirigea vers une fenêtre et se jeta dans le vide. Quand on le retrouva, il était encore vivant, mais durement éprouvé par sa chute. Quant à son frère, quand on daigna s'occuper de lui, on constata qu'il bougeait et respirait encore, mais que sa mâchoire semblait sur le point de se détacher de son visage.

Profitant de la panique suscitée par l'attentat, quelques conventionnels amenés par Barras s'engouffrèrent dans l'Hôtel de Ville et se mirent à la recherche de Saint-Just, de Couthon et de Dumas, dont la présence leur avait été signalée. Ils n'eurent guère de peine à les trouver, à les désarmer et à les arrêter.

Ils avaient découvert Dumas sous la table proche du fauteuil où gisait Robespierre. Dulac lui arracha le flacon qu'il portait à ses lèvres en criant :

— Scélérat ! Tu voulais t'empoisonner pour échapper à la justice !

— Tu te trompes ! protesta Dumas. C'est de l'eau de mélisse des Carmes. J'en prends pour calmer mes émotions.

De Le Bas, on ne découvrit que le cadavre : il s'était tiré une balle dans la tête. Quant à Hanriot, encore ivre et incapable de la moindre réaction, il avait été défenestré par Coffinhal.

Que devint Merda dans le tumulte qu'il avait suscité ? Il

avait disparu. Il était deux heures du matin et la confusion était à son comble. J'imagine que, sa « mission secrète » accomplie, il avait regagné son corps avec son escorte pour dormir du sommeil du juste, persuadé qu'il n'était pas une *mauviette,* et que son nom allait entrer dans l'Histoire.

Ce n'était pas le sommeil du juste qui attendait le gendarme Merda, mais une rude journée. Certains conventionnels le congratulèrent pour son acte qui avait mis fin, par la mort du tyran, au conflit opposant la Convention à la Commune, et peut-être à une guerre civile ; d'autres, plus légalistes, lui reprochèrent d'avoir agi de son propre chef.

Il n'eut pas à pâtir de son geste. Il monta en grade, se battit avec courage dans les armées de Bonaparte puis de Napoléon, avant d'aller mourir sur la Moskowa, un sombre jour de septembre 1812.

La haine allait poursuivre Robespierre et ses compagnons après l'attentat du gendarme Merda.

Des soldats s'étaient emparés de lui et de Couthon et les avaient traînés jusqu'au quai Pelletier, avec l'intention de les jeter à la Seine ou à la voirie. Merda était intervenu pour les en empêcher. Peut-être entendit-il l'infirme gémir :

— Avant de vous débarrasser de moi, attendez donc que je sois mort.

On transporta Robespierre sur une civière au Comité de Salut public, où on l'allongea sur une table. Le sang avait coulé d'abondance de sa mâchoire fracassée, souillant son habit et jusqu'à ses bas, descendus aux chevilles. Il essuyait sa blessure avec du papier que lui procuraient les soldats.

J'assistai à son transfert à la Conciergerie. En cours de route, je croisai à plusieurs reprises son regard fixe, sans le moindre signe d'imploration. J'avais l'impression qu'il souhaitait me parler, mais, outre qu'il en était empêché par sa blessure, qu'aurions-nous pu nous dire ? M'aurait-il rendu responsable de son état ? Qu'aurais-je pu lui répondre ? Que la justice, en armant la main qui brandissait un poignard, annonçait sa déchéance ? Les dés jetés ; les mots n'auraient rien changé.

Dire que j'étais ému serait un euphémisme. J'étais proprement bouleversé, plus peut-être que je ne fus jamais, sans regret, sans remords, mais aussi sans le moindre sentiment d'orgueil. Le cours des événements, la lettre de Thérésa, avaient fait de moi le complice du gendarme Merda et l'instrument du destin.

Malgré la haine que je lui vouais, je ne pouvais me défendre d'avoir éprouvé pour ce monstre une sorte de fascination. S'il n'avait pas été entraîné par son orgueil et sa folie dans le grand holocauste de la Terreur, s'il avait refréné son goût du pouvoir, sans doute eût-il ouvert la voie à une République heureuse et prospère qui aurait servi d'exemple au monde.

En cheminant vers la Conciergerie, dans le petit matin déjà lourd, je songeais à Thérésa, avec une certitude : elle n'était pas passée en jugement. Je n'allais pas attendre la fin du jour pour tenter de la faire libérer, à supposer que la consigne du secret fût levée pour les prisons.

Une idée s'imposait à moi : les événements de ces derniers jours avaient été en grande partie l'œuvre de Thérésa ; je n'avais été que son exécutant. Sans sa virulente admonestation, je n'aurais jamais eu le courage d'affronter le monstre, et peut-être la situation serait-elle restée en l'état.

Je me souviens de ce qu'elle avait dit, à quelque temps de là, à une amie : « Le neuf thermidor a été le plus beau jour de ma vie. Quand je pense que ma petite main a contribué à renverser la guillotine… » Et de rappeler le fameux billet qui avait suscité ma honte et ma réaction. À quoi tient parfois le destin d'une nation ?

Grâce à quelques louis, je parvins à percer le mur du secret et à faire parvenir à Thérésa un billet lui annonçant la fin de la Terreur. Je lui écrivais : « Soyez prudente, ma chérie, et armez-vous de patience... » Je craignais qu'elle ne se mêlât à quelque nouveau complot de détenus et fût victime d'une répression.

Barras, à qui je parlais de cette situation absurde, me répondit :

— La libération se fera par petits groupes et sur plusieurs jours. Ouvrir les portes simultanément occasionnerait des désordres, ce qui nous obligerait à réagir par la force. Nombre de prisonniers chercheraient à se venger de leurs délateurs et de leurs juges.

Il me promit que Thérésa serait parmi les premiers à recouvrer la liberté.

Je suivis Robespierre jusqu'à la Conciergerie, afin de lui éviter les curiosités malsaines et les mauvais traitements. Je veillai, avec Élie Lacoste, député du Périgord, à ce qu'on renouvelât son pansement et à ce qu'il eût une tenue correcte. Un chirurgien appelé en hâte de l'Hôtel-Dieu lui lava le visage et le torse, sonda sa blessure, y introduisit des tampons pour éponger le sang qui n'avait cessé de couler durant le trajet. Il lui entoura la tête d'un bandeau. La douleur ressentie par le blessé était devenue insupportable. Il gémit et perdit connaissance.

Nous fîmes taire les gredins qui lui jetaient des lazzis :

— Sire, Votre Majesté souffre-t-elle ? Lui faut-il une tisane ?

— Tu as eu de la chance ! C'est à la voirie que tu aurais dû être jeté, charogne !

— Ce pansement, quel beau diadème pour le roi de la Terreur !

J'appris à la fin de la matinée ce qu'il était advenu d'Augustin Robespierre. Ramené à l'intérieur de la Maison commune, après s'être brisé les reins dans sa chute, on lui avait demandé ce qui avait motivé son acte. Il avait répondu qu'il n'avait pas accepté l'idée de tomber vivant aux mains des séditieux. Avant de sombrer dans un état comateux, il avait demandé des nouvelles de son frère.

Élie Lacoste me poussa du coude. Robespierre s'était redressé lentement sur la table qui lui servait de lit, avec un sac de pain rassis en guise d'oreiller. Il faisait des efforts désespérés pour tendre ses mains vers ses jambes et, par un ultime réflexe de coquetterie, remonter ses bas. Je l'y aidai. Il eut une apparence de sourire et parvint à articuler :

— Je vous remercie, *monsieur.*

Il avait bien dit *monsieur* et non *citoyen,* comme si, déjà, les modes de courtoisie avaient changé. J'en eus un pincement au cœur. Avait-il reconnu en moi le nouveau Brutus qui avait entraîné sa chute ? Il reprit sa position initiale et parut s'endormir, malgré des crispations sensibles sur son visage.

« Ce n'est pas lui, me disais-je, qu'on aurait pu accuser de s'être enrichi au détriment de la nation. » Pauvre il était né, pauvre il était demeuré. Aucune opération louche n'avait pu lui être imputée. Jusqu'au bout il était resté l'Incorruptible. On n'avait retrouvé dans son portefeuille que quelques assignats, à peine suffisants pour un repas banal, et, à son domicile, une cassette avec quelques louis destinés à sa pension chez les Dumay.

Élie Lacoste et moi étions bien décidés, sans nous concerter, à rester auprès de lui jusqu'à la fin, soit sur cette table, soit à l'échafaud, aucune forme de procès n'étant envisagée, dans l'état où il se trouvait.

Afin de donner plus d'importance et de symbole à l'acte final, la guillotine avait été transportée place de la Révolution.

Tout au long du trajet qui nous y conduisit, nous croisâmes d'autres charrettes transportant une vingtaine de condamnés. La foule était si dense que les attelages avaient du mal à se frayer un chemin. Il y avait du monde à toutes les fenêtres, louées à prix d'or par les propriétaires, jusque sur les toits et les lampadaires. On y voyait des dames en grande toilette sous leur ombrelle, ne cessant de manier leur éventail que pour lancer des quolibets et des insultes.

Les *aboyeurs* et *aboyeuses*, qui ne manquaient aucune exécution, étaient présents et suivaient les charrettes avec des violons, dansant, chantant et brandissant des bouteilles.

Élie Lacoste me fit remarquer qu'il n'y avait, dans cette marée humaine, que fort peu d'ouvriers et d'artisans. Il me montra un énergumène qui précédait un groupe de gendarmes à cheval.

— C'est Carrier, me dit-il, l'homme des noyades de Nantes. Il n'a décidément aucun scrupule. La place de ce brigand est dans une de ces charrettes !

— Patience, lui dis-je. Son tour ne va pas tarder...

Un spectacle odieux nous attendait lorsque le cortège, après avoir effectué un crochet, s'arrêta devant la maison des Dumay, dont portes et volets étaient clos. Un galopin puisait avec un balai dans un seau de sang dont il barbouillait la façade. Profitant de cet arrêt, une ronde se forma et entonna *La Carmagnole*.

Il fallut encore une demi-heure pour que les lourds véhicules pussent arriver sur le lieu des exécutions, envahi par une foule frénétique. Ils se placèrent entre l'échafaud et un cordon de gardes nationaux en grande tenue, commandés par un officier à cheval empanaché comme pour une parade.

Sans ménagements, les aides du bourreau firent descendre de la charrette Robespierre et son frère, Couthon, réduit à l'état de loque, et Hanriot, inconscient. Ils durent s'agenouiller pour qu'on éclaircisse leur chevelure au niveau de la nuque afin de faciliter la décapitation.

Robespierre fut le premier à se présenter au supplice.

Les mains liées dans le dos, il refusa qu'on l'aidât et monta seul les marches. Lorsque Sanson lui arracha son pansement, la douleur lui tira un cri et déclencha des rires dans la foule. Après un regard vers son frère que deux aides soutenaient au bas de l'escalier, il se livra au bourreau. Allait-il tenter de prononcer quelques mots à l'intention du public ? Il s'en abstint, sa mâchoire pendante y faisant obstacle, et se laissa sans résistance allonger sur la planche ; il y eut un bref sifflement, un choc sourd, un jet de sang et la tête tomba dans la panière. Le valet au couteau entre les dents, prêt à détacher les têtes réfractaires, n'eut pas à intervenir. Un roulement de tambour accompagna les vivats de la foule.

Parmi les autres condamnés, aucune trace de faiblesse, aucune protestation, aucun mot de la fin dans le style de Danton. Tous subirent leur supplice avec une parfaite dignité.

Malgré l'écœurement que nous ressentions, Élie Lacoste et moi restâmes jusqu'à la fin, sans prononcer un mot, figés par l'horreur. J'avais l'impression de nager dans un bain d'irréalité, d'être dans un théâtre, d'assister à la fin d'une tragédie antique. À aucun moment je n'eus l'envie ou le besoin de me retirer ou de tourner le dos au spectacle. La vue du sang qui inondait les planches sous une nuée de mouches me donnait la nausée, mais j'étais comme cloué sur place.

Je me disais que ces supplices étaient mon œuvre pour une bonne part, et que je n'avais pas à en être fier. La fierté allait venir par la suite. Après l'horreur, les honneurs...

Au cours de la soirée, la guillotine ayant accompli son office, un groupe de mégères courut à la prison Sainte-Pélagie, où l'on avait enfermé la future belle-mère de Robespierre, Mme Dumay. Elles forcèrent le concierge à leur ouvrir la porte en criant qu'elles étaient des veuves de victimes du tyran. Ayant arraché la vieille dame à sa cellule, elles la rouèrent de coups, l'étranglèrent et allèrent pendre son cadavre à un arbre de la cour.

Au cours de la journée du 11 thermidor, soixante-dix condamnés, la plupart des gens de la Commune dénoncés à la Convention, prirent le chemin de l'échafaud pour une nouvelle hécatombe. Le lendemain, on n'en compta plus *que* douze, puis, la messe dite, la fête sanglante s'acheva.

Nous n'en avions pas fini avec les troubles. L'heure de la vengeance ayant sonné, la Terreur blanche allait se développer comme un feu de savane dans tout le pays, notamment dans les provinces méridionales. Le tocsin ne cessait de sonner dans les villes et les villages.

Le pelage des loups avait changé de couleur. Ils allaient engendrer une autre forme de terrorisme.

Troisième partie

1

Les jardins du plaisir

Thérésa Cabarrus. Paris, 28 juillet (10 thermidor)

Alors que Mme d'Aiguillon et moi disputions une partie de dominos sous les marronniers du parc, nous vîmes Rose de Beauharnais traverser la cour comme une tornade en se dirigeant vers nous, une main sur le cœur. Elle nous jeta d'une voix haletante :

— C'est fait, mes amies, il est mort !

— Qui donc ? dit ma compagne.

— Robespierre. On l'a conduit à la guillotine.

Je me levai d'un bond.

— Répète !

— Oui, il est mort, et bien mort ! Je viens de l'apprendre.

Nous n'avions plus de nouvelles depuis une semaine. Même notre porteur de messages habituel, Fortuné, ne pouvait franchir la porte des Carmes. Nous savions, par des paroles allusives de nos gardiens, le tocsin qui passait par vagues et les rumeurs sourdes venues de l'extérieur, qu'il se déroulait des événements importants, sans pouvoir en imaginer la nature et la gravité. Nous avions assisté au départ des dernières charrettes, mais étaient-ce les dernières ?

— Eh bien ! dit Mme d'Aiguillon, vas-tu nous raconter comment tu as appris la nouvelle ?

Elle prenait le frais dans un angle de sa fenêtre grillagée donnant sur une ruelle, quand une femme qui paraissait agitée, plantée en face d'elle, au milieu de la chaussée, s'était mise à faire des gestes et des grimaces.

— Elle a soulevé un pan de sa robe, a ramassé une pierre et l'a tendue vers moi. J'ai cru qu'il s'agissait d'une folle, mais, quand je l'ai vue passer le tranchant de sa main sur sa gorge, j'ai compris ce qu'elle voulait me signifier par ce rébus : robe… pierre, pour dire…

— Robespierre ! m'écriai-je.

— Quant au geste, dit Mme d'Aiguillon, il était sans équivoque. Mes amies. Si cette femme dit vrai, nous serons bientôt libres. D'ici ce soir peut-être…

Rose se mit à danser sur place en tapant des mains. Nous avons interrompu notre partie de dominos pour aller répandre la nouvelle. En quelques minutes, la prison était en proie au délire. Les détenus couraient de toutes parts, s'embrassaient, pleuraient de joie, chantaient à tue-tête et se livraient à des pitreries.

Lorsque nous allâmes en délégation réclamer notre levée d'écrou, le concierge refusa de nous recevoir et nous fit raccompagner à nos cellules, en prétextant qu'on ne lui avait donné aucune consigne.

La nouvelle de la chute de Robespierre ne nous fut confirmée que le lendemain par des gardiens.

J'attendais la visite de Tallien. Par les messages d'Eugène et d'Hortense, les enfants de Rose, j'avais appris qu'il était devenu l'un des opposants les plus âpres du tyran, et je craignais l'annonce de sa mort, qui eût entraîné la mienne. Robespierre guillotiné, j'espérais que Tallien allait voler à mon secours. Je me trompais ! Les jours passant, je me dis qu'il devait célébrer la victoire avec ses complices et les catins du Palais-National ! J'ignorais encore qu'il eût été à l'origine de cet événement.

Nous étions toutes dans le même état d'esprit, partagées entre espoir et doute. Le concierge nous rassura : les portes allaient s'ouvrir, mais il faudrait être patient. Il avait enfin reçu des consignes : bien traiter les prisonniers, réprimer toute tentative d'évasion, ne pas laisser les détenus sans nouvelles…

Attendre, patienter, soit ! Mais jamais les heures et les

jours ne me parurent plus longs. La chaleur, malgré les orages et les pluies diluviennes qui l'accompagnaient, était de plus en plus insupportable.

La nuit, je m'éveillais en sursaut après avoir vu dans un rêve mon petit Tallien surgir par la fenêtre dans une tunique d'ange, armé d'une énorme clé lumineuse. Il me semblait entendre dans le lointain une fanfare de fête, mais ce n'était que le bruit du tonnerre.

Le bourdon de Notre-Dame m'inquiétait. J'imaginais Paris en proie à une nouvelle Saint-Barthélemy. Les partisans de Robespierre n'allaient-ils pas prendre les armes, marcher sur la Convention, remettre la Terreur à l'ordre du jour ? Je m'attendais à voir surgir de nouvelles charrettes et à entendre mon nom.

Le concierge nous rassura de nouveau : les partisans et les complices de Robespierre à la Convention étaient morts ou n'allaient pas tarder à monter sur l'échafaud. Il parla d'une centaine de victimes de cette réaction. Je n'en croyais pas mes oreilles. N'allait-on pas faire preuve de clémence pour ces malheureux ?

— Je crains que non, dit le concierge. La Terreur a simplement pris un autre visage. Il va falloir encore du sang pour effacer le sang.

C'est à Tallien que la Convention avait confié le soin de faire appliquer le décret voté pour libérer les prisonniers politiques et de procéder en personne aux levées d'écrous. Il fut accueilli dans tous les lieux de détention comme le Messie, avec des clameurs de joie et des embrassades. Il revenait chez lui avec le col de sa veste humide de larmes bienheureuses.

Les monstres de naguère : Carrier, Fréron, Fouché, Barras, tous les terroristes repentis, se pavanaient dans un habit de lumière, comme des triomphateurs romains auxquels n'eût manqué que la couronne de laurier.

Notre attente, entre les murs des Carmes, devenait de jour en jour plus pénible à supporter. La plupart des détenus, renonçant à leurs jeux et à leurs idylles, déambulaient par groupes, comme des ombres, dans les allées du parc. Nous avions appris qu'il n'y aurait ni Saint-Barthélemy ni guerre civile, que la résistance était jugulée et qu'un déferlement de joie de vivre avait inondé Paris.

Début août, environ une semaine après la chute du tyran, un commissaire des prisons ouvrit ma cellule, se présenta et me dit :

— Citoyenne, veuillez me suivre au greffe avec vos effets. Vous ne reviendrez pas.

Je préparai mon léger balluchon d'une main tremblante, le cœur prêt d'éclater, et le suivis après avoir salué mes compagnons et mes compagnes. Après de rapides formalités, je vis Tallien s'avancer vers moi, les bras tendus. Il me serra contre lui avec une telle émotion que je crus qu'il allait fondre en larmes, alors qu'on l'ovationnait aux cris de « Vive Tallien ! Vive la Convention ! À bas la Commune ! ».

Je le repoussai en battant sa poitrine à poings fermés et en lui reprochant de m'avoir laissée sans nouvelles. Au comble d'une colère mêlée de larmes de joie, je le traitai d' « ignoble individu ». Il éclata de rire et me dit en me reprenant dans ses bras et en me tutoyant :

— Ma chérie, je comprends que tu m'en veuilles. Je t'expliquerai. Ma chérie, nous avons réussi, toi et moi. C'est l'essentiel.

— Toi et moi, dis-tu ?

Il me rappela la lettre dans laquelle je l'accusais d'indignité et de lâcheté, m'expliqua que, sans l'humiliation que je lui avais infligée, Robespierre et sa clique seraient encore les maîtres du pays. J'en fus éberluée.

Il ajouta :

— On parle beaucoup de toi dans Paris, ma chérie. Sais-tu le nom qu'on t'a donné ? Notre-Dame de Thermidor. Le peuple meurt d'envie de te voir. Nous allons lui donner cette satisfaction.

Décidément, j'étais vouée à la Vierge ! Après Notre-Dame du Bon-Secours à Bordeaux, Paris me conférait un autre titre !

— Princesse, me dit-il, votre carrosse vous attend…

Mon premier souci, en retrouvant ma liberté, fut de me rendre à Fontenay dans l'espoir d'y retrouver les miens : mon fils, Frenelle, Joseph et mes beaux-parents chez qui ils se trouvaient alors. Théodore, passé cinq ans, convenablement nourri, jouissait d'une santé resplendissante. J'eus la joie d'y retrouver ma Frenelle et Joseph Bidos, tous deux fort épris l'un de l'autre et qui songeaient à se marier, sans renoncer à assurer mon service. Je leur devais des mois de gages, mais Frenelle m'assura que cela ne lui importait guère. Son incarcération lui ayant fait perdre du poids, elle avait embelli.

Mme et M. Devin de Fontenay ne semblaient pas avoir émergé de leurs nostalgies aristocratiques. Ils avaient assisté aux événements de leur fenêtre ou du soupirail de la cave dans laquelle ils s'étaient cachés à la moindre alerte. Ils vivaient hors du monde, dans un quotidien exempt d'angoisse et de projets, se satisfaisant d'une aisance des plus modestes, maigres à faire peur, mais en apparence leur santé n'inspirait aucune inquiétude. Ils adoraient leur petit-fils, malgré sa turbulence et ses caprices.

Ma seconde visite fut pour les enfants de Rose de Beauharnais : Eugène et Hortense, deux beaux adolescents. Je leur annonçai la libération imminente de leur mère. Fortuné me fit une fête d'aboiements.

J'avais envisagé de me réinstaller dans l'appartement de mon mari, en l'île Saint-Louis, mais l'immeuble était déclaré bien national et mis sous scellés. Cette superbe bâtisse était dans un état pitoyable : on avait arraché les chéneaux et les gouttières, ce qui donnait un aspect lépreux à la façade ; on avait défoncé portes et fenêtres, vandalisé et pillé l'intérieur, coupé les magnifiques arbres du parc envahi par une végétation sauvage.

En attendant de trouver un appartement, ce qui n'était pas une mince affaire, Tallien me proposa de loger chez sa mère, rue de la Perle. Cette perspective n'avait rien de réjouissant. Outre que j'avais quelque scrupule à déranger les habitudes de cette vieille dame, l'intérieur était inconfortable. Tallien s'en contentait ; j'avais d'autres exigences.

En attendant mieux, j'y passai quelques jours et couchai dans la chambre de Tallien qui se contentait d'un fauteuil et parfois frappait discrètement à ma porte.

Grâce au pécule que me confia Tallien et aux quelques louis qui me restaient, je choisis de loger à l'hôtel, en compagnie de Frenelle, Joseph demeurant à Fontenay pour s'occuper de mon fils et de ses grands-parents.

Je restai là une autre semaine, jusqu'au jour où Barras m'annonça, lors d'un repas au Méot, qu'il avait découvert ce que je souhaitais. Il avait vu juste : situé dans le quartier de Notre-Dame-de-Lorette, rue Saint-Georges, le meublé de quatre grandes pièces qu'il me proposa était relativement confortable, dans la mesure où je le considérais comme une halte provisoire.

— D'ici peu, me dit Tallien, tu seras logée comme une reine. J'en fais mon affaire. Tu seras surprise…

Il avait eu l'idée, que je jugeais saugrenue, d'acquérir une masure à l'extrémité d'une impasse, l'allée des Veuves, en souvenir des femmes qui avaient perdu leur mari dans la tourmente.

Je fis grise mine. Aux alentours, pas de châteaux, de castelets, de folies, mais des cabanes de maraîchers. Pas de trafics, de carrosses et de cabriolets, mais un va-et-vient de brouettes et de chars à banc. C'était la campagne ou peu s'en fallait. Seuls avantages : la proximité des Champs-Élysées et le calme champêtre.

J'eus un haut-le-cœur lorsque, un jour de novembre, Tallien me fit les honneurs de cette nouvelle résidence. Ce toit de chaume, cette longue façade disgracieuse, cet énorme acacia qui avait perdu ses feuilles, cette friche abusivement nommée « parc », n'avaient rien pour me réjouir, d'autant qu'il pleuvait à seaux.

Tallien ne parut pas surpris de ma déception. Il toqua à la porte avec sa canne. Elle s'ouvrit. Et alors…

Frenelle, que je ne m'attendais pas à trouver là, me fit une révérence, me débarrassa de mon manteau et de mon chapeau de pluie, et disparut avec un sourire complice. La porte de la salle à manger s'ouvrit dans un flot de lumière, sur une assistance d'une trentaine d'invités en tenue de soirée. Au centre de la pièce, sous un lustre à cent bougies, se déployait une vaste table qui semblait prête à crouler sous le poids de la vaisselle en porcelaine de Limoges, des verres en cristal d'Alsace et d'un énorme bouquet de roses. Un feu de bûches brûlait dans la cheminée à fronton armorié et répandait une odeur de forêt.

Il y avait dans l'assistance quelques amis de Tallien, pour la plupart avec leurs épouses ou leurs maîtresses : Barras, Fréron, Lacoste... J'eus la joie d'y retrouver Mme d'Aiguillon, Rose de Beauharnais, et une coquette de bonne compagnie, rencontrée aux Carmes, Fortunée Hamelin.

Je sautai au cou de Tallien.

— Tu es fou ! lui dis-je. Quelle surprise tu m'as faite là...

— Ce n'est encore rien, ma chérie. Je vais te montrer le reste de ta maison.

Ma chambre, lambrissée, ornée de quelques toiles de peintres d'Ancien Régime, dont un superbe Fragonard un peu coquin, était confortable et d'un goût parfait.

Somme toute, cette *Chaumière* (c'est le nom que Tallien lui avait donné) était (presque) un palais. Elle était conçue selon mes goûts, qu'il connaissait bien, sans rien qui pût me choquer. Deux autres chambres, pour les amis, avaient été aménagées avec le même souci de luxe et de confort.

Ce premier souper finit en médianoche.

On écarta la table pour ouvrir le bal. Tallien avait loué trois violons et un flûtiste. Je fus très courtisée par mes cavaliers, notamment Barras qui, au cours d'une *gaillarde*, me laissa entendre que j'étais son « type de femme » et que si, d'aventure, je me trouvais à passer devant son logis, il se ferait une joie de m'offrir le thé.

Nos invités repartirent peu avant l'aube, sous une pluie battante. On avait pris soin, pour préserver l'effet de surprise que l'on me réservait, de placer les voitures derrière une rangée de saules, au fond du jardin.

Le lendemain, je résiliai la location de mon meublé de la rue Saint-Georges et installai mes pénates à la Chaumière, où, ayant trouvé mon Trianon, je me plus d'emblée.

Le matin, en ouvrant ma fenêtre, une fraîcheur de rosée et l'odeur des potagers et des jardins pénétraient ma chambre. Je profitais à la fois de la ville et de la campagne, de l'animation des Champs-Élysées, à portée de voix, et du calme des potagers.

La fièvre qui agitait Paris aux lendemains de Thermidor avait fait place à une alacrité dont je percevais les frissons à la moindre de mes sorties. La Convention avait remisé la guillotine et mis Sanson en disponibilité. Privés du divertissement quotidien des exécutions, les Parisiens envahissaient les salles de spectacle, les cabarets, les restaurants et les guinguettes. On n'avait jamais autant dansé, mais c'étaient les bals des ventres creux et des bourses vides.

On aurait pu reprendre la boutade que la reine Marie-Antoinette avait lancée au peuple affamé : « Qu'il mange de la brioche ! », mais personne n'avait le goût de plaisanter sur la situation. On manquait de pain, qui était exécrable, et plus encore de brioche. Dans les théâtres, qui jouaient à guichet fermé presque chaque jour, on ne donnait plus les pièces de circonstance, antiesclavagistes et révolutionnaires, d'Olympe de Gouges, mais des bluettes qui ne risquaient pas de susciter des émeutes. Les comédiens emprisonnés par Robespierre avaient retrouvé leur scène et leur public.

Lorsque Tallien et moi faisions notre apparition, au Théâtre-Français, où une des meilleures loges nous était réservée, notre présence était annoncée, et le public venait moins pour assister au spectacle que pour nous voir et ovationner Notre-Dame de Thermidor et le vainqueur de Robespierre. Je ne m'en plaignais pas mais, à la longue, ces démonstrations passionnelles m'indisposaient. Tallien, au contraire, battait des ailes comme un coquelet et poussait volontiers son cocorico.

Je l'aimais bien, mon petit Tallien. Il m'avait sauvé deux fois la vie : au fort du Hâ, à Bordeaux, et à la prison des Carmes. Le sentiment de reconnaissance que je lui témoignais ne s'était jamais démenti, malgré sa tendance à jouer la grenouille de la fable.

Ce virtuose de l'opportunisme avait été l'un des plus ardents représentants du peuple en mission ; les circonstances et sa souplesse en avaient fait un modéré. Il avait été l'ami et le soutien de Robespierre, puis son adversaire et enfin son ennemi. Il y avait en lui une propension à hurler avec les loups ou à jouer les caméléons. Il était jeune, beau, disert et cultivé. Recherché par la meilleure société, ce fils d'un maître d'hôtel tenait son rang avec une aisance déconcertante.

Dans la joyeuse tourmente qui m'avait arrachée à la prison, je n'eus garde d'oublier Rose.

Elle n'avait pas quitté Paris et vivait dans un appartement modeste, rue de l'Université. Elle palliait ses problèmes d'argent par les maigres subsides que sa mère lui adressait de la Martinique, et des emprunts, dont j'étais la première à faire les frais, car, si elle ne manifestait aucune gêne à emprunter, elle se montrait discrète pour honorer ses dettes.

À peine sorti de prison pour être réintégré dans l'armée, le général Lazare Hoche, ami de Rose aux Carmes, avait écrit à son épouse, Adélaïde, qui vivait à Thionville, qu'il allait venir la rejoindre, à pied s'il le fallait, mais, après Thermidor, il avait retrouvé Rose et n'avait pas l'intention de quitter Paris de sitôt.

Entre eux, c'était le grand amour, du moins en apparence. Il m'avait avoué qu'il n'était attaché à elle que charnellement et qu'il ne se séparerait jamais de sa femme pour l'épouser.

J'avais suivi au jour le jour, aux Carmes, l'épanouissement de cette passion intense, insolite et boiteuse, que favorisait l'ambiance délétère de la prison. Elle était leur bouée de sauvetage aux abords du gouffre et un remède à l'angoisse des lendemains. Leur liberté retrouvée, il n'avait pas eu le courage de rompre.

Son mari ne se présentant pas à son domicile, malgré sa promesse, Adélaïde prit la poste afin de lui apporter ses effets militaires et ses armes. Elle ne tarda pas à comprendre ce qui retenait Lazare à Paris et lui fit des scènes qui transformèrent ce ménage à trois en enfer. Le seul moyen de dénouer cette situation était son affectation à un corps d'armée. Cela lui fut accordé. Il partit accompagné d'Eugène, le fils de Rose, à titre de jeune volontaire apprenti de camp, et le traita comme son fils. Il écrivit à sa maîtresse ; elle ne daigna pas lui répondre.

— Je n'ai rien contre Lazare, me dit-elle. Au contraire ! Mais je déteste écrire des lettres. Ça me fatigue et ça m'agace. Il sait que je l'aime et que je lui suis fidèle. Il devrait s'en contenter…

À la Chaumière, je recevais fréquemment Rose, Mme d'Aiguillon, qu'on appelait la Duchesse, et la petite Fortunée Hamelin.

M. d'Aiguillon avait été à la tête d'une des plus grandes fortunes du royaume et en avait gardé quelques résidus non négligeables grâce à son adhésion aux idées nouvelles. La Révolution lui avait fait tourner la tête, mais elle ne tournait plus pour sa femme, du fait qu'il était l'inverti exhibitionniste que Danton avait traité de « salope » dans la marche sur Versailles.

La Duchesse était un beau brin de femme un peu mollasson, libre de mœurs mais n'en abusant pas. Généreuse, elle cédait sans trop de réticence aux demandes d'argent de Rose, qui lui empruntait ses robes, parfois ses bijoux… et oubliait de les lui rendre.

Nous passions à la Chaumière des heures agréables. En buvant du thé ou du chocolat, nous évoquions les heures d'angoisse des Carmes, comme des vétérans leurs souvenirs de campagnes. Nos entretiens s'attardaient sur la mode féminine, que nous nous attachions à suivre et à inspirer.

Celle des femmes était alors *à l'antique* : tunique largement échancrée sur les côtés, abandon de la chemise, jeu luxurieux de transparence, cheveux coiffés *à la Titus, à la Cléopâtre, à la Diane* : courts, ondulés ou frisés… Cette mode respirait la liberté. La femme dépouillée de son carcan, émergeait comme d'un cocon et jouait les papillons.

Notre amie Fortunée Hamelin, franche libertine que les journalistes appelaient « le plus joli polisson de Paris », releva un jour un défi : aller à pied du Luxembourg aux Champs-Élysées, poitrine nue. Elle s'en tira avec, sur son passage, des sarcasmes, des menaces et des tentatives d'agression auxquelles elle n'échappa que parce qu'elle était escortée. Avec son visage rond d'adolescente attardée, sa chevelure brune en broussaille, sa bonne humeur, elle était la séduction incarnée, une image parfaite de la Merveilleuse.

Lorsque nous partions en voiture pour le bal, nous ne passions pas inaperçues.

Notre préféré était celui qui se donnait à l'hôtel de Richelieu, faubourg Montmartre. C'était du clinquant, du tape-à-l'œil, mais on y croisait du beau monde. Pour y être admis, il fallait montrer patte blanche. On y dansait sur une piste entourée de rochers lumineux et transparents. J'apparus le premier soir en tenue de Diane, robe courte, un sein découvert et pieds nus, *à la sauvage.* Pour dissimuler les morsures des rats ramenées de la Petite-Force, je lançai la mode des bagues aux orteils. On m'imita, disant que cela faisait « exotique ».

Rose nous entraîna au bal des Victimes, réservé en principe aux veuves de guillotinés. Il fallait, pour y avoir accès, attester de son état de veuve. Cette formalité ne rencontra aucun obstacle pour Rose ; elle nous fit entrer à sa suite.

C'était une sorte de carnaval à la fois étrange et burlesque. On se saluait en inclinant la tête, comme pour la présenter au bourreau, certains portaient au col un fil rouge destiné à rappeler le couperet, et tous se devaient d'arborer des vêtements et une allure lugubres. J'y laissai mes amies et me retirai.

De même, je refusai à Rose d'aller danser dans les jardins des Carmes, cette prison qui portait encore des traces des massacres de septembre et où nous avions passé des heures d'angoisse. Les mauvais souvenirs sont faits pour être oubliés.

Dans l'heureuse tourmente qui faisait alterner banquets, bals et spectacles en tous genres, la présence de Tallien, pris par la politique, s'estompait. Il n'allait pas tarder, d'un ton péremptoire, à se rappeler à moi.

— Thérésa, ma chérie, me dit-il, le moment est venu de mettre fin à la vie que nous menons !

Interloquée, je lui demandai s'il comptait se séparer de moi.

— Au contraire, dit-il : je songe à t'épouser. J'y songe depuis ta libération. Je veux te mettre la bague au doigt et qu'on t'appelle Mme Tallien !

Je compris qu'il craignait que je lui échappe tout à fait. Il me répéta qu'il m'aimait, que nous ne pouvions oublier les dangers et les épreuves que nous avions connus, à Bordeaux et à Paris, que tous ces liens du passé plaidaient pour un avenir serein. Je l'écoutai sans broncher, prise de court, encore que j'eusse déjà évoqué cette perspective avec la Duchesse.

Elle m'avait dit :

— Ma chérie, un mariage avec Tallien est ce qui peut t'arriver de mieux. Il est un des grands personnages du nouveau régime, une sorte de héros, un homme puissant. Avec lui, tu connaîtrais la gloire, les honneurs, la fortune... Je suis surprise qu'il ne t'ait pas informée plus tôt de cette décision qui semble logique.

J'avais écouté d'une oreille distraite ces propos de marieuse et les avais oubliés.

La gloire ? Notre-Dame de Thermidor était, disait-on, la plus belle femme de Paris, la « Vénus du Capitole » selon la future duchesse d'Abrantès. Les honneurs ? Nous étions, Tallien et moi, de toutes les réceptions. La fortune ? Je ne manquais de rien. Que pourrait bien m'apporter de plus un mariage avec un homme que j'aimais, certes, mais dont je supportais mal l'absence et les litanies sentimentales qu'il égrenait comme si nous nous connaissions depuis une semaine ? Quant à devenir mère de nouveau, cela ne me tentait guère.

Je temporisai en protestant que nous étions encore jeunes, qu'après nos épreuves nous devions profiter des plaisirs qui nous étaient offerts, que sa carrière devait compter avant tout... À part moi, je songeais à toutes les contraintes d'une vie de couple : restriction de la liberté et mouvements de jalousie. Notre situation présente avait un avantage : pouvoir nous séparer sans formalités, s'il me subordonnait à ses ambitions politiques ou si le hasard me faisait croiser l'homme de ma vie. Je sentais que la comète qu'il avait été ne tarderait pas à perdre son éclat.

Malgré mes secrètes réticences, Tallien parvint à me convaincre et s'empressa d'aller pousser son cocorico jusqu'à la tribune de la Convention, comme si le sort du pays n'eût tenu qu'à cette décision.

— Je me devais, déclara-t-il, à l'amitié et à la reconnaissance d'unir mon sort à celui d'une femme intéressante et patriote (!), qui a vu le glaive de la proscription suspendu sur sa tête...

Et caetera.

Il parlait de l'amitié, de la reconnaissance. Et l'amour, donc ? La pudeur lui avait-elle interdit cette confidence ? Je lui en fis le reproche. Il me répondit d'un air embarrassé qu'il n'avait parlé que de la citoyenne et que nos rapports intimes ne regardaient que nous, ce dont je dus convenir.

Je ne lui en voulus pas d'avoir choisi le régime de la séparation des biens. Les miens se résumaient à peu de chose : une rente que je tenais de mon père, qui, libéré, avait retrouvé ses activités, et quelques biens immobiliers ; les siens ne valaient guère mieux : son traitement de conventionnel, de chiches économies, une bibliothèque bien pourvue en livres rares...

La pension que devait me verser à vie mon ex-mari, Devin de Fontenay, avait passé à la trappe. Je n'avais plus de nouvelles de lui depuis longtemps et n'envisageais pas de poursuites. Je me contentais de l'imaginer vivant dans une belle maison coloniale à colonnades, au milieu de ses nègres, marié peut-être. Je le soupçonnais d'être l'auteur du pillage de notre intérieur de l'île Saint-Louis, alors qu'à Bordeaux, avant son départ, cet hypocrite criait misère et avait accepté mes bijoux !

Il y avait une autre raison à l'acceptation de ce mariage : j'étais enceinte. Il eut lieu dans le temps de Noël, sans faste, en présence de nos seuls amis. Notre-Dame de Thermidor devenait Mme Tallien et acquérait ainsi une nouvelle respectabilité.

Je passai le temps de ma grossesse tantôt à Fontenay quand la fatigue se faisait sentir, le plus souvent à la Chaumière. Tallien tenta de m'imposer la présence de sa mère, mais je refusai pour ne pas avoir sur mes talons cette brave femme, dévouée mais un peu niaise.

Je me plaisais de plus en plus dans cette demeure que j'avais améliorée dans le style pompéien à la mode et dont j'avais fait du jardin un vrai parc. Je fis décorer l'intérieur de scènes homériques et de colonnes encastrées, à fil d'or. J'appris que cette maison avait appartenu à une actrice célèbre pour son talent et ses mœurs libertines, Françoise Raucourt.

C'est là que j'accouchai, au mois de mai, d'une fille que Tallien tint à affubler du prénom ridicule de Thermidor, auquel j'ajoutai celui de Rose, pour témoigner de mon attachement à la belle créole, sa marraine.

Mon époux me revint un soir dans un état de surexcitation inhabituel.

— La situation s'aggrave, me dit-il en plongeant dans un fauteuil. Nous sommes au bord de l'insurrection ! Des délégations du Finistère et de l'Observatoire ont interrompu la séance de l'Assemblée, alors que nous proposions des mesures capables de revaloriser les assignats dont le cours, tu le sais, est tombé au plus bas. La foule les a suivis en réclamant du pain. Nous n'avons pu rétablir le calme qu'en annonçant de prochains envois de farine.

Il réclama un verre de limon frais que Frenelle lui servit, avant d'ajouter :

— Des émeutes ont éclaté faubourg Saint-Marceau, et des boutiques ont été pillées. Les émeutiers ont menacé de marcher en armes sur la Convention.

— Qu'a fait la Garde nationale ?

— Elle est restée l'arme au pied, heureusement, sinon il y aurait eu des morts, mais je crains une insurrection généralisée.

— Comment en sommes-nous arrivés là ?

Il avala son verre de limon, se leva et se mit à tourner autour de la table en la frappant avec sa canne.

— Comment ? Je vais te le dire ! Par la faute des accapareurs de subsistances, des agioteurs, des banquiers véreux, des usuriers, cette gangrène ! On s'est empressé de remiser la guillotine. On a eu tort !

— Tallien ! Comment peux-tu...

— Pardonne-moi de m'être emporté. La faute en est aussi au désordre qui a suivi le changement de régime. On a cru que l'âge d'or était arrivé. On a dépensé et consommé sans tenir compte des conséquences. Aujourd'hui, nous sommes dans un tunnel dont on ne voit pas la fin. On nous annonce de bonnes récoltes en blé, mais les grands propriétaires vont les entreposer et entretenir la disette pour faire monter les prix. Ils refusent d'être payés en assignats. Ils veulent de l'or et notre trésor est presque vide. C'est pire pour le peuple. Dans les poches de ces malheureux, artisans et ouvriers, on ne trouverait que des assignats dévalués, cette monnaie de singe, et un mouchoir pour pleurer !

D'autres émeutes de la faim allaient se produire les jours suivants, la plupart menées par des femmes. Avec par jour une livre d'un mauvais pain national, elles ne pouvaient faire subsister leur famille. Parfois la ration tombait à une demi-livre, autant dire rien. On fit distribuer du riz, mais on manquait de combustible pour le préparer.

Le 20 mai 1795, à l'aube, le tocsin retentit dans les faubourgs, portant des foules affamées devant la Convention. Par leur ampleur et leur violence, on redouta que ces menées ne provoquent un soulèvement général. On entendit même des femmes crier : « Nous voulons un roi ! »

Le député Féraud, qui tentait d'interdire l'entrée de l'Assemblée, fut pris à partie, battu à mort, décapité, et sa tête fut présentée à la pointe d'une pique au président. Il ôta son chapeau pour la saluer.

On dut cette fois faire appel à la Garde nationale. Elle refusa de faire parler la poudre mais procéda à l'arrestation d'une trentaine de meneurs qui furent condamnés à la guillotine. Des députés de la Montagne qui s'étaient joints à eux se suicidèrent pour échapper au supplice.

Le vent de la Terreur semblait de nouveau souffler sur la ville. Quatre députés accusés de sédition : Billaud-Varenne, Barère, Collot d'Herbois, Vadier, furent condamnés à la « guillotine sèche » : la déportation en Guyane, ce qui ne valait guère mieux que l'échafaud.

Pour défendre la Convention contre ces poussées de fièvre, les autorités avaient le concours d'une catégorie d'énergumènes engendrés par Thermidor : les Muscadins, autrement appelés Incroyables.

Reliquat de l'Ancien Régime, ennemis des « buveurs de sang de la Terreur », ils se reconnaissaient à leur tenue excentrique : habit carré à collet noir, gilet court, cravate verte, perruque blonde… Ils vaquaient par bandes en chantant *Le Réveil du peuple*. Armés d'un gourdin plombé qu'ils appelaient le « pouvoir exécutif », ils se livraient à des agressions gratuites sur d'innocents promeneurs et à des actions de masse. Ils se recrutaient pour la plupart dans l'aristocratie et la bourgeoisie et comptaient réveiller le peuple pour mieux l'asservir, comme par le passé.

On a tenté, abusivement, de mettre en parallèle Muscadins et Merveilleuses, ces femmes dont j'étais, provocatrices par leur tenue mais non agressives et qui refusaient de s'inclure à cette jeunesse dorée à laquelle je ne vouais pour ma part qu'exécration.

Un matin, Rose fit irruption à la Chaumière, dans un état proche de la catalepsie. Elle balbutia entre deux hoquets :

— Hoche… Mon Lazare… Il a été désigné pour aller se battre en Bretagne, contre les Anglais.

— Que me dis-tu là ? Les Anglais en Bretagne ?

— Les Anglais, oui, avec des royalistes émigrés.

Je n'ignorais pas que Lazare Hoche avait étouffé la sédition de Vendée, mais qu'il dût se battre en Bretagne contre les tuniques rouges me surprenait, d'autant qu'il ne semblait pas qu'il pût s'agir d'un simple coup de main : on attendait une flotte importante et une armée.

À quelques heures de là, Tallien m'annonça qu'il allait partir une semaine ou deux pour une mission en Bretagne, à titre de représentant, en compagnie du député du Finistère, Claude Brad, et de Rouget de l'Isle, pour veiller au bon déroulement des opérations.

Je me fâchai.

— Refuse de partir, lui dis-je, c'est un piège dont tu auras du mal à te dépêtrer. Tu n'es pas fait pour ce genre de mission. Tu risques d'y perdre ta réputation et même ta vie.

— La Convention m'a désigné. Je ne puis me dérober sans être accusé de lâcheté. Mon devoir…

— Ton devoir est avant tout de rester ici, près de moi et de ta fille. Pars donc ! Tu ne me retrouveras pas à ton retour.

Il haussa les épaules et demanda à Frenelle de lui amener Thermidor. Il la prit dans ses bras, baisa ses menottes, ses joues pommelées, la rendit à Frenelle et repartit après m'avoir baisé au front, sans un mot de plus.

Je l'attendais pour le souper. Il ne revint pas et ne daigna pas me prévenir de son absence. J'appris par Barras, venu me rendre visite le lendemain, que mon époux venait de quitter Paris. Il était accompagné de Rose, sa nouvelle maîtresse, qu'il consolait de l'absence de Hoche.

— Rassurez-vous, me dit-il, il ne tardera pas à revenir. Hoche va écraser cette expédition en quelques heures. D'ailleurs votre époux n'aura pas à prendre les armes. Il ne sera sur place qu'à titre d'observateur.

Le soir même, j'écrivis à Tallien une lettre sévère.

Outre que je lui reprochais amèrement son départ précipité, je le prévenais du danger qu'il courait. Comment ne voyait-il pas qu'on voulait le perdre, que cette mission était une vengeance de ses adversaires de la Convention, jaloux d'une notoriété qu'ils jugeaient imméritée ? J'ajoutais :

« Allez-vous devenir le bourreau officiel des malheureux

émigrés dont vous avez sauvé les familles le 9 thermidor ? Ne ternissez pas votre gloire... Je ne vous demande qu'une chose : ne soyez pas un assassin... Renoncez à cette mission s'il n'est pas trop tard ! »

Au cours de la nuit du 20 au 21 juillet, prise dans la presqu'île de Quiberon comme dans une nasse, l'expédition fut anéantie. La bataille avait laissé sur le terrain des centaines de morts, de blessés et de noyés, tous ou presque des Français, les Anglais, restés à bord des navires, s'étant bien gardés d'intervenir. Le général Humbert ayant promis la vie sauve aux prisonniers, Hoche s'en était tenu à cet ordre. Conduits à Auray par une commission militaire, ils avaient été fusillés.

Hoche s'était emparé de vingt mille fusils, de cinquante mille paires de chaussures, de vivres, et de dix milliards en faux assignats. Tallien avait reçu la reddition d'un des chefs de l'expédition, le marquis de Sombreuil, et lui avait rendu son sabre, un geste qui n'avait pas évité au vaincu le peloton d'exécution.

J'avais été tenue au courant de cette tragédie, au jour le jour, par un ami de Tallien, Jean-Denis Lanjuinais.

Avocat et professeur de droit, il avait dû se cacher à Rennes, sa ville natale, pour échapper à la rafle des Girondins. Il m'apprit qu'en l'absence de Tallien ses adversaires s'étaient livrés lâchement à des attaques contre lui, disant que seule sa fibre royaliste l'avait déterminé à abattre Robespierre ! Ils ajoutaient fielleusement qu'il espionnait pour le compte du ministre anglais William Pitt et n'avait accepté sa mission en Bretagne que dans l'espoir d'un succès de l'expédition. Ils poussaient leurs calomnies jusqu'à prétendre qu'il émargeait à la cassette du roi d'Espagne !

— Rassurez-vous, me dit Lanjuinais. Dès son retour, votre époux fera litière de ces ragots de bas étage. Il a suffisamment d'éloquence pour s'en défendre.

Le 28 juillet, jour anniversaire de la chute de Robespierre – pure coïncidence –, Tallien était de retour à Paris. Ce n'est pas à moi qu'il réserva sa première visite, mais à la Convention.

Lanjuinais me tendit un journal en me disant :

— Lisez donc, madame ! Ceux qui attendaient un discours de clémence envers ces malheureux émigrés trompés par Londres en seront pour leurs frais.

Je me portai vers une fenêtre et lus la relation de ce fameux discours que je jugeai prétentieux et ampoulé :

« Courbé sous le faix ignominieux des vaisseaux d'Albion, l'Océan a vu ses légitimes dominateurs reprendre sur ses bords l'attitude qui leur est naturelle : celle de la victoire. Il a tressailli devant nos héros armés pour la vengeance, guidés par l'enthousiasme de la République, poursuivant au sein des flots qui les ont rejetés sous le glaive de la loi, le vil ramas de complices stipendiés de Pitt. Ils ont osé remettre le pied sur la terre natale. Elle les dévorera... »

La feuille me tomba des mains. Ce charabia exécrable n'était qu'une pâte mal cuite. En reprenant le fil de ma lecture, j'appris qu'après avoir déclaré que la loi contre les traîtres serait appliquée, il demandait une mesure de clémence contre les vaincus. Il n'avait pas été suivi : à Auray, la commission militaire avait fait exécuter sept cent quarante-huit victimes. Je redoutai qu'on imputât à l'incurie de Tallien ce massacre qui rappelait les plus sombres jours de la Terreur.

Cette crainte n'allait pas tarder à se confirmer.

Tallien était-il responsable de cet acte de barbarie qui allait lui valoir à la fois les attaques de ses alliés de Thermidor et la haine des aristocrates ? Il s'en défendit avec acharnement, mais le piège dont je l'avais averti s'était bel et bien refermé sur lui.

— On aurait tort de l'accabler, me dit Lanjuinais. Imaginez la défaite du général Hoche : c'eût été l'ouverture d'un nouveau front et peut-être le début d'une invasion. Avec sa perfidie habituelle, Pitt a tiré les marrons du feu.

Il ajouta un détail qui me choqua :

— Les émigrés ont eu le tort, qui leur sera reproché, d'avoir combattu sous l'uniforme anglais...

Au soir de son intervention, sans m'en prévenir, Tallien avait décidé de réunir à la Chaumière ses amis et alliés pour fêter, non la victoire de Quiberon, mais l'anniversaire de Thermidor. Le repas fut spartiate et l'ambiance crispée, malgré les santés à la chaîne. Lorsque les invités, à moitié ivres, levèrent leur verre à Notre-Dame de Thermidor, je répondis :

— Je bois à l'oubli des erreurs, au pardon des injures, à la réconciliation de tous les Français !

Ce soir-là, lorsque Tallien, parfaitement ivre de louanges et de champagne, tenta de forcer la porte de ma chambre, je refusai de me donner à lui. Je lui dis en prenant le petit déjeuner sous la tonnelle :

— J'aurais dû proposer de te suivre, mais je suppose que tu aurais refusé.

— En effet, me répondit-il. Ce n'était pas la place d'une femme. D'ailleurs tu ne m'aurais été d'aucune utilité.

— Crois-tu ? Eh bien je suis persuadée, moi, que, si j'étais intervenue, le massacre d'Auray n'aurait pas eu lieu.

— Toi, t'opposer à la décision d'une commission militaire ? Tu plaisantes ?

— Nullement. Tu ignores ce dont une femme comme moi est capable.

— Oh si, je le sais ! Tu te serais laissé fusiller avec les émigrés. Tu aurais alors mérité un autre titre : Notre-Dame de Quiberon !

Comme je l'avais redouté, le navire Tallien donnait de la gîte et prenait l'eau par chaque bord. Un député, Thibaudeau, l'attaqua violemment à la Convention.

— Tallien, dit-il, compare ce que tu es avec ce que tu fus. Tu vivais dans l'indigence. Tu es aujourd'hui gorgé de richesse. Tu as jeté le masque à tous les tournants de la Révolution. Je te dénonce comme le responsable des troubles et des dissensions qui nous accablent. Je dénonce tes complots, toi qui t'es fait l'apologiste des massacres de septembre ! Je vous accuse, toi et ton complice Fréron, d'avoir organisé et armé ces énergumènes furieux qui prétendent nous imposer leur loi : les Muscadins !

Devant l'apathie singulière de Tallien, Barras tenta de le défendre. Il lança à Thibaudeau :

— Qu'as-tu fait, toi, pour abattre Robespierre ?

Écartant cette question embarrassante, Thibaudeau se contenta de rugir :

— Tallien, je t'accuse d'être vendu aux Anglais ! C'est en grande partie l'origine de ta richesse !

Tallien se défendit mal, comme s'il se sentait coupable de ces allégations calomnieuses. Au dire de Barras, il était ivre et avait du mal à s'exprimer. Il avait, me dit-il, fait cette confession pitoyable :

— Il est vrai qu'au début de la Révolution j'étais quasiment misérable. Lorsque mon père est mort, j'ai laissé sa succession à ma mère. C'était à vrai dire peu de chose. Je déclare n'avoir aujourd'hui d'autre richesse que ma bibliothèque. Je te la lègue, Thibaudeau ! Je ne vis que grâce à mon traitement et aux revenus de ma femme, à qui son père, monsieur Cabarrus, a constitué une pension de cinq cents livres en numéraire, et à la vente de quelques-uns de ses biens immobiliers...

Je dois convenir que Tallien n'a jamais profité de sa notoriété pour s'enrichir et se suffisait pour vivre de son traitement. Il s'est toujours défendu, et je le crois sincère, d'avoir monnayé ses faveurs aux condamnés, à Bordeaux comme à Paris. C'était dans sa nature. S'il s'était enrichi par des manœuvres illégales, j'aurais été la première à m'en apercevoir. Certes, nous menions un bon train de vie, mais cela ne tenait qu'à mes ressources, et d'ailleurs tout l'argent dont nous disposions passait en fêtes, en réceptions, en toilettes et en générosités envers mes amies, à commencer par Rose. Qui aurait pu nous en tenir rigueur ?

2

« *Mio dolce amore…* »

Un jour, au début d'octobre 1795, Tallien arriva à la Chaumière flanqué de Barras et d'un jeune officier de piètre allure, qu'il me présenta d'un ton emphatique :

— Général de brigade Napoleone Bonaparte, le héros de Toulon, la gloire de nos armées !

Bonaparte s'inclina avec un sourire crispé et me baisa la main. Il était maigre comme un fagot d'olivier et le teint jaunâtre ; ses cheveux raides, en oreilles de chien, lui tombaient sur les joues. Son uniforme paraissait avoir été piétiné par des chevaux.

À Toulon, après qu'il eut arraché la ville aux Anglais et aux royalistes insurgés, il avait vu son étoile monter au zénith. Elle avait disparu derrière un nuage lorsque Robespierre lui avait confié un commandement en Vendée. Le Comité de Salut public l'ayant mis en disponibilité, il piaffait d'impatience et de colère.

— Nous avons, dit Tallien, à parler de choses importantes dans mon cabinet. Cela prendra quelques heures. Veille à ce que l'on ne nous dérange pas. Tu nous feras servir le thé à cinq heures par Frenelle, et fais en sorte qu'elle n'écoute pas à la porte, selon son habitude.

À quoi rimaient ces précautions mystérieuses ? Allaient-ils fomenter un complot ? La réponse me vint le lendemain, 6 octobre 1795 (14 vendémiaire, an IV), par les journaux que m'apportait Lanjuinais.

Les jours précédents, les Muscadins et tout ce que la

population comptait d'aristocrates, avaient multiplié les manifestations hostiles au régime thermidorien. Ils étaient nombreux et armés, ce qui pouvait laisser craindre une insurrection massive débouchant sur une guerre civile.

Le but de la réunion de la veille était de demander au général corse de prendre la tête des forces destinées à étouffer la sédition. Il n'en avait rien filtré, mais la suite allait montrer qu'ils avaient sauvé la République.

Au cours de mes sorties quotidiennes dans Paris, j'avais pu mesurer l'importance et la violence de la réaction royaliste, notamment à la nouvelle de la mort du dauphin à la prison du Temple. Mon cabriolet avait été arrêté par un groupe de Muscadins qui, en brandissant leurs gourdins, m'avaient fait mettre pied à terre et m'avaient demandé de chanter avec eux un refrain de leur chant de guerre, *Le Réveil du peuple* :

Peuple français, peuple de frères,
Peux-tu voir sans frémir d'horreur
Le crime arborer les bannières
Du carnage et de la terreur ?

J'avais refusé d'obtempérer. Comme ils menaçaient de prendre la voiture d'assaut, je criai à Joseph de décamper au plus vite. Deux Muscadins qui s'étaient accrochés à ma portière chutèrent et passèrent sous les roues, ce qui nous attira des invectives :

— C'est la Tallien !

— Sus à Notre-Dame-de-Septembre !

— À la lanterne !

Revenue moite d'émotion à la Chaumière, j'étais persuadée qu'une nouvelle révolution couvait et que j'avais à redouter une attaque de mon domicile, du fait que j'avais été reconnue. Tallien m'avait rassurée.

— Il ne s'agit pas d'une révolution mais d'une poussée de fièvre. Elle aura passé dans quelques jours, je t'en donne l'assurance. La Convention est disposée à employer les grands moyens.

Il me confia que, pour réprimer ces manœuvres insurrectionnelles, on avait songé au général Menou. Mauvais choix : il avait, en Vendée, par manque d'énergie, subi des défaites qui avaient failli le conduire à la guillotine. On avait préféré confier cette répression à des officiers de grande valeur, comme Brune, Murat et Bonaparte. Barras devait assurer le commandement général.

L'idée des insurgés, au nombre de vingt mille environ, était d'investir la Convention et de la contraindre, sous la menace des armes et du nombre, à abdiquer. Cette petite armée se mit en marche en colonnes serrées, précédée de tambours prêts à battre la charge. Arrivés devant l'église Saint-Roch, rue Saint-Honoré, ils avaient trouvé en face d'eux les canons que Murat avait ramenés en hâte de la plaine des Sablons et les soldats de Bonaparte.

Après plusieurs décharges d'artillerie, les insurgés s'étaient débandés en laissant sur les marches et la chaussée deux cents tués ou blessés. On poursuivit les fuyards jusque dans les théâtres d'où on les avait délogés à la baïonnette. Les chefs que l'on avait capturés avaient été passés par les armes.

Pour Bonaparte, c'était la consécration d'une carrière qui avait brillamment débuté au siège de Toulon. Devenu général de division, son regard d'aigle accusant ses ambitions, il semblait armé pour de nouvelles ambitions et prêt pour de nouvelles conquêtes.

Il allait nous surprendre.

Bonaparte avait semblé, dès sa première visite, se plaire à la Chaumière. Il en devint très vite un familier, d'autant qu'il répondait à mes louanges sur le ton du marivaudage et me couvait des yeux au cours des repas.

Il s'était déridé au contact de notre cercle d'amis. Fréquemment invité ou s'invitant sans façon, il participait à nos conversations, à nos jeux, et nous lisait les lignes de la main avec délectation. Rose fondit en larmes lorsque le devin lut dans sa paume le destin néfaste de son grand amour, Bonaparte lui ayant prédit qu'il mourrait jeune. Hoche ne fit qu'en rire. Il eut tort. Deux ans plus tard, dans son quartier général de Wetzlar, au cœur de l'Allemagne, il succomba à un mal de poitrine. Il avait moins de trente ans.

Au cours de ces soirées, Bonaparte me donnait l'impression de chercher avec quelle femme partager sa gloire naissante. On ne lui connaissait qu'une idylle : celle qu'il avait menée avec la fille d'un fabricant de savon de Marseille, Désirée Clary, mais, passé les fiançailles, la rupture avait été brutale.

Il me plongea dans l'embarras, un soir où, en l'absence de Tallien, il me convia à une promenade dans le parc, à la nuit tombante, malgré la fraîcheur d'octobre. Je jetai un fichu sur mes épaules et le suivis. Il me fit asseoir sur un banc de la tonnelle, me prit la main et me dit :

— Thérésa, je vous dois une confidence : je rêve sans cesse de vous, le jour et la nuit. Je vous aime. Vous faites mine de l'ignorer, mais cela n'a pu vous échapper.

Par sa banalité et sa maladresse, débitée avec le rude accent corse et des hésitations de timide, cette déclaration me donna envie de rire. Comment faire comprendre à cet officier mal fagoté et au physique ingrat que je n'éprouvais aucune attirance pour lui ? Je lui expliquai que mon mari était jaloux, violent et toujours sur le qui-vive. Cette objection ne parut pas le décourager. Il réitéra sa demande avec une telle insistance que je le rabrouai. Il répliqua avec humeur que je faisais moins de manières avec d'autres hommes, *dont Barras* !

Piquée de cette insolence, je me levai, lui tournai le dos et le laissai en plan.

Il en fallait bien davantage pour le décourager. À quelques jours de là, pour conforter ses tentatives de séduction, il m'offrit un exemplaire de son roman : *Clisson et Eugénie,* qui faisait suite au *Souper de Beaucaire.* Je le parcourus ; il me fit bâiller. Bonaparte avait davantage de dispositions pour la guerre que pour la littérature. Je ne lui épargnai pas mes critiques ; il s'en vexa et passa des jours sans m'adresser la parole, ce dont je me moquais.

Il me faisait pitié, avec sa mine longue et sèche, son teint bilieux, ses cheveux gras qui constellaient ses épaules de pellicules, sa bouche en coup de sabre et son uniforme indigne d'un général.

Je lui dis, à l'issue d'un souper :

— Mon ami, je vais vous donner une lettre pour l'ordonnateur de fournitures militaires, Lefeuvre, un ami de Tallien. Il pourvoira à votre tenue. Pardonnez ma franchise, mais celle que vous portez est indigne de votre condition.

La semaine suivante, il me revint radieux, dans un uniforme flambant neuf, aux larges épaules. Je crus l'avoir vexé une fois de plus en lui lançant d'un ton légèrement ironique :

— Eh bien, général, vous les avez enfin, vos culottes !

Loin de me remercier de mes bons offices, il fit la grimace. En se retirant, il s'abstint de m'adresser la parole et de m'embrasser dans la saignée du coude, comme il le faisait d'ordinaire, même en présence de Tallien, que cet empressement amusait.

Discrètement, je manœuvrai pour le pousser vers Rose. Le départ du général Hoche aux armées l'avait jetée dans les bras de Barras. Il avait savouré ce beau fruit exotique puis l'avait rejeté. Elle était libre. Qu'il en profite et il n'aurait pas à le regretter : Rose était encore une femme séduisante et d'un commerce agréable. Je lui prêtai une fortune qu'elle était loin de posséder et fis miroiter à ses yeux des images de plantations, avant de conclure :

— Mon cher Napoleone, c'est la compagne qu'il vous faut.

Il lui fit une cour timide, puis insistante, mordit à l'hameçon et n'eut pas à accomplir des prodiges de stratégie pour investir cette citadelle : elle était à prendre et se donna.

Madame d'Aiguillon. Paris, 1795-1796

Lente, discrète mais inexorable, la mésentente entre Thérésa et cet olibrius de Tallien se précisait avec plus d'intensité à chacune de nos rencontres. Ne m'en eût-elle pas fait la confidence, cela n'aurait pu m'échapper.

Pauvre Jean-Lambert Tallien... Ses amis et alliés de la veille à la Convention se déchaînaient contre lui, le plus souvent poussés par la jalousie. Pierre-Joseph Cambon, élu du Languedoc, s'était attaché à ses basques comme un roquet et ne le lâchait plus. Le jour où Tallien, en sortant d'un cabaret, faillit être victime d'un attentat, il se dit que cet événement allait lui valoir un regain de popularité. Il n'en fut rien. L'incident fut vite oublié, d'autant qu'on soupçonna la victime de l'avoir sciemment organisé.

J'avais surpris une violente dispute entre lui et Thérésa. Elle lui reprochait sa mollesse et son goût pour les boissons fortes, lui des dépenses jugées extravagantes pour ses toilettes, ses réceptions, et son comportement avec les hommes, pour la plupart des royalistes.

Elle lui avait répondu :

— Si c'est une séparation que tu souhaites, dis-le franchement ! Je n'y ferai aucun obstacle.

Comme touché au vif, il avait battu en retraite. Son drame : l'amour qu'il portait encore à sa femme et la jalousie qui l'obsédait. Quant à Thérésa, elle ne ressentait pour lui qu'une indifférence mêlée de mépris.

C'est ce qu'elle me confirma.

— Que voulez-vous ? Nous ne sommes plus liés que par le souvenir de nos épreuves. On ne fait pas du bonheur avec du malheur. Ses qualités l'ont abandonné. Que sont devenus le courage, la prestance, l'ambition que j'avais aimés chez lui ? Il n'était rien au début de la Révolution. Il en sera de même bientôt, je le crains. Il n'est déjà qu'un fantôme auquel s'attache encore un peu de vie.

Dans les reproches qu'il lui faisait de ses relations masculines, Tallien n'avait pas tort. Barras était un personnage séduisant, populaire, sur lequel on comptait pour ramener l'ordre dans Paris, après qu'il eut donné la mesure de son énergie lors de la journée de vendémiaire qui avait mis fin à l'insurrection royaliste. Thérésa avait été sensible à cette renommée. L'amitié qu'il vouait au couple allait bientôt prendre le chemin de l'amour.

Le ci-devant vicomte Paul François de Barras était l'aîné de Thérésa de plus de vingt ans. Adolescent, il avait servi aux Indes, puis, alors que grondait la Révolution, il avait trouvé refuge dans son domaine de Provence. Député du Var aux États généraux, il avait voté la mort du roi, participé au siège de Toulon où il s'était enrichi par des malversations. Devenu l'ennemi de Robespierre, qui lui reprochait une fortune acquise illégalement, il s'était trouvé au côté de Tallien pour le renverser. Chef des Thermidoriens, il était l'idole de Paris.

C'était un homme de belle taille, au masque de César, austère mais raffiné, porté sur les conquêtes féminines et la chasse. Il collectionnait les maîtresses et les chiens. Dans son château du Val de Marne, Grosbois, il entretenait un harem et une meute. Souhaitant oublier son titre de noblesse, il n'aspirait qu'à celui de général. Il en avait la compétence.

Lui à Paris, son épouse en Provence, on aurait pu douter qu'il fût marié, mais cette situation, comme il me le confirma, était convenue, et ni l'un ni l'autre ne paraissaient s'en plaindre.

Sa dernière favorite avait été mon amie Rose de Beauharnais. Il avait loué à son intention, à Croissy-sur-Seine, une folie où ils avaient mené grand train pendant quelques mois. Je puis en témoigner pour y avoir été invitée, de même que Thérésa. Nous jouions à revêtir, elle et moi, les mêmes toilettes, de sorte qu'on nous prenait pour des sœurs.

J'avais déjà, alors que les relations de Barras avec Rose semblaient stables, ce qu'elles étaient loin d'être, observé les marques d'intérêt qu'il manifestait à Thérésa, auxquelles cette créature frivole n'eut garde de se dérober. On dit même, mais je n'en eus pas la confidence, que le satrape ne se privait pas de les honorer l'une et l'autre dans le même lit.

Après une bamboche à Croissy, Barras s'ouvrit à moi de ses amours.

— Duchesse, me dit-il, je vous dois une confidence : je commence à me lasser de Rose. Outre qu'elle a perdu de sa fraîcheur et de son charme de créole, elle est naïve, sotte et m'excède par ses demandes d'argent. Toute conversation avec elle sur des sujets sérieux tourne court. Elle ne manifeste aucun intérêt pour les arts, la culture et la politique. Elle n'a de goût que pour la mode et le vaudeville.

Naïve que je suis moi-même, je crus qu'il allait me proposer de prendre la succession de celle qui était encore mon amie. Je compris que je me trompais quand il ajouta :

— Je ne vous cache pas que je suis obsédé depuis peu par Thérésa. Outre qu'elle est une des plus belles femmes de Paris, elle est intelligente, cultivée, spirituelle, et se passionne pour la philosophie et la politique.

— Eh bien ! mon ami, faites-lui votre cour.

Il parut embarrassé.

— Certes… Certes… J'y ai songé, mais Tallien est mon ami. Cela paralyse mon projet.

Ce scrupule n'allait pas tarder à voler en éclats. Rose ne prit pas ombrage de la trahison de son amant. Elle peinait à en tirer des subsides, et avait un nouveau prétendant : le petit général corse. Elle ne ressentait aucune passion pour lui mais il mit tant d'empressement à la séduire qu'elle ne lui refusa pas sa main. Lui ou un autre, pourvu qu'elle fût à l'abri du besoin… Veuve avec deux enfants, impécunieuse permanente, sur le déclin, la trentaine passée, elle ne pouvait guère se montrer difficile, d'autant qu'on prédisait à Bonaparte un bel avenir.

Le mariage eut lieu le 9 mars 1796, dans un hôtel particulier faisant office de bureau d'état civil. Bonaparte se fit attendre deux heures en raison des préparatifs de sa campagne d'Italie.

Il quitta Paris deux jours après la cérémonie, en disant à Rose qu'il remettait à plus tard leurs effusions. Il l'avait décidée à renoncer à ce prénom qu'il jugeait galvaudé : Rose, pour adopter le second, Joséphine.

L'amour… la guerre… Bonaparte allait vivre dans l'angoisse cette dualité et Joséphine dans l'indifférence.

C'est quelques semaines plus tard que Barras s'ouvrit à Thérésa des sentiments qu'elle lui inspirait et de son souhait d'en faire sa nouvelle favorite. Il ne fut pas long à la convaincre.

Ce fut entre eux une histoire d'amour suave, délicate et déliée comme une pavane. Je la percevais en filigrane dans les confidences que je recevais de part et d'autre et qui me ravissaient.

Informé de la trahison de sa femme, mais sans en posséder la preuve formelle, Tallien écumait de rage, d'autant que les gazettes ne se privaient pas de broder sur cette aventure et de prévoir une séparation ou même un divorce. Un de ces plumitifs écrivit : « Mme Tallien est brouillée avec son mari et menace de le quitter… »

Un matin, je trouvai ma compagne alitée et morose. Elle me dit d'une voix enchifrenée :

— Je me suis enrhumée, et je crains que cela ne tourne en bronchite. Mais aussi, quelle idée d'être allée avec Barras me promener en tenue légère, pour ainsi dire à moitié nue, au bois de Boulogne, alors que la pluie menaçait ! Il m'a fait boire du vin chaud dans un cabaret, mais le mal était fait. Pauvre de moi ! J'ai de la fièvre, une voix de rogomme, et mon nez coule comme une fontaine...

— Je t'avais prévenue, ma chérie. Ces excentricités, ces concours de nudité, peuvent se concevoir à la belle saison. En automne, c'est une provocation ridicule et dangereuse. Quand serez-vous raisonnables, toi et Fortunée ?

— Jamais, je le crains, mais que veux-tu : il est si agréable de se promener sans chemise et de montrer ses charmes. Il est vrai que, pour la mode à l'antique, le climat de Rome et de la Grèce conviendrait mieux que le nôtre. Tu as échappé à ces folies, toi, la plus raisonnable.

Elle soupira en me montrant les journaux du matin, apportés par le fidèle Lanjuinais, qu'elle récompensait d'un baiser à chacune de ses visites quasi quotidiennes, en lui permettant, les jours où elle était de bonne humeur, d'innocentes privautés.

— Je vais réagir contre ces calomnies et ces fausses nouvelles, me dit-elle. Encore ce matin, tiens ! *La Gazette nationale* m'apprend que je m'apprête à partir pour l'Espagne après ma séparation d'avec mon mari. Trop c'est trop ! J'admets que ces gens s'intéressent à ma vie privée, mais pas au point de me harceler et de raconter des sornettes.

— Réagir ? Mais comment ? Par un procès ?

— Par une lettre à *La Gazette nationale.* Je vais te la dicter, mais comme si elle ne paraissait pas venir de moi. Cela donnera peut-être à réfléchir aux autres.

On me donna de quoi écrire. Pour l'essentiel, cette lettre disait : « On s'est empressé d'annoncer la séparation du citoyen Tallien et de son épouse. Elle n'aura pas lieu. Mme Tallien n'habite pas une autre maison que celle de son mari. Elle ne demande point le divorce, qui la couvrirait d'ignominie... »

J'allai porter cette lettre à la gazette ; elle parut le lendemain et ne fit guère de bruit, sauf dans mon cénacle, où l'on ne se privait pas de clabauder et de dire qu'il n'y a pas de fumée sans feu.

Joséphine avait pris son parti de l'abandon où l'avait laissée Bonaparte en partant se battre contre les Autrichiens, en Italie. Elle partageait ses jours et ses nuits avec un blanc-bec de dix ans son cadet, qui l'amusait et lui donnait l'impression d'être encore une femme désirable.

Hippolyte Charles, lieutenant de hussards dans l'armée du général Leclerc, Adonis au teint basané, aux yeux andalous, cravaté à la dernière mode et parfumé comme une hétaïre, était l'image de la séduction. Constamment d'humeur folâtre, il jouait du calembour avec talent, mais en abusait quelque peu, et pas toujours avec le meilleur goût. Il lança celui-ci, qui courut les salons : « Notre petit général est sur le Pô et n'en éprouve pas trop de Gênes... »

Sans l'ombre d'un scrupule, elle l'avait arraché à la petite Hamelin et le présentait à ses amis comme son consolateur. Quand je lui demandais des nouvelles de son époux, elle me lisait les lettres délirantes qu'il lui adressait, ne faisait qu'en rire et me disait :

— Ce qu'il est drôle, mon Napoléon ! Où va-t-il pêcher tout ce qu'il raconte ? Tiens, lis !

Je lui demandai si elle lui répondait sur le même ton.

— Tu plaisantes ! je lui écris un billet par mois, pour ne pas le fâcher. Tu sais qu'écrire est une corvée pour moi.

Elle me tendit la lettre arrivée par le courrier du matin. Elle disait :

« Je n'ai pas passé un jour sans t'aimer. Je n'ai pas passé une nuit sans te serrer dans mes bras. Je n'ai pas pris une tasse de thé sans maudire la gloire et l'ambition qui me tiennent éloigné de l'âme de ma vie. Au milieu des affaires, à la tête des troupes, en parcourant les camps, mon adorable Joséphine est la seule dans mon cœur. Elle occupe mon esprit et absorbe mes pensées... »

— Figure-toi, Duchesse, me dit-elle, qu'il voudrait que j'aille le rejoindre ! Tu me vois, moi qui déteste les voyages et la guerre, parcourant les champs de bataille à cheval ? Et puis zut ! J'ai mes habitudes. Si je partais, la petite Hamelin se ferait une joie de me reprendre Hippolyte. Cette petite garce...

Elle trouvait singulier que, dans certaines de ses lettres, il lui conseillât fermement de renoncer à voir Thérésa.

— Pourquoi Thérésa ? Qu'est-ce qu'elle a bien pu lui faire ?

Je lui rappelai qu'il lui avait fait la cour, qu'elle l'avait découragé, lui, le « Général Vendémiaire », comme on l'appelait, et qu'il lui en avait tenu rigueur.

Fâché des refus de Joséphine de le rejoindre, il avait ordonné à son frère Joseph, porteur de messages au ministère, de la lui ramener. Elle avait regimbé.

— Ah ça, non ! Quinze jours de voyage, la traversée des Alpes dans la neige et le blizzard, enceinte de surcroît ? Jamais de la vie !

— Enceinte, toi ?

— C'est ce que je lui laisse croire.

Cette obstination ayant fini par irriter Bonaparte, il avait décidé que, si elle ne venait pas à lui, il irait à elle. Quand il sollicita une permission, Barras leva les bras au ciel : si le général quittait son armée alors qu'elle marchait de victoire en victoire, on risquait de tout perdre.

Le nouveau gouvernement que s'était donné la République, le Directoire, proposa un moyen terme : Joséphine n'irait rejoindre son époux que lorsqu'il aurait pris Milan. L'affaire était en bonne voie. Elle pouvait préparer son bagage.

L'ordre était impératif. Le gouvernement n'allait pas compromettre l'issue triomphale de la campagne d'Italie pour un caprice de femme.

Elle partit donc. Avec Fortunée et Hippolyte.

Thérésa Cabarrus. Paris, 1795-1796

La France avait un nouveau gouvernement.

La Convention, au cours d'une séance dramatique, en octobre 1795, avait décidé de faire place à un Directoire. C'en était fini de ce qu'on avait appelé la « réaction thermidorienne » qui, comme le roi Jean à la bataille de Poitiers, avait à se battre sur sa droite comme sur sa gauche.

Au cours d'un dimanche à Grosbois, Barras m'avait expliqué en quoi consistait cette nouvelle mouture du pouvoir, fondée sur une Constitution, dite de l'an III.

— Nous avons, me dit-il, deux instances législatives : le Conseil des Anciens et celui des Cinq-Cents. Le pouvoir exécutif est entre les mains de cinq Directeurs, dont je suis, élus par ces Conseils et renouvelables chaque année par tirage au sort.

Je lui demandai le nom de ses pairs ; il me nomma Carnot, La Révellière-Lépeaux, Letourneur et Reubell. À part Carnot, les autres m'étaient inconnus. Je lui marquai ma surprise de l'absence de Tallien, alors que le changement de régime lui était dû pour une large part. Il soupira :

— Certes, certes, Tallien… J'ai proposé sa candidature ; elle a été repoussée. On l'a jugé trop marqué par son passé de terroriste et trop peu fiable. Ses dernières interventions à l'Assemblée, au sujet de l'affaire de Quiberon, ont achevé de la discréditer.

Il est vrai que mon époux n'était plus que son ombre. Dépouillé de ses attributs vestimentaires de conventionnel, il était devenu un citoyen anonyme et grincheux. Malgré le soin que je prenais de sa toilette et de sa présentation, il se négligeait, buvait et dépensait mon argent avec des fréquentations douteuses qui abusaient de lui.

Lorsque, trop ivre pour se présenter chez sa mère, il débarquait en titubant à la Chaumière, il prenait un air narquois pour me dire, après une révérence grotesque :

— Madame la marquise Devin de Fontenay, le citoyen Jean-Lambert Tallien vous souhaite le bonsoir.

Il s'enfermait dans sa chambre. Je l'entendais se cogner contre les meubles et chanter à tue-tête des chansons de cabaret. Le lendemain, à mon réveil, Frenelle me disait en tirant les rideaux :

— Monsieur est parti alors qu'il faisait à peine jour. Je lui ai proposé du café. Il a refusé mais a avalé à la place un verre de cognac en disant que ça dissipait les humeurs noires. Il avait une mine de déterré. Je crains qu'il ne fasse un mauvais coup.

Je partageais cette inquiétude mais restais impuissante à lui imposer la sobriété. La moindre de nos conversations tournait à la controverse puis à des dispute plus ou moins violentes qui me faisaient craindre pour mes bibelots, depuis le jour où il avait fait passer un de mes vases par la fenêtre. Je n'insistais pas, sachant qu'à la moindre contrariété il pouvait être victime d'une crise d'épilepsie. On me l'avait déjà ramené, à demi inconscient, yeux exorbités, vêtements souillés de boue ou gris de poussière.

Lorsqu'il assistait à une réception ou à un repas, je restais en alerte. Passe encore qu'il fît le pitre ou palabrât comme à la tribune de la Convention, mais quand, se permettant de prendre à partie mes invités et de les injurier, il passait les bornes, je devais appeler Joseph pour qu'il l'enfermât dans sa chambre.

Il prenait un malin plaisir, par des propos à double sens, à provoquer Barras, dont il était jaloux au point d'avoir un jour menacé de le tuer.

Une de mes bonnes amies, Juliette Récamier, me prit en pitié.

— Thérésa, me dit-elle, j'ai compris que le torchon brûle dans votre couple. Allez-vous supporter longtemps ce triste personnage ?

— Il est mon mari, Juliette, et le père de ma fille. Me séparer de lui ? Divorcer ? J'avoue que j'y ai songé, mais ce serait, je le crains, le condamner. Le peu de crédit qui lui reste, il me le doit. Le lui retirer serait en faire une épave.

— Mais c'est une épave, ou peu s'en faut !

— J'en conviens, mais elle est encore arrimée à ma coque. Si je la détachais, elle sombrerait. Je m'y refuse. Nous avons à partager trop de souvenirs communs. Trop d'amour aussi, je ne puis l'oublier.

J'aimais la compagnie de cette nouvelle amie. Elle me changeait agréablement de Joséphine, de cette folle de Hamelin et de quelques autres Merveilleuses de moindre acabit. Fille d'un notaire de Lyon et femme d'un banquier, elle habitait, Chaussée d'Antin, le somptueux hôtel qui avait appartenu au ministre de Louis XVI, M. de Necker.

Elle recevait la plupart du temps dans sa chambre. J'admirais son lit gardé par des cygnes de bronze, ses glaces de ruelles encadrées d'or, ses draperies et rideaux de velours et de soie, ses statues et ses bibelots précieux : un luxe pompéien... Pour sa toilette, elle observait une rigueur qui me changeait de celle de mes compagnes... et de la mienne.

Je rencontrai chez elle la meilleure société du temps, et notamment Germaine de Necker, fille de l'ancien propriétaire de son hôtel, qui, plus tard, allait épouser le baron de Staël et devenir une illustre femme de lettres.

Juliette était belle ; Germaine sans séduction, sinon laide. Juliette ne s'intéressait que de loin à la politique ; sa compagne y nageait.

Germaine compensait son physique terne par sa toilette et le charme singulier émanant de sa personne. Passé Thermidor, alors qu'elle abordait la trentaine, elle avait rencontré à Lausanne celui qui allait devenir sa passion : Benjamin Constant. Il avait succédé dans son cœur au comte de Narbonne-Lara, à Talleyrand, évêque d'Autun, puis à Barras qui n'avait fait que l'« effleurer ».

— Au cours de nos soirées, me raconta-t-il, elle m'attirait dans son fauteuil, et me disait en m'étreignant avec fougue : « Ah ! Barras, je ne compte que sur vous en ce monde. » Je me retirais à petits pas, avec l'espoir de ne plus compter pour elle.

Elle se disait femme de lettres. Je dois convenir qu'elle en avait le talent. En août 1793, au début de la Terreur, elle avait eu le courage, ou l'inconscience, de faire publier un plaidoyer en faveur de la reine ! Résultat : un exil à Coppet, en Suisse, qui lui avait évité de connaître le sort de son idole.

Je vécus, en compagnie de ces deux créatures d'exception, des moments qui me changeaient de la fréquentation de mes Merveilleuses, dont j'allais vite me lasser. En pénétrant dans le salon de Juliette ou de Germaine, j'avais l'impression de changer de planète. On y philosophait, on y parlait littérature, on jouait des musiques de Mozart et de Gluck... Parfois, je me mettais à la harpe et chantais des airs à la mode : *Plaisir d'amour* ou *Fleuve du Tage*, que l'assistance reprenait en chœur. La politique ne manquait jamais de s'inviter à nos entretiens, sans jamais créer de dissensions.

Contrainte et forcée, Joséphine s'était enfin résolue à prendre la route du Piémont. Son départ confina au drame : elle craignait de ne plus revenir. Après qu'elle m'eut suppliée de l'accompagner, ce que je refusai, connaissant les sentiments de Bonaparte à mon égard, elle s'embarqua enfin.

Elle avait promis de me tenir au courant de cette odyssée et manqua à sa parole, ce qui n'avait rien pour me choquer. En revanche, j'eus la surprise de recevoir des colis de fromages, de vins, de charcutaille, des chapeaux de paille, des babioles, et des colliers de corail pour Thermidor, sa filleule...

Ma liaison avec Barras avait débuté au printemps de 1796 et allait son train, sans exaltation et sans heurts, tant nous avions, lui comme moi, la certitude de sa précarité.

On me rapporta les propos qu'il avait tenus à un ami :

— Mme Tallien brave un peu son mari quand elle se met en tête d'en aimer un autre, mais elle garde un certain *décorum* et refuse de se séparer de lui.

Pourtant l'idée d'un divorce faisait son chemin de manière unilatérale mais sans s'imposer vraiment. La Duchesse m'y incitait ; Barras me le déconseillait, persuadé sans doute qu'il en ferait les frais en héritant d'une maîtresse encombrante. Nous avions un point commun : il refusait de se séparer d'une épouse qui lui était devenue étrangère, et moi d'un mari qui, devant rester seul, risquait d'aller à la dérive.

Par ses talents d'homme politique, son éloquence, et sa séduction naturelle, Barras était devenu le premier personnage du régime, les autres Directeurs faisant piètre figure derrière lui.

Imaginé par le peintre David, son costume de cérémonie était prétentieux et burlesque. J'ai caché un sourire derrière mon éventail quand je l'ai vu pour la première fois arborer cette carapace de lourdes étoffes brodées d'or : pantalon blanc collé aux cuisses, cape d'incarnat à col de dentelle, large chapeau couvert de plumage comme le croupion d'une autruche...

Ce luxe insolent ne semblait pas l'indisposer : il avait toujours éprouvé de l'attirance pour les nouvelles modes et les toilettes excentriques. J'hésitais à lui dire ce que je pensais de sa nouvelle tenue, mais il le fallait.

— Pardonnez-moi, mon ami, lui dis-je, mais savez-vous, qui vous me rappelez ? Le Mamamouchi du *Bourgeois gentilhomme* ! Il ne vous manque que des eunuques et un harem. Vous avez suffisamment de majesté naturelle sans vous affubler de ce déguisement de Carnaval.

Il bougonna :

— Faites-moi la grâce de croire que je ne suis pour rien dans la conception de cette tenue. Je ne fais que me plier au choix de mes collègues et au talent du plus grand de nos artistes. Cette défroque n'est pas du meilleur goût, j'en conviens, mais rassurez-vous : je ne l'arbore que dans les grandes occasions.

Il me parlait avec des mots cinglants de ses collègues du Directoire. Carnot, officier à la retraite, aussi avenant que le grand portail de la Force, vivait en Spartiate. La Révellière menait une existence de petit-bourgeois, avec une épouse aussi laide et pingre que lui. Cet ivrogne, Reubell, se refusait par avarice à recevoir et, après les réceptions officielles, récupérait les bouts de chandelles...

Il se montrait aussi sévère pour les personnages subalternes :

— Letourneur ? Lors de la canonnade de vendémiaire, il a montré des qualités d'organisateur, puis il a sombré dans l'indifférence. Merlin de Douai ? Excellent juriste, certes, mais soumis aux caprices de sa femme, une harpie vulgaire et d'une sottise insondable. L'ambiance qui règne au cours de nos réunions au Luxembourg est exécrable. Ils se jalousent, se critiquent, s'injurient. Un véritable panier de crabes...

Il ajouta :

— Ce sont tous ou presque des commis sans aucune tenue ni aucune ambition, qui ne voient pas plus loin que le bout de leur plume. À la moindre bourrasque, ils seront balayés, et l'on n'entendra plus parler d'eux.

— Heureusement, vous êtes là, mon ami, le maître de la situation, le premier personnage du nouveau régime.

Il sourit et m'embrassa.

Barras connut son heure de gloire lors de la visite d'une sommité : le Premier ministre de Toscane.

Comme s'il voyait en moi son double féminin, il m'invita aux réceptions et aux fêtes qui accompagnaient cet événement : courses de chevaux, bals, concerts, feux d'artifice... Je faillis me ruiner en toilettes pour faire honneur au « Roi Barras », comme on l'appelait.

Les parties de plaisir à Grosbois, dont il me confiait

l'organisation, lui faisaient oublier les mornes séances du Luxembourg. Je m'acquittais de mon mieux de sa confiance, et tout se passait le mieux du monde. J'étais devenue le ministre des menus plaisirs de Sa Majesté. Avec l'aide de Frenelle et de Joseph Bidos, j'organisais ces réceptions : repas, parties de chasse à courre, soirées dansantes et divertissements variés.

Ces folles journées ne me faisaient pas oublier l'ambiance feutrée des salons de Juliette et de Germaine. On ne causait guère, à Grosbois, de philosophie, de littérature et même de politique, qu'on semblait vouloir oublier. Barras se plaisait à raconter ses aventures en Indes, à commenter les ouvrages libertins qu'il collectionnait et à faire étalage de ses exploits cynégétiques. On lui prêtait des mœurs homophiles, mais j'étais mieux placée que personne pour en apporter le démenti.

Mon père, depuis sa libération de la prison madrilène, me donnait fréquemment de ses nouvelles de Carabanchel. La guerre contre l'Espagne avait pris fin. Elle avait pris pour le roi Charles, issu d'une branche des Bourbons, l'allure d'une croisade. La paix nous faisait perdre nos conquêtes en Catalogne et dans le Pays basque, mais nous donnait la partie espagnole de l'île de Saint-Domingue. Ce n'était pas un cadeau : la révolte des Noirs avait transformé cette colonie en champ de bataille.

Le roi Charles, m'écrivait mon père, n'avait pas perdu l'espoir d'une restauration monarchique en France et d'une résurrection du pacte de Famille datant de plus de trente ans. Il avait entretenu en France un réseau d'espionnage dirigé par un nommé Lemaître. Malgré les efforts de Tallien pour le faire libérer sous la Terreur, ce qui avait attiré sur lui des soupçons infondés, ce triste personnage avait payé de sa vie sa trahison. La mort du dauphin à la prison du Temple avait mis un terme aux espoirs du roi Charles et à ses menées.

Grâce à ses courriers de Carabanchel, j'étais tenue au courant par mon père, aussi bien que dans un cabinet d'ambassade, de la situation en Espagne. Il me rappelait qu'il devait sa détention à l'ignoble ministre Floridablanca, qui lui reprochait de s'être enrichi indûment. Il m'écrivait :

« Ce gredin reportait sur ma personne la haine qu'il vouait à la Révolution. Compagne du terroriste Tallien, tu étais devenue sa bête noire. Dieu merci, il a été remplacé, la paix revenue, par Manuel Godoy, ami du roi et amant de la reine Marie-Louise de Bourbon. Si tu te trouves en présence de l'ambassadeur d'Espagne, le marquis del Campo, il pourra t'en apprendre beaucoup sur ce personnage singulier à plus d'un titre, et sur ton père par la même occasion... ».

À peine libéré, mon père avait repris ses affaires avec une activité accrue par des mois de détention. Il était de nouveau un personnage important. Il avait eu, à Bordeaux, avec Tallien, une conférence pour traiter des rapports entre nos deux nations. Tallien avait hésité à donner son accord à cette réunion ; je l'y avais poussé.

Quelques années plus tard, Manuel Godoy, duc d'Alcudia, chevalier de la Toison d'or, devait me rendre hommage en ces termes : « Madame Thérésa Cabarrus a contribué à la paix entre nos deux nations : l'une fière de lui avoir donné le jour, l'autre de l'avoir adoptée... »

La défaite des émigrés à Quiberon avait paru sonner le glas des espoirs d'une restauration de la royauté en France. Ils n'avaient pas désarmé. Le comte de Provence, petit-fils de Louis XV, réfugié à Coblence, avait pris le titre de Régent, puis celui de Louis XVIII. À Vérone, il avait libéré ses foudres contre les méchants. Un pétard mouillé, les autres souverains d'Europe ne lui ayant pas témoigné leur confiance.

Ce n'est qu'en mars 1797 que je me décidai à engager un processus de divorce. Les palinodies de Tallien, ses extravagances, son ivrognerie, ses menaces de violence à mon égard m'y avaient décidée. Il joua les indifférents, persuadé qu'au dernier moment je renoncerais à rompre cette union qui ne tenait plus que par un fil : notre petite Thermidor, que j'avais choisi d'appeler Laure, son troisième prénom.

Pour me changer de la vie artificielle que je menais dans l'entourage de Barras, je décidai de me lancer, un peu à l'étourdie, dans les affaires, comme à Bordeaux pour l'exploitation du salpêtre. La fibre paternelle s'exprimait en moi.

Au cours d'une soirée à Grosbois, un ami de Barras, Duveyrier, gérant des hôpitaux militaires, nous annonça qu'il s'apprêtait à partir pour l'Italie afin d'y rencontrer Bonaparte. L'idée me vint de lui confier, à l'intention du général, une lettre par laquelle je sollicitais l'autorisation de participer à l'affaire du jour, dont Duveyrier nous avait informés : la liquidation d'une réserve de mercure extrait des mines d'Adria. Ma participation fut acceptée. Le bénéfice fut d'un million pour Bonaparte, des broutilles pour les généraux Berthier et Bernadotte. Pour moi, rien ! J'avais été flouée.

— C'était une idée absurde ! me dit Barras. Vous auriez dû m'en parler. Je vous l'aurais déconseillé. D'une part vous ignorez tout des affaires, et d'autre part Bonaparte vous déteste !

J'admis le premier reproche mais regimbai pour le second. Bonaparte… Que pouvait-il me reprocher ?

— De lui avoir résisté alors qu'il vous faisait la cour, d'être la femme d'un ancien terroriste, d'avoir entraîné Joséphine dans la dissipation, et enfin, ce qui semble contradictoire pour quelqu'un d'autre que lui, de vouloir divorcer ! Cela fait beaucoup de griefs contre vous. De plus, c'est un roublard !

Que Bonaparte respectât la tradition insulaire, qui honnit le divorce, pouvait se justifier, mais que, quelques années plus tard, il rompît les liens sacrés du mariage pour épouser l'Autrichienne Marie-Louise et en faire une impératrice, témoignait de son amoralité. Il avait, entre autres devises, celle qui lui laissait les coudées franches : « La fin justifie les moyens » !

Lorsque Bonaparte interrompit ses campagnes pour retourner à Paris, Joséphine, à qui j'avais confié ma déconvenue, tenta de me rassurer.

— Cette mauvaise querelle entre Bonaparte et toi doit

cesser, me dit-elle. J'en fais mon affaire. Tu vas l'inviter à la Chaumière, comme si de rien n'était, et le traiter comme tu sais si bien le faire pour les amis de Barras !

— Tu es folle ! Bonaparte n'acceptera jamais.

Je cédai pourtant. Bonaparte reçut mon invitation et y répondit favorablement.

Je n'eus pas à regretter cette rencontre. Le général se montra courtois, me parla de l'Espagne, des bonnes affaires que mon père réalisait à la Banque Saint-Charles, des relations amicales que lui-même entretenait avec Manuel Godoy. Il ne fit aucune allusion aux mines de mercure et je ne me hasardai pas à lui en parler...

Alors que le bal battait son plein, Joséphine eut une défaillance que l'on attribua à une grossesse, alors qu'elle était irrémédiablement incapable de concevoir. Un sourire radieux illumina le visage du général, tanné par le soleil du Piémont. Le mien était ironique : Bonaparte allait être floué comme je l'avais été avec le mercure d'Adria...

Tallien avait profité de la circonstance pour dénoncer auprès de Bonaparte le bruit de notre divorce et tâcher de regagner son estime.

— Il a paru sensible à la nouvelle, me dit-il. Il ne faudra pas le décevoir. D'ailleurs, je souhaite reprendre avec toi une vie de couple. Pardonne-moi les torts que j'ai eus envers toi et je ferai de même pour ce qui te concerne. Je t'en conjure, pense à notre fille.

J'eus la faiblesse de céder à ce consensus boiteux. Notre ménage reprit son cours, cahin-caha, durant quelques semaines qui furent pour lui une « délicieuse parenthèse », à ce qu'il me dit, et pour moi un tissus d'épreuves.

Une fille naquit sur la fin de décembre de ce renouveau matrimonial. Elle était mort-née. On l'attribua à Barras ; elle était bien de Tallien.

Peu après mon accouchement, François Simon fit mon portrait, à la demande de Tallien. Cet artiste n'avait pas le talent de Gérard ou de David, mais je dus m'en contenter, d'autant que cette œuvre était conforme au modèle.

Il me peignit dans une tunique blanche dont émergeait

la pointe de mes souliers. Je portais sur les épaules une écharpe de soie rouge retenue d'une main sur la poitrine. Il me couronna d'un diadème de roses qui donnait à mon visage une grâce juvénile. Mon décolleté était des plus décents. En revanche, le décor était bâclé et pâteux : une colonne et un rideau sinistre, un arrière-plan sombre, comme pour évoquer les orages de la Révolution, alors que j'aurais préféré un paysage lumineux.

Qu'était-il advenu de mon premier portrait : celui que Mme Vigée-Lebrun fit de moi ? Je l'ignore. Il avait dû sombrer dans la tourmente révolutionnaire. Juliette m'affirma l'avoir vu dans le salon du financier Gabriel Ouvrard, mais je n'en eus pas la confirmation.

Barras eût aimé me faire peindre nue, comme au temps de Boucher et de Fragonard, mais c'eût été m'exposer au scandale. Il connaissait un peintre d'origine italienne, Andrea Apiani, qui accepterait, me dit-il, de me peindre à demi nue, en Diane ou en Vénus. Il avait déjà fait un portrait de Fortunée Hamelin pétillante de jeunesse et éclatante de beauté. Je refusai sa proposition pour ne pas réveiller la jalousie de Tallien. Je me satisferais de la piètre image que Simon avait donnée de moi.

Je persistai dans la fréquentation des salons de Juliette Récamier et de Germaine de Staël, où l'on appréciait, semble-t-il, ma bonne tenue en société, ma conversation, mes interprétations à la harpe et ma beauté qui n'avait pas amorcé sa caducité, comme chez Joséphine ou Mme d'Aiguillon.

Ce sont surtout mes dons de musicienne qui portaient l'attention sur moi, au cours de ces soirées. Je jouais correctement de la guitare, que j'avais apprise à Carabanchel, et du piano-forte, mais ma préférence allait à la harpe, cet instrument qui peut faire entendre le murmure d'un ruisseau, alors que le piano ne fait que traduire le bruit sec des galets agités par le courant. Ma voix de soprano léger à deux octaves y ajoutait plaisir et émotion. Certains me prédisaient une carrière de concertiste, mais il était trop tard et cela supposait des contraintes auxquelles je me refusais.

À la réflexion, j'avais manifesté auprès de Juliette l'envie de retrouver, dans le salon de Gabriel Ouvrard, le reflet de ma jeunesse. Elle me promit de me satisfaire : il me suffirait d'inviter le financier à la Chaumière ou à Grosbois ; il ne refuserait pas de me montrer le tableau de Mme Vigée-Lebrun, si tant est qu'il pût s'agir de lui.

— Il partage son temps, me dit-elle, entre son hôtel de la rue de Babylone, son château du Raincy et le domicile de son amie, l'actrice Louise Contat, une charmante maison des champs, le Moulin-Joli, située dans une île de la Seine.

Le rendez-vous fut pris une semaine plus tard, à Grosbois. Je n'avais invité qu'une poignée de fidèles, et m'attendais à voir paraître un banquier bedonnant et infatué de sa fortune. C'est un homme de mon âge à peu près, mince, d'une élégance discrète, affable et disert, qui parut. Il avait, me dit-il, bien connu mon père avec lequel il avait traité diverses affaires dans le passé, et dont il avait gardé le meilleur souvenir.

— Je regrette, ajouta-t-il, qu'il ne se soit pas installé à Paris. Il y aurait fait fortune aussi bien qu'à la Cour d'Espagne et serait peut-être devenu ministre...

— Il aurait pu aussi bien finir sur l'échafaud ! S'il a choisi l'Espagne c'est pour se consacrer au trafic de piastres qui, pour l'essentiel, a fait sa fortune.

Je ne tardai pas à l'entreprendre sur le tableau de Mme Vigée-Lebrun et fus déçue. Il est vrai qu'il l'avait eu en sa possession, après que Tallien l'eut revendu au cours d'une période de vaches maigres. Gabriel Ouvrard l'avait trouvé chez un marchand de tableaux du quai Malaquais ; il lui avait plu ; il s'en était rendu acquéreur. Peu de temps après, sa maison avait été pillée et le tableau s'était envolé.

— J'en suis navré, me dit-il. J'aurais été au regret de m'en défaire, mais j'aurais eu plaisir à vous le restituer. Qu'à cela ne tienne ! Je collectionne des gravures de notre temps, dont certaines vous représentent. Si cela vous tente, je puis vous les montrer...

Cela me tentait. J'acceptai son invitation, rue de Babylone, et nous convînmes d'un rendez-vous.

Juliette m'apprit qui était Gabriel Ouvrard.

Il avait la bosse des affaires, comme on dit, en venant au monde. Au sortir de l'adolescence, il trafiquait de denrées coloniales et peut-être de la traite des nègres. Il avait fait sa pelote sur les chemins de la Révolution. Sorti indemne de la Terreur, après quelques alertes, il s'était retrouvé banquier du Directoire et fournisseur de la Marine. Une spéculation sur les assignats, quelques trafics plus ou moins licites lui avaient rapporté quelques subsides complémentaires et en avaient fait une des plus grosses fortunes de Paris.

Marié et père de famille, il faisait en sorte de préserver l'image de bourgeois qu'on attendait de lui. Ses amis lui connaissaient des maîtresses, outre la demoiselle Contat, du Moulin-Joli.

— Il faut bien, ajouta Juliette, que sa fortune serve à quelque chose...

Barras prit ombrage de cette nouvelle relation.

— Je vous souhaite beaucoup de chance, me dit-il d'un ton amer. Ouvrard, ce prince de la finance, est cousu d'or. Vous pourrez sûrement, avec un peu d'habileté, en grappiller quelques grains...

— Cela semble vous réjouir, répliquai-je. Souhaitez-vous que nous nous séparions ?

Il baissa la tête et ne répondit rien, alors que j'attendais une riposte véhémente. Il est vrai que nos rapports commençaient à battre de l'aile, et que nos ébats avaient perdu de leur vivacité. Notre passion commune avait périclité à la suite de mon éphémère réconciliation avec Tallien. Quant à lui, il jouait les séducteurs avec de jolies femmes de province qui venaient papillonner autour du maître du jour.

J'ajoutai :

— Si vous souhaitez vous séparer de moi, pourquoi tergiverser alors qu'il suffit d'un mot. Je m'inclinerai.

Il se confondit en protestations qui sonnaient faux et finit par m'exposer ses griefs : j'étais une maîtresse dispendieuse alors qu'il n'était pas Crésus, ni même Ouvrard, je le négligeais au cours des réceptions pour ne m'intéresser qu'aux autres, je le traitais parfois comme le dernier commis de l'État. Il oubliait que si je faisais les dépenses de toilette qu'il assumait, c'était parce qu'il l'exigeait. Pour le reste, balivernes !

D'un accord tacite, nous espaçâmes nos rapports. Je n'en souffris guère : alors qu'une porte se fermait, une autre venait de s'ouvrir sur des perspectives lumineuses.

Une semaine après notre rencontre à Grosbois, Gabriel Ouvrard confirma notre rendez-vous en son hôtel de la rue de Babylone, Chaussée d'Antin.

De cette demeure, je ne connaissais que la façade ornée de colonnes cannelées, mais Juliette m'avait parlé du parc peuplé de statues antiques, planté d'arbres centenaires, doté de bassins, de charmilles et de gloriettes. Des images du paradis terrestre en quelque sorte, qui me donnaient par avance des frissons.

— Vous me trouvez seul, me dit-il. J'aurais aimé vous présenter à mon épouse, mais elle réside pour quelques jours dans notre propriété du Raincy avec nos enfants. Elle aurait sûrement été ravie de vous rencontrer.

Je flairai la manœuvre, y répondis par un sourire complice et, après le baisemain, me laissai guider, pour une visite en règle. Si la façade était austère, l'intérieur était fastueux. Je ne connaissais dans Paris aucun hôtel particulier qui pût lui être comparé pour l'ampleur et la magnificence, si bien que toute description serait interminable et fastidieuse.

Ma visite nous ramena au salon où une servante indienne en sari attendait pour nous servir le thé. Je demandai à mon hôte de me parler de sa famille, ce qu'il fit sans la moindre gêne, mais sans s'y attarder. Il avait rencontré son épouse à Nantes, au temps où sévissait le terroriste Carrier, l'homme des noyades. Un de ses amis ayant été arrêté et envoyé à Paris pour y être jugé, Ouvrard avait pris soin de sa femme et de leur fille, Élisabeth, dont il allait, à la fin de la Terreur, faire sa femme.

— Parlons plutôt de vous, me dit-il. Savez-vous qui vous me rappelez ?

— Qui donc ?
— Sémiramis.
— Vraiment ? Je croyais qu'il n'existait aucun portrait de cette reine de Babylone.
— Détrompez-vous. Il en existe un. Je vais vous le montrer…

Il ouvrit une vitrine où étaient exposés des objets de l'Antiquité, et en sortit un bloc de marbre où se dessinaient les traits d'un personnage au sexe indéfinissable. Il avait fait cette acquisition, me dit-il, à l'ambassade de Perse.

— Franchement, lui dis-je, je ne vois là aucune ressemblance avec moi. Je songerais plutôt à une Diane ou une Aspasie, encore qu'à Babylone ces déesses ne fussent pas connues.

Il me complimenta pour mon érudition et ajouta :

— Cela me déçoit, madame. Je vous imaginais déjà la reine de mes jardins. Ils ne sont pas suspendus mais dignes de vous. Je suis passionné par les antiquités, vous l'avez compris, et parfois mon imagination me joue des tours.

C'était bien amené. Il avait dû, avant ma visite, concocter ce que je considérais déjà comme le préambule à une opération de séduction. Il devait me voir déjà en reine de ses jardins… et de son cœur. Flattée, je n'en montrai rien.

Il en vint, après le thé et les pâtisseries indiennes, à l'objet de son invitation : les fameuses gravures où je figurais. Il les avait glanées, me dit-il, dans des boutiques de livres d'occasion des quais et dans des librairies spécialisées. C'était une collection impressionnante.

Dans la première gravure qu'il me montra, je figurais en tenue de Merveilleuse, le visage dévoré par un énorme chapeau à plumes et une cravate de dentelle débordante. Une autre, également anonyme, me montrait en train de dessiner le buste de Bonaparte ! Une troisième, fort bien dessinée, faisait état de mon intimité avec Rose, avant qu'elle ne devînt Joséphine. Une autre, qui avait pour titre *La Belle Espagnole,* ou *La Doublure de Mme Tallien,* me fit sourire. J'y figurais en sauvageonne basanée, coiffée d'une chevelure bouffante de négresse.

D'autres gravures me concernant n'étaient que de simples caricatures découpées dans des journaux, certaines graveleuses ou obscènes.

— Cela n'est pas du meilleur goût, j'en conviens, me dit-il, mais c'est la preuve que vous êtes la femme la plus célèbre… et la plus séduisante, de Paris.

Une averse brutale nous interdit la promenade dans le parc, qu'il avait mise à son programme. Ce n'était que partie remise.

— Je donnerai d'ici peu, me dit-il, une fête nocturne dans mon domaine du Raincy. Accepterez-vous d'y participer ? Avec M. Tallien, cela va de soi…

Je lui donnai mon accord sans réserve, avec Tallien ou, de préférence, sans lui. Au moment de remonter dans mon cabriolet où m'attendait Joseph, il me fit un baisemain prolongé jusqu'au coude. Un claquement de fouet le priva de remonter plus haut.

3

Un prince cousu d'or

Gabriel Ouvrard. Paris, 1797-1798

Pauvre Thérésa... Quelle eût été sa colère si elle avait appris les manigances qui, entre Barras et moi, avaient précédé nos rapports ? Pourtant, après des années, je ne puis me repentir d'avoir cédé à ce complot assorti d'un chantage.

Au cours d'une partie de chasse à courre chez Barras, à Grosbois, alors que sonnait l'hallali et que nos montures étaient fourbues, Barras me proposa de faire quelques pas, à pied, dans une allée.

— Ouvrard, me dit-il vous connaissez, je crois, Thérésa Cabarrus, la femme de Tallien. Sans doute aussi avez-vous appris qu'elle a été ma maîtresse.

— Ne le serait-elle plus ?

— Pour ainsi dire, depuis qu'elle a décidé de reprendre la vie commune avec Tallien, cet ivrogne, ce débauché. Pour tout vous avouer, ce couple m'est devenu insupportable, et je n'ai plus les moyens de subvenir aux caprices de cette femme.

— Pourquoi ne pas vous en séparer ?

— Je l'ai envisagé à plusieurs reprises, mais, au dernier moment, j'ai renoncé. C'est une créature d'une beauté qui éclipse celle de toutes les maîtresses que j'ai eues et celles que l'on me prête à tort. Elle mérite son titre de « plus belle femme de Paris », qui lui a été donné après Thermidor. Je pourrais ajouter en confidence, que, dans l'intimité, elle tient largement les promesses de sa beauté. En société, elle surclasse dans tous les domaines les perruches que vous et moi connaissons.

Je souris et lui dis en touchant sa poitrine du bout de ma badine :

— Dites-moi, Barras, c'est le portrait de la maîtresse idéale que vous me faites là !

— Je n'exagère en rien, croyez-moi, mon ami. Une maîtresse idéale, oui...

— Alors, que ne la gardez-vous ?

— Je vous l'ai dit, Ouvrard : cet ivrogne de Tallien m'insupporte. Lorsqu'elle se séparera de lui, ce qui ne tardera guère, je crains de n'avoir plus les moyens de subvenir aux dépenses en toilettes de la belle Thérésa. Je tiens, il est vrai, à ce qu'elle me fasse honneur. C'est pourquoi je ne puis rien lui refuser. Alors, une idée m'est venue... Une idée qui vous concerne...

— Eh bien, je vous écoute, mon ami !

— Je me suis laissé dire que vos relations avec Mlle Contat battaient de l'aile. M'aurait-on trompé ?

— Vous retardez, mon ami ! Nous avons rompu.

— Voilà qui me met à l'aise pour vous proposer un marché.

— Un marché, dites-vous ?

— Je vous propose de prendre ma succession auprès de Mme Tallien. Ne protestez pas ! On serait surpris, dans notre monde, que vous n'eussiez pas une maîtresse attitrée, digne de votre situation.

— Vous plaisantez, je suppose ? En me libérant de la Contat, j'ai trouvé une sorte d'équilibre sentimental qui me convient. Si Vénus en personne se présentait, je la regarderais à peine.

— Vénus était belle mais sotte comme une oie ! Mme Tallien l'égale en beauté mais, de plus, elle fait bonne figure en société. Elle vous satisfera dans tous les domaines.

Je sursautai.

— Parlez au conditionnel ! Je ne vous ai pas donné mon accord et ne vous le donnerai pas. Rien ne dit, d'ailleurs, qu'elle-même accepterait cet échange. Donc, merci du cadeau ! je ne suis pas intéressé.

Barras soupira :

— Je le regrette. Vous allez du même coup perdre une maîtresse exceptionnelle et devoir renoncer à une bonne affaire.

Ce dernier mot me mit la puce à l'oreille. Il est de ceux qui, dans les pires circonstances, prennent le pas sur tous les autres. Certes, une maîtresse mettrait du condiment dans une solitude sentimentale qui ne pouvait se pérenniser, mais je ne voyais pas en quoi je pourrais réaliser du même coup une « bonne affaire ».

Barras éclaira ma lanterne. Il me dit, en faisant claquer sa cravache sur ses bottes :

— Parlons franc, Ouvrard ! Votre contrat de fournisseur de la Marine va prendre fin, et vous aurez, pour le renouveler, affaire à forte partie. La Révellière a dans sa manche un concurrent sérieux à vous opposer, mais je me fais fort de l'éliminer. Alors je vais jouer franc jeu : acceptez de me libérer de Mme Tallien et l'affaire est conclue. Votre contrat sera renouvelé… Ne protestez pas : je vous fais deux cadeaux : la plus belle femme de Paris et un contrat en or massif.

Il ajouta en me secouant l'épaule, avant même que j'eusse accepté :

— Vous êtes le plus chanceux des hommes, Ouvrard !

Ce persiflage et cette assurance m'irritèrent, d'autant que j'avais la certitude de voir sans son aide renouveler mon contrat. Il est vrai aussi que, s'il y mettait son veto, cette affaire risquait de me passer sous le nez. Je demandai à réfléchir.

— À votre aise ! dit-il en me lâchant l'épaule. Vous voilà prévenu.

Il me tourna le dos pour remonter en selle et rejoindre la chasse qui tirait à sa fin dans un concert lointain d'aboiements et de pathétiques sonneries de cors près de l'étang.

Je me sentais, en l'accompagnant, partagé quant au marché qu'il me proposait sous forme d'un chantage éhonté. Les fournitures à la Marine constituaient l'essentiel de mes ressources ; mon contrat dénoncé, j'aurais eu du souci à me faire. D'autre part, il était évident que, la Contat éliminée, je ne pouvais rester dépourvu d'une sorte de favorite.

J'avais déjà rencontré Mme Tallien à Grosbois, par l'intermédiaire de mon amie Juliette Récamier. Nous avions parlé peinture. Elle avait souhaité retrouver un portrait d'elle que je n'avais plus. Je l'avais invitée rue de Babylone où j'ai réuni une collection de gravures des époques révolutionnaire et thermidorienne, dans lesquelles elle figure. Elle s'y était intéressée, de même qu'à mon intérieur. Nous avions pris le thé, puis les choses en étaient restées là. Elles n'allaient pas tarder à donner corps au marché que Barras m'avait proposé.

Invitée par Barras à une partie de chasse à Grosbois, à laquelle, par calcul, j'étais moi-même convié, Mme Tallien, qui avait ce divertissement en horreur, arriva, sans son mari, en mission je ne sais où, alors que le sacrifice du cerf avait couronné la fête. Si j'avais été, lors de notre première rencontre chez Juliette, sensible à son charme, c'était sans esprit de conquête. Il allait en être autrement.

J'eus l'occasion, au cours du repas donné sous une vaste tente dressée dans le parc, de m'entretenir avec cette dame et d'apprécier son bon goût, en matière d'art et de philosophie notamment, des domaines où je n'avais rien à lui apprendre.

Lorsque les échanges roulèrent sur la chasse et qu'elle dut donner son avis, elle proclama que cette « survivance des mœurs de l'Ancien Régime » était « odieuse et barbare », ce qui provoqua des sourires, des rires et des brocards. Elle avoua la même détestation pour les courses de taureaux de Madrid, dont elle ne supportait pas la cruauté.

La conversation entre nous prit un tour plus serein quand j'entrepris de lui faire confesser ses opinions et manifester ses goûts sur la philosophie, la littérature et la musique. Son salon était modeste mais elle fréquentait assidûment ceux de Mme Récamier et de la baronne de Staël.

Je constatai que nous partagions, à peu de chose près, les mêmes dispositions.

À la tombée du jour, je lui proposai une promenade à cheval dans la forêt, seule à seul. Lorsque je lui fis observer qu'elle montait un peu crispée, ce qui faisait renâcler sa monture, elle riposta en riant que la faute en était à la bonne chère et au champagne. Je me dis qu'il y avait peut-être une autre cause : l'émotion.

— Demain soir, lui dis-je, je me rendrai à l'Opéra pour le *Cosi fan tutte* de Mozart. Si cela vous tente, il y aura une place pour vous dans ma loge. Je vous enverrai ma voiture.

Elle accepta sans se faire prier.

En la ramenant à Paris je me disais que le « cadeau » de Barras, même s'il était le résultat d'un ignoble marché, avait tout pour me combler, et que j'aurais plaisir à déguster ce fruit mûr à petites doses.

Je dois convenir qu'elle exerçait sur moi, depuis notre première rencontre chez Juliette, une fascination grandissante due non seulement à sa beauté, mais à une sorte de charme qui émanait de l'esprit dont elle émaillait ses propos, et d'une élégance congénitale qui, quoi qu'on en eût dit, ne devait rien à de prétendues origines espagnoles. Je sentais monter en moi, jour après jour, lorsque nos rencontres furent devenues plus fréquentes, une passion dont je ne cherchais pas à me défendre.

Qu'elle fût dépensière n'avait rien pour me choquer ou me décourager. Ma fortune, avec le renouvellement de mon contrat de fournitures, ne faisait que croître et, comme me dit un jour Juliette, « il faut bien que l'argent serve à quelque chose ». Je lui offris un nouvel attelage, une robe de chez une grande couturière, quelques babioles… Elle m'en remerciait, en paraissant trouver ces générosités naturelles.

Nous nous sommes, durant un mois, satisfaits de rendez-vous platoniques, comme si nous redoutions de nous engager dans la grande aventure de la passion. Je me remettais mal de la liaison avec mon actrice, qui s'était achevée par une grande scène où la colère l'avait emporté sur le lyrisme. Quant à Thérésa, elle traînait un reliquat de passion pour Barras, qui se traduisait par des absences subites au cours de nos rencontres et des accès de mélancolie.

La première nuit que nous partageâmes, après une représentation, à l'Opéra, de l'*Armide* de Gluck, scella notre union d'une façon singulière. Cela se fit sans que nous nous soyons concertés, chez moi, en l'absence de mon épouse qui séjournait souvent au Raincy. L'expérience ayant réussi, nous l'avons renouvelée, avec chaque fois la même impression de plénitude dans le plaisir, comme dans les moments de parfaite sérénité qui l'accompagnaient.

Il m'arrivait souvent, lors des réceptions ou des repas que j'organisais pour ses amis et les miens, de m'absenter par discrétion ou retenu par mes affaires, et de la laisser seule s'acquitter de son rôle de maîtresse de maison improvisée, dont chacun s'accordait à louer la parfaite urbanité. Elle me faisait, à son retour un compte rendu minutieux de ces soirées.

Lorsque, aux beaux jours, mon épouse se retirait avec nos enfants à Clisson, ma terre natale, sur la Sèvre Nantaise, Thérésa résidait en camp volant rue de Babylone, où nous n'avions pas à redouter une incursion de son époux. Je lui avais dit, après notre première nuit : « Cette maison est la vôtre », et lui en avais confié les clés, si bien qu'il m'arrivait, au retour d'une mission, de la trouver installée, un de mes livres sur les genoux, devant une tasse de thé au jasmin, celui qu'elle préférait.

Au cours d'un souper au Procope, je pris un malin plaisir, après que Barras m'eut demandé des nouvelles de son ancienne maîtresse, à lui en faire l'éloge.

— Mon cher, lui dis-je, je ne saurais trop vous remercier de votre office. Vous avez fait de moi un homme comblé. Outre que je ne me ruine pas pour ses toilettes, ce qu'elle refuserait, j'ai trouvé en Thérésa la plus tendre et la plus ardente des maîtresses. Nous nous entendons si bien que nous avons décidé de ne plus nous quitter.

Je surpris son sourire jaune, comme si, déjà, il regrettait le marché que nous avions conclu.

— Eh bien, soupira-t-il, je vous souhaite beaucoup de bonheur et d'enfants.

Ses vœux, le dernier surtout, se sont réalisés. Thérésa allait me donner quatre enfants, tous, Dieu merci, aujourd'hui vivants et en bonne santé…

Thérésa Cabarrus. Paris, 1797-1798

Le souvenir de Félix Le Peletier, ce bellâtre qu'on appelait jadis le Blondinet, s'était perdu dans le tréfonds de ma mémoire. Lui ne m'avait pas oubliée.

En apprenant l'assassinat de son frère, Louis-Michel, consécutif à son vote favorable à la mort du roi, il avait décidé de se venger. Un temps émigré dans l'armée du prince de Lorraine, feld-maréchal Charles de Lambesc, il était revenu en France pour témoigner de sa vindicte non par les armes mais par la parole. Il se prenait pour un tribun, mais ce n'était qu'une mauvaise réplique de Mirabeau, de Danton et même de Tallien, et une image caricaturale de la grande Révolution.

Quelque temps après son retour, lorsque la Convention avait décidé de transférer la dépouille de son frère au Panthéon, il s'était livré, avec un talent digne du grand Talma, à des scènes de déploration pitoyables. Il s'était accroché au cercueil, l'avait inondé de ses larmes, avec des cris et des imprécations contre les tyrans couronnés. Il avait provoqué des pâmoisons chez les femmes, dont certaines, disait-on, avaient avorté sur-le-champ.

Le Blondinet s'était donné à la Terreur, avec une conviction inébranlable, frayant avec l'anarchiste Gracchus Babeuf. Par respect pour la mémoire de son frère, martyr de la Révolution, l'Assemblée n'avait pas daigné mettre un terme, à sa manière, aux palinodies de ce trublion. Après la chute de Robespierre, quand il avait appelé à la vengeance et menacé le Directoire, on avait jugé qu'il avait passé les bornes de la prudence la plus élémentaire. Il avait dû à mon intervention, et à celle de Barras, de ne pas être déporté en Guyane, ou pire encore.

Quand il me rendit visite pour me remercier d'avoir contribué à le sauver, je lui fis comprendre que je n'avais agi qu'en raison des bons souvenirs que j'avais gardés d'une relation brève mais agréable, et non de son comportement que je jugeais ridicule.

De sa beauté de jadis, il ne restait que des vestiges : visage parcheminé d'ascète, denture de vieux loup, défroque de petit commis aux écritures, et, à la place de sa magnifique chevelure blonde, un crin jaunâtre.

Il me confia, comme s'il ignorait mon action passée, que sa haine pour les Thermidoriens ne l'avait pas abandonné et qu'il ne désespérait pas de venger la mort de son idole, Babeuf, par un complot et un attentat.

Avant de monter à l'échafaud, ce dernier lui avait confié le soin de veiller sur sa famille et sur l'éducation de ses enfants, ce qui, me dit-il, ne lui avait créé aucun souci, car il en avait les moyens. Ses ennuis était d'une autre nature : il était sur le point d'épouser sa nièce, fille de son frère Louis-Michel, quand un riche négociant batave la lui avait enlevée.

Venu pleurer dans mon giron, il repartit sans avoir suscité ma compassion.

J'appris, à quelque temps de là, que cet olibrius s'était acoquiné avec des royalistes dans un attentat manqué contre Bonaparte, rue Saint-Nicaise. Arrêté, il avait été interné en l'île de Ré puis assigné à résidence dans un canton suisse. Guéri de ses velléités de terroriste, il était voué à l'oubli.

Après m'avoir parlé de sa décision avortée de mariage avec sa nièce, il m'avait laissé entendre qu'il aurait aimé reprendre nos relations. J'avais failli lui rire au nez. Il n'y avait pas place dans ma vie pour cette sorte de Golem hystérique.

Sur ces entrefaites, j'étais devenue la maîtresse de Gabriel Ouvrard et son égérie.

Il m'exhibait, au cours de ses réceptions, comme la favorite du Grand Mogol, prenait plaisir à me montrer à son côté à l'Opéra ou au Théâtre-Français, fier comme Jason maître de la Toison d'or.

Les meilleurs moments que je lui dois sont ceux que nous vivions seul à seule au Raincy.

Bien que simple locataire de ce château construit par Le Vau, un entrepreneur qui s'était illustré à Versailles, il avait réalisé des aménagements pour faire de cette résidence un palais à la mode de Pompéi, la ville romaine qu'on venait de découvrir sous les cendres du Vésuve : colonnes doriques, large bassin intérieur avec cascade, salles dallées de marbre aux murs peints à fresques, ornées d'orangers. Au milieu de la grande table de réception s'ouvrait un aquarium de poissons exotiques. Une pergola intérieure faite de verdures et de fleurs artificielles était consacrée au dessert et servait de fumoir.

Le parc était si profond qu'on aurait pu s'y perdre, d'autant qu'il ouvrait sur une forêt qui paraissait sans limites. Nous nous y promenions à cheval, souvent à l'heure de la rosée. Il entrait dans ma chambre à pas feutrés, m'éveillait d'un baiser à l'épaule et me prenait dans ses bras. Moite de sommeil, je laissais ses lèvres savourer mon intimité.

— Les chevaux sont scellés, me disait-il, et le soleil est déjà haut. Nous déjeunerons au retour. Ma chérie, la journée promet d'être belle…

Nous cheminions par de larges allées bordées de pavillons alpin, russe, chinois destinés aux invités, avant de nous engager dans la forêt qui, dans des flocons de brume traversés de rayons, retentissait de chants d'oiseaux.

Les invités de ces parties de campagne étaient, d'un commun accord, triés sur le volet. Il n'empêche, des brebis galeuses s'infiltraient dans l'assistance et, après s'être gobergées, dénigraient leurs hôtes sans scrupules.

Ainsi ce citoyen suisse, Charles de Constant, que nous avait amené Germaine. Il confia sa déception à l'une de mes amies, Valentine de Chastenay, trouvant à redire sur ma toilette, mes talents de musicienne, ma table, mes fréquentations, avant d'ajouter :

— Je conçois que l'on puisse tomber amoureux de votre amie, mais pas plus d'une journée. Je n'ai que mépris pour ce genre de créature...

Nous formions, Ouvrard et moi, un couple atypique mais solide. En témoignent les quatre enfants que je lui ai donnés en moins de quatre ans : Clémence, Jules, Clarisse, Stéphanie. Tous ont réussi dans la vie : bons mariages et brillantes carrières.

Beaucoup de nos amis et connaissances s'interrogeaient sur la nature de nos sentiments réciproques. Ce petit mystère constituait l'essentiel de leurs entretiens, quand nous en étions absents, et nul ne se risqua à le percer par des tentatives de confidences.

Nous avions fini par établir un consensus dont les articles furent rigoureusement observés durant ces quatre années. La base en était une liberté à laquelle ni lui ni moi n'aurions pu renoncer. Il avait ses maîtresses et moi mes amants, dont aucun ne mérite de mention particulière, sauf peut-être Brune, qui me rendait visite à chacune de ses permissions.

Il était devenu, dans le sillage de Bonaparte, un de nos officiers les plus médaillés, et la liste de ses victoires le hissait au premier rang des héros des guerres continentales. Entre nous, pas question de sentiments. Il débarquait de sa voiture, le plus souvent sans prévenir, me prenait à la hussarde, restait une nuit ou deux et repartait de bonne heure. L'odeur du café noir, qu'il buvait à grands bols, se mêle encore pour moi au son de sa voix me racontant, avec la même fougue que dans ses assauts amoureux, ses derniers exploits guerriers.

Il n'aimait pas parler de la douce Angélique, qui jouait

les Pénélope à Brive, leur ville natale, en suivant sur des cartes la route d'une gloire dont elle ne recevait que des reflets. Elle et ses cousines envoyaient à leur héros des colis de truffes, de marrons confits, de foie gras qu'il dégustait dans les bivouacs, sur le cul d'un tambour, en leur trouvant sans doute un goût de nostalgie.

Je prends plaisir à constater que, durant ces quatre années, aucune dissension n'est venue ébranler le couple que nous formions, Ouvrard et moi. Certaines de nos liaisons extraconjugales, encore que nous ne fussions pas mariés, étaient de notoriété publique, et l'on en trouvait des échos dans les journaux à scandale. D'autres restaient secrètes pour ne pas susciter de conflits dans certaines familles. Jamais le moindre sentiment de jalousie ne mêla de vinaigre au vin léger que nous partagions.

Je n'avais pas exclu de ma vie « ce pauvre Tallien », comme on disait dans le cercle de nos relations. Je le voyais même assez souvent, par pitié pour sa tragique solitude sentimentale, et pour l'aider de quelques louis quand il était dans l'embarras.

Il vivait un déclin insensible mais inexorable.

Soutenu par Barras, il avait été élu au Corps législatif des Cinq-Cents, mais y faisait piètre figure. Cet homme qui avait osé provoquer Robespierre, ce tribun chaleureux et sincère, ce grand personnage du Directoire, écouté et respecté, était devenu une chiffe molle. Lorsqu'il se hasardait à prendre la parole, on le comparait à l'eau tiède. Il avait perdu toute audience et on le méprisait.

Il ne pouvait se glorifier que de sa syntaxe. Elle était, j'en conviens, exemplaire, comparée à celle de Barras qui accumulait les fautes mais s'en moquait. C'était entre eux un sujet de querelle, Talllien trouvant ainsi le moyen de montrer une supériorité dérisoire.

« Pauvre Tallien », toujours à gémir sur son impécuniosité et l'indifférence ou le mépris dont il était victime. Lorsque l'état de ses finances le lui permettait, il fréquentait les mauvais lieux, en ramenait des maladies dont il venait se plaindre à moi, comme si j'en étais responsable.

— Un jour, me dit-il, je quitterai la France et personne n'entendra plus parler du gêneur que je suis.

— Où irais-tu, toi qui détestes voyager ?

— Je m'en fous ! Pourvu que je ne voie plus Barras et sa clique...

Il allait partir bientôt. Pour la campagne d'Égypte, avec Bonaparte.

Le Directoire était un grand corps malade.

Ébranlé en permanence par des dissensions, souvent à caractère personnel, il battait de l'aile et menaçait de tomber de la branche.

Durant l'été 1797, l'agitation royaliste se précisa. On avait arrêté le chef d'un complot, Alexandre de Launay, comte d'Antraigues. La police du Directoire avait découvert à son domicile des documents visant à rétablir la royauté.

Les élections générales ayant accusé une dangereuse progression royaliste, les Directeurs avaient senti renaître en eux des nostalgies jacobines mal étouffées. On avait senti passer sur la capitale un premier souffle de Terreur. Barras, le premier Directeur à s'émouvoir, avait fait appel, pour maîtriser la bête, à Bonaparte. Le Corse lui avait envoyé un dur à cuire, le général Augereau, qui, à son arrivée, reçut le titre de commandant de la division militaire de Paris.

Retenu en Italie, Bonaparte avait écrit à Talleyrand : « C'est un grand malheur d'avoir recours aux baïonnettes pour sauver la nation ! » La date de fructidor an V allait entrer dans l'histoire.

Le député catholique de Lyon, Jordan, s'était écrié à l'Assemblée : « Nous voulons entendre de nouveau la voix des cloches nous appelant à la prière ! » Riposte d'un autre député, Eschasseriaux : « Vous ne nous ramènerez pas aux absurdes croyances, aux délirantes superstitions ! » La menace de la « guillotine sèche », qui attendait les prêtres réfractaires « superstitieux », provoqua une nouvelle émigration.

On en était revenu aux débuts de la Révolution. Sur deux cent cinquante religieux exilés en Guyane, il ne devait en rentrer qu'une centaine, fort mal en point. Des prisonniers envoyés aux bagnes de l'île de Ré et de Rochefort, peu survécurent.

Un épisode tragi-comique amusa quelque temps la galerie. L'un des Directeurs, La Révellière, imitant Robespierre, avait lancé l'idée d'un nouveau culte né de son imagination fertile mais burlesque : la *Théophilanthropie*, consacrée aux « adorateurs de Dieu et amis des hommes », qui déclencha mon hilarité.

Il avait conçu une tenue originale pour les officiants : toge bleu céleste, ceinture aurore (*sic !*), tunique blanche rehaussée de parements tricolores pour marquer l'attachement à la République. Les premiers offices, à Notre-Dame, Saint-Sulpice et dans d'autres lieux de culte, déclenchèrent des hourvaris et sombrèrent dans le ridicule.

Barras avait été le premier à se gausser de ce culte de pacotille qui était loin d'égaler le faste de la Déesse Raison : « La Révellière, dit-il, ne risque pas d'être le nouveau Messie et de mourir sur la croix : il est bossu ! »

En Italie, nos armées se donnaient du bon temps entre deux batailles. Soldats et officiers maltraitaient les populations, violaient femmes et filles, pillaient les églises et les maisons des notables suspects. Ils durent faire face à l'insurrection patriotique des *zelantis*, au cours de laquelle un général, Duphot, fut tué par balle. Le général Berthier enleva le pape Pie VI pour le déporter en Toscane, puis en France, à Valence, où il mourut, en août 1799.

Un sentiment de honte m'envahit en constatant que ces événements se déroulaient sur un fond de gabegie, de spéculation et de misère générale. Pour relancer l'économie, les Directeurs avaient décrété une mise en exploitation des terres incultes, accompagnée d'un reboisement. Pour stimuler les populations rurales, on avait organisé des fêtes où l'on entonnait *La Marseillaise du laboureur* :

Allons, amis du labouraage,
Poussez le soc avec vigueur !

Un soir, Ouvrard déboula rue de Babylone, rouge de colère et bégayant : il venait d'assister à la représentation d'une comédie : *Les Nouveaux Riches*, qui le mettait en cause, ainsi que d'autres fournisseurs aux Armées.

Il n'avait pas été cité nommément, mais le public ne s'y était pas trompé et, à la sortie, l'avait hué.

— Je crains pour ma sécurité, et celle de mes affaires, me dit-il. Si je m'écoutais, je foutrais le camp hors de ce pays de merde !

Je le calmai de mon mieux, en lui disant que cette comédie ne serait pas prise au sérieux.

— Les auteurs dramatiques, s'écria-t-il, deviennent des indicateurs ! On ne nous épargne aucune humiliation, alors que le succès de nos armées dépend de notre activité ! J'avoue que je ne suis pas un petit saint, mais, tout de même, me comparer à un brigand...

Par sa qualité, le théâtre du Directoire ne relevait pas celui de la Convention. Qui, dans quelques années, se souviendra d'auteurs comme Armand Charlemagne, Collin d'Harleville, Picard ou Duval ? Quel théâtre osera afficher des comédies aussi ineptes que *La Dot de Suzette* ou *La Poissarde parvenue* ? Les auteurs du Grand Siècle avaient du talent, parfois du génie ; ceux du Directoire n'avaient qu'un mérite : faire rire.

Ouvrard était pour eux une victime de choix, d'autant plus vulnérable que sa vie privée n'était pas exemplaire et ses activités de fournisseur pas exemptes de suspicion.

La situation de nos armées donnait du souci au Gouvernement directorial, déjà empêtré dans des difficultés politiques et économiques.

Les victoires de Bonaparte en Italie ne pouvaient faire oublier que, dans le Nord et l'Est, nos soldats, mal nourris, équipés à la diable, sentant fléchir leur conviction patriotique, désertaient en masse. Par chance, la situation dans les armées ennemies n'était guère plus brillante. Pour comble, l'invasion de l'Irlande, confiée à Hoche, s'était soldée par un échec cinglant.

J'avais appris, en octobre 1797, que la fin de la campagne d'Italie allait nous ramener Bonaparte.

Après avoir mis les Autrichiens à genoux, il avait signé avec le comte de Cobenzel, délégué de la Cour de Vienne, le traité de Campoformio qui mettait fin à une guerre de cinq ans. Il nous confirmait l'occupation de la Belgique, des Pays-Bas, de la rive gauche du Rhin et d'une partie de la Vénétie, contre de modestes contreparties. Bonaparte n'allait pas revenir de sitôt : installé durant quatre mois en Autriche, à Radstadt, ville proche de Salzbourg, pour ses négociations, il se languissait de Joséphine, qui avait refusé de le suivre.

Elle avait quitté Milan en compagnie de son *polichinelle*, Hippolyte Charles, et de son carlin, Fortuné, et cheminait par petites journées, pour profiter de ses derniers jours de liberté et satisfaire aux réceptions que lui réservaient les notables et les populations.

Sa berline entra dans Paris sous des bourrasques de pluie et de neige, dans les premiers jours de janvier, avec Fortuné, mais sans Hippolyte. Elle l'avait prudemment laissé aux barrières en lui promettant qu'ils se reverraient sans tarder. Elle avait prévu d'abriter leurs amours dans la demeure d'un ami complaisant, M. Bodin, rue Saint-Honoré.

Elle me raconta que Bonaparte, retour d'Autriche, avait fait irruption dans sa chambre et lui avait demandé, en maîtrisant sa colère, si elle connaissait « un certain Bodin ».

— Je lui ai répondu, me dit-elle, que j'ignorais son existence. Il a ajouté avec un mauvais sourire : « C'est curieux ! Je viens d'apprendre que tu te rends chez lui chaque jour ou presque... » Je me suis défendue en ripostant qu'il devait s'agir d'une erreur ou de la vengeance de la chambrière que j'avais congédiée. Comme il s'obstinait méchamment, j'ai fini par lui dire que sa jalousie était insupportable et que, s'il souhaitait divorcer, je n'y ferais pas obstacle. Divorcer, un Corse ? Il a chancelé et s'est esbigné en faisant claquer la porte.

Je lui demandai si elle pensait sérieusement se séparer de lui.

— Non, bien sûr ! s'est-elle écriée, mais je refuse de me séparer d'Hippolyte. On vient de l'envoyer aux armées, une manœuvre de Bonaparte, sans doute. J'en ai le cœur déchiré, mais tout reprendra entre nous à son retour. Mon Dieu, qu'ai-je fait à ce *monstre* pour qu'il veuille nous séparer ? Ils n'y parviendront jamais !

Un monstre, Bonaparte ? Elle poussait un peu loin sa vindicte. Elle me confia qu'elle avait fait en sorte que son amant ne fût pas exposé et qu'il s'occupât, à l'arrière, de l'équarrissage des chevaux !

Elle éclata de rire en ajoutant :

— C'est un bon tour que j'ai joué à Bonaparte. S'il l'apprenait...

Elle daigna, alors que j'allais prendre congé, me demander des nouvelles de mon divorce.

J'avais effectué les premières démarches en vue de sa conclusion, en mars 1797. Prétexte invoqué : incompatibilité d'humeur et de caractère. Il en fut pris bonne note par l'homme de loi, mais je dus attendre quatre ans avant que la procédure ne fût close.

Je traversais une période difficile.

Les journaux, j'ignore pourquoi, s'attaquaient à moi, avec ou sans motif valable et sans prendre de gants. L'un d'entre eux osa écrire que j'étais « la plus grande putain de Paris ! » Alors que j'assistais à une réception au Luxembourg, un lascar colla au bas de ma robe ce placard infâme : « Propriété nationale à vendre ! » Il ne se passait guère de semaine que je n'eusse à subir les injures des gazetiers. Ils s'en prenaient à mon « sein blanchi » (par quels artifices ?), à « ma gorge apprêtée » (pour en faire quoi ?), aux diamants que je portais « aux pattes de devant et de derrière »...

J'étais devenue la bête noire de ces olibrius. Ceux qui prenaient ma défense en rappelant mes bienfaits de citoyenne compatissante se faisaient de plus en plus rares. Celle qui avait été la Reine de Paris, Notre-Dame de Thermidor, était jetée en pâture à l'opinion, comme la prostituée de Babylone, le nom de la rue où je demeurais favorisant ce rapprochement.

En août 1797, un événement allait apporter un dérivatif à ces assauts de malveillance.

Les Directeurs avaient décidé de recevoir dignement, au Luxembourg, l'émir Esseil-Ali, ambassadeur de Constantinople. Ce personnage, avec sa suite de serviteurs, son harem et ses eunuques, semblait sortir d'un chapitre des *Mille et Une Nuits*. Je me retrouvai à cette cérémonie en compagnie de Juliette Récamier.

Pour être présentées à cette sommité, Barras nous avait conseillé de revêtir des toilettes à la turque jouant sur la transparence des étoffes et qui nous laissaient ainsi à demi nues. Ce qui nous avait mises dans l'embarras avait été de courir les couturiers pour faire appel à leur imagination et à leur talent.

Nous avons assisté dans cette tenue à la représentation d'une pièce de circonstance, en l'honneur du prince ottoman : *L'Enlèvement au sérail*, de Mozart. Le lendemain, nous étions présentes à une réception à l'ambassade, où les invités étaient accueillis par une fanfare tonitruante de flûtes et de tambours. L'émir fit distribuer aux dames des flacons de parfums aphrodisiaques, bénis par le Grand Mufti de Constantinople.

Sensible à mon charme, l'émir m'invita le lendemain, après une fête dans sa résidence, à une promenade dans le parc, à son bras. Cela fit jaser. Un journal avança la perspective de mon enlèvement et de ma détention dans le harem du prince. Je n'étais pas la seule, pourtant à avoir retenu l'attention de l'émir. Il passait de l'une à l'autre en distribuant des présents.

Durant quelques semaines, cette visite officielle allait susciter dans la mode un engouement pour l'exotisme à la turque. Dans les boutiques du Palais-Royal et de la rue Saint-Honoré, on proposait à la clientèle des bijoux, des éventails, des tuniques, des babouches et des narguilhés...

Au cours d'un repas au Luxembourg, l'émir Esseil-Ali

obtint la faveur de m'avoir à sa droite. Il me félicita d'avoir renoncé aux boissons fortes et d'éviter la viande de porc (ce n'étaient que des décisions provisoires !). Il avait meublé ses propos de récits de combats contre les infidèles et de descriptions des palais et des mosquées de sa ville. Il nous apprit que son domicile, proche de celui du Sultan, donnait sur le Bosphore et les rivages d'Asie.

Curieux de connaître le nom de mon parfum favori, il fut ravi d'apprendre que j'usais quotidiennement (pieux mensonge) de *Nuits du sérail.* Il enveloppa dans son mouchoir quelques pastilles aphrodisiaques extraites d'un boîtier en or massif ceint de diamants, et les glissa dans ma main qu'il garda longtemps dans la sienne. Le lendemain, à l'issue de notre promenade, il m'offrit un flacon d'eau de rose, une pièce d'étoffe brodée d'or et quelques bijoux. J'attendais qu'il m'invitât à visiter son sérail. Heureusement, cette idée ne lui vint pas...

Au temps où je préparais mon divorce, dont tous mes amis étaient informés, Barras, le premier dans la confidence, me le déconseilla.

— Laisse pisser le mérinos ! me dit-il avec son franc-parler. À quoi cela te servirait-il ? Tallien n'est plus rien pour toi. C'est une épave et tu risques de la faire sombrer inutilement. Contente-toi d'un divorce implicite.

D'autres n'étaient pas de cet avis, qui me disaient :

— Un divorce est la seule façon de couper les ponts avec lui ! Le risque est qu'il prenne mal la chose et mette fin à ses jours, ce que personne ne regrettera. D'ailleurs, il est déjà mort...

Ce « pauvre Tallien » vivait dans la misère et ne faisait rien pour en émerger. Il se suffisait à peine des vingt-huit francs par jour que constituaient ses émoluments de député aux Cinq-Cents. Il en donnait une part à sa vieille mère qui veillait toujours sur lui, et dissipait le reste dans les cabarets, les auberges et les bordels.

On me l'avait ramené une nuit rue de Babylone, ivre mort et les vêtements en loques. L'officier de police qui l'accompagnait me raconta qu'il avait fait du tapage dans un bouge de la rue Saint-Denis. Il avait brandi son couteau de poche en disant qu'il allait abattre les « nouveaux Robespierre », avant de s'écrouler, victime d'une crise de « haut mal », écumant et vomissant sur le parquet.

Le lendemain, Tallien passa une bonne heure dans le cabinet de toilette, apparemment remis de ses émotions, et chantonnait en se rasant. Il ressortit, dans mon peignoir de bain, frais comme un gardon, et me dit, après avoir avalé un bol de café et des tartines grillées :

— Tu demanderas à Frenelle de nettoyer et de repasser mon habit. Il me faut une tenue correcte pour me présenter devant Bonaparte. Tu sais qu'il déteste les négligences dans la tenue.

Persuadée qu'il s'agissait d'une fanfaronnade, je m'abstins de lui poser la question qu'il attendait sans doute, sur le motif de cet événement. Il la prévint.

— Eh oui ! ma chère. Bonaparte a tenu à me faire participer à son projet d'expédition en Égypte, contre l'occupant turc. Je ne peux lui refuser mon concours.

— En Égypte, toi qui ne peux traverser la Seine sans avoir le mal de mer. Et dans une armée, en plus ? Tu plaisantes ?

Il se rengorgea, se resservit de café et ajouta :

— En Égypte, oui, mais pas dans l'armée. Le général partira avec des savants, des philosophes, des écrivains et des artistes.

— Dans laquelle de ces disciplines dois-tu figurer ?

— Parmi les écrivains. Bonaparte s'est souvenu que je suis un érudit et que je possède l'une des plus riches bibliothèques de Paris. Il se pourrait même que je fasse office de secrétaire.

Il ajouta en s'asseyant sur le sofa et en allumant un petit cigare d'un air avantageux :

— Ça ne devrait pas te surprendre, toi qui as puisé abondamment dans mes livres et mes collections.

J'approuvai d'un battement de cils. Tallien était certes un érudit ; il avait lu les auteurs de l'Antiquité, qu'il ne se privait pas de citer, s'était abreuvé aux sources de l'*Encyclopédie* et parlait des livres qu'il écrirait un jour, quand ses activités politiques lui en laisseraient le temps. Je pouvais admettre qu'il pût apporter quelque lumière au Corse. Il me cita les noms de quelques personnages auxquels il allait être mêlé : des sommités dans toutes les disciplines.

— Ne fais pas cette folie, lui dis-je. Si tu pars, tu ne reviendras pas. Ta santé est fragile. Le climat te tuera.

Il jeta une bouffée au plafond et éclata de rire.

— Je te manquerais donc, vraiment? Cette expédition, ma chérie, n'est pas une « folie » et, en dépit des apparences, je suis plus robuste que tu le crois. De plus, je me suis promis d'observer une bonne conduite.

— Tu aurais dû commencer la nuit dernière !

— La nuit dernière, dis-tu? Que s'est-il passé?

Cette expédition d'Égypte était bel et bien une folie. Tous en convenaient, hormis le cercle de complices du général. Ce rêve d'Orient paraissait aussi utopique que l'invasion de l'Angleterre ou même de l'Irlande, mais Barras, à quelques jours de là, me fournit quelques bonnes raisons de croire à ce projet :

— En occupant l'isthme de Suez, me dit-il, nous désorganiserons le commerce anglais vers les Indes. Nous pourrons faire de l'Égypte une colonie capable de nous fournir les denrées que nous ne recevons plus de Saint-Domingue. Ce pays constituera une excellente base militaire et maritime le jour où nous déciderons de contester les Indes aux Anglais...

Il avait ajouté à voix basse, comme si la police était à ma porte :

— Je ne te cache pas que la grande ambition de Bonaparte semble être de suivre les traces d'Alexandre le Grand et de se créer un empire au cœur de l'Asie. La campagne d'Italie a été pour lui le tremplin idéal. La conquête de l'Égypte confirmerait cette ambition. Il est vrai qu'il aurait affaire à forte partie, avec l'Angleterre qui règne sur toutes les mers du monde

— Et je suppose que toi et les autres Directeurs serez ravis d'être débarrassés de ce personnage encombrant et d'éviter qu'en devenant une sorte de héros national, il ne nourrisse des ambitions politiques...

— C'est bien vu ! Toi-même dois être satisfaite de voir Tallien suivre Bonaparte et te soulager de ce poids mort.

— Détrompe-toi. J'ai tenté de l'en dissuader, mais il ne m'a pas écoutée.

— Tu es en pleine contradiction ! Tu engages un divorce et tu répugnes à te séparer de lui !

— M'en séparer, oui, mais pas dans ces conditions. J'ai la certitude que, s'il part, il ne reviendra pas. Je souhaite son éloignement, pas sa mort. Va lui faire entendre raison ! Il compte sur cette expédition pour faire parler de lui et rebondir.

— J'en serais surpris. Un ballon crevé ne rebondit pas.

Je percevais des échos divers sur cette aventure. Les uns y voyaient la possibilité d'une revanche sur les prétentions hégémoniques de l'Angleterre. D'autres redoutaient de voir nos navires chargés de troupes attaqués et coulés par l'amiral Nelson, avant même de toucher aux côtes d'Afrique. Certains, enfin, trouvaient absurde de créer une nouvelle colonie, alors que celles que nous avions déjà sombraient dans l'anarchie et que l'esclavage avait vécu.

Au début de mai 1798, Tallien me fit des adieux pathétiques.

— Ma chérie, me dit-il, je te promets, au nom de notre fille, de revenir. Tu as devant toi un homme nouveau, bien décidé à faire table rase de ses erreurs passées. Le vent et le sable du désert m'y aideront.

Il mouilla de ses larmes, avec des sanglots, le creux de mon épaule. Je glissai dans sa poche quelques rouleaux de louis et une miniature représentant notre petite Laure, peinte à l'Abbaye-au-Bois, où je l'avais mise en pension.

Le 19 mai, à Toulon, Bonaparte donna le signal du départ à une flotte de deux cents navires de tous tonnages transportant une armée de trente mille hommes. Tallien était monté sur le *Vif*.

Ouvrard m'apporta une grande carte de la Méditerranée achetée à un bouquiniste. Elle rejoignit celle dont Tallien m'avait fait présent peu avant de quitter Paris, et qui représentait l'Égypte. Par Lanjuinais, Barras et les journaux, j'étais informée du déroulement de l'expédition. Nous avions pris Malte aux Anglais et nos navires, passant au travers des filets tendus par Nelson, avaient accosté à Alexandrie. Bonaparte, par une lettre au pacha d'Égypte, avait tenté de justifier cette invasion, qu'il présentait comme une tentative de libérer le pays de la tyrannie des mamelouks, créatures du sultan de Constantinople.

Dans les premiers jours de juillet, par une chaleur torride, les premiers éléments de l'armée remontaient le Nil. Un mois plus tard, une lettre de Tallien m'informait de la victoire de Nelson contre notre flotte, devant Aboukir. Quatre vaisseaux seulement avaient échappé à l'anéantissement. Sans sa flotte, Bonaparte était prisonnier de sa conquête.

Tallien me disait dans sa lettre : « Nous sommes dans la plus grande consternation… Séparé de mon pays et de tout ce qui m'est cher, je ne puis prévoir le moment de mon retour… Bonaparte traverse une passe dangereuse. Raison de plus pour m'attacher à son sort. Je préférerais mille fois être près de toi et de TA fille. Si j'ai le bonheur de revenir, ce sera pour ne plus repartir… »

Il me faisait un tableau pathétique de la vie qu'il menait sous ce climat accablant et un récit détaillé de la bataille victorieuse livrée aux mamelouks.

Tallien n'était pas resté inactif. Il avait créé un journal : *La Décade égyptienne*, et œuvré à la création d'un Institut.

Dans une autre de ses lettres, il me conjurait de ne pas vendre la Chaumière. C'était déjà fait, ce qui m'avait permis d'acheter à Ouvrard, à des conditions exceptionnelles, son hôtel de la rue de Babylone, et j'avais de plus un appartement rue Saint-Honoré, et Le Raincy pour me détendre.

Mon étoile n'avait rien perdu de son éclat et les journaux à scandale commençaient à me négliger. L'un d'eux publia pourtant un article sévère, qui fit sensation : « Un trio mène la danse à Paris : Barras pour la politique, Ouvrard pour les finances et Mme Tallien pour les plaisirs. La famine est en bas, les fêtes et le luxe en haut… » Tout occupés aux guérillas entre factions royalistes et jacobines, les Directeurs paraissaient se désintéresser de la misère qui régnait dans la population. « D'un côté, disait-on, les ventres pourris et de l'autre les ventres creux ! » On s'attendait, d'un jour à l'autre, à un soulèvement général de ces derniers.

En Égypte, les choses tournaient mal pour l'expédition, dont Tallien me donnait fréquemment des nouvelles.

Bonaparte avait entrepris en Syrie une incursion commandée par le général Kléber, qui avait piteusement échoué. Les mamelouks redressaient la tête et les populations indigènes se soulevaient contre l'envahisseur. À Paris, on s'interrogeait : qu'allait faire Bonaparte ? Il avait compris que cette tentative de colonisation était une duperie et un piège. Il se dit qu'il aurait été plus utile en France, pour ramener de l'ordre dans la chienlit du Directoire.

En août 1799, il embarqua. Il laissait son corps expéditionnaire dans la plus grande confusion, entre Kléber, qui préconisait un retour au pays, et Menou qui préférait une installation durable ou définitive. L'assassinat de Kléber par des indigènes avait favorisé le choix de ce dernier : il se voyait déjà maître de la colonie ; après s'être converti à l'islam, il signait ses lettres au Directoire *Abdallal Menou*...

Ce piètre personnage aux ambitions absurdes et démesurées avait pris Tallien en grippe. Il lui reprochait son passé de terroriste, son activité brouillonne et son esprit d'indépendance. Incapable, disait-il, de supporter « son souffle pestilentiel », il l'obligea à réembarquer au plus vite. Tallien quitta l'Égypte un an après Bonaparte et ne put retrouver le sol natal qu'après bien des péripéties.

Entre-temps, il s'était passé en France des événements graves...

Jean-Denis Lanjuinais. Paris, 1798-1799

Je me suis longtemps interrogé sur les sentiments qui m'attachaient à Mme Tallien.

On ne pouvait l'approcher sans tomber sous son charme et parfois en être épris, que l'on soit du sexe masculin ou féminin. Sa grande amie, Joséphine, lui vouait une véritable passion qui passait les limites de l'amitié, à ce que prétendirent les mauvaises langues. À vingt-cinq ans (mon âge, à quelques mois près), il émanait d'elle un charme qui ne devait pas tout à sa beauté. Sans qu'elle eût à y mettre du sien, elle provoquait parmi ceux qui l'approchaient une sorte d'envoûtement. Pourquoi se serait-elle mise en position de séductrice, alors que tant d'hommes la convoitaient ?

Au lendemain de Thermidor, je lui avais servi d'argus, et cela durant des années.

Notre première rencontre avait eu lieu à Grosbois, chez Barras. Elle y jouait les Diane, sans l'arc et les flèches, car elle avait en horreur ce qu'elle appelait la « chasse de plaisance ». Nous avons bavardé à la tombée du jour, sous une charmille de chèvrefeuille. Curieuse des événements, elle m'avait demandé de lui rapporter ceux des jours passés. Elle avait voulu savoir d'où venait la claudication dont je suis affecté. Était-ce une blessure de guerre ? C'était une banale chute de cheval, près de Rennes, ma ville natale.

À l'issue de ce premier entretien, je fus agréablement surpris de l'intérêt qu'elle manifestait à l'humble personnage que je suis. Je lui parlai de ma condition d'avocat et de mon orientation vers la politique. J'avais participé, en tant que professeur de droit ecclésiastique, à l'élaboration de la Constitution civile du clergé. Je puis notamment me flatter d'avoir enlevé aux prêtres, pour les confier aux municipalités, les actes d'état civil.

Nos opinions avaient convergé pour désapprouver l'exécution du roi et de la reine, à laquelle nous eussions préféré l'exil. J'étais adversaire de la peine de mort, mais j'avais approuvé l'exécution de Marat, cette vermine, dont Charlotte Corday s'était chargée.

Elle m'avait demandé quels rapports j'avais eus avec les Girondins.

— Beaucoup étaient mes amis, lui avais-je répondu. Leur arrestation m'a décidé à trouver refuge à Rennes, dans ma famille. Je n'en suis revenu qu'après Thermidor, pour participer à la rédaction de la nouvelle Constitution, celle de l'an III. Élu au Conseil des Cinq-Cents, j'y ai connu M. Tallien.

La nuit était tombée sans que j'en eusse conscience. Des couples munis de lanternes de papier déambulaient dans les allées. À travers la pénombre qui nous enveloppait, je voyais scintiller les bagues de diamant qu'elle portait aux orteils, et la coulée luminescente de sa tunique de soie blanche. Elle ne devait rien percevoir de moi, qui suis toujours vêtu de sombre.

— On va nous attendre pour la médianoche, me dit-elle. Me tiendrez-vous compagnie ?

— J'en serais flatté, ai-je répondu, mais à une condition : que vous me parliez de votre enfance à Carabanchel.

Elle a égrené un rire avant d'ajouter :

— Je n'en vois pas l'intérêt, monsieur Lanjuinais, mais si cela peut vous être agréable…

À quelques jours de là, à sa demande, je lui ai apporté mon dernier livre : *Réflexions patriotiques*. Elle l'a lu et il lui a plu. Elle m'a confié qu'elle y avait découvert des identités de vues entre nous, ce qui m'a fait chaud au cœur. Invité à la Chaumière et rue de Babylone, j'ai participé aux repas et aux fêtes et, mêlé à la meilleure société de Paris, à des entretiens et des controverses avec Tallien, Barras, Talleyrand, Fouché et des dames comme Juliette Récamier et Germaine de Staël.

Mme Tallien a cherché discrètement à me pousser dans l'intimité de Fortunée Hamelin, épouse très libre d'un riche négociant, mais je n'appréciais guère sa vulgarité et ses propos de poissarde, comme elle ne s'intéressait guère à un infirme sans avantage particulier. D'ailleurs, je vivais en union libre avec une citoyenne d'origine bretonne, comme moi, qui prenait soin de ma personne.

Mme Tallien avait pris l'habitude d'attendre de moi les nouvelles du jour et leurs commentaires. Lorsque, pris par mes affaires, je manquais un rendez-vous, elle me rabrouait gentiment. Parfois sa curiosité m'embarrassait : elle voulait tout savoir, me demandait de lui révéler les propos perçus dans les couloirs du Conseil ou dans les lieux publics, en prenait note ou demandait à sa secrétaire, Frenelle, de le faire à sa place.

L'intimité qui s'était instaurée entre nous n'a jamais dérivé vers le marivaudage. Pourtant, certains jours, après que j'eus dévidé ma pelote, sa main se posait sur la mienne. Elle m'embrassait dès que j'avais passé sa porte, et, quand je partais, elle me disait :

— À demain, mon petit Jean-Denis. J'espère que vous aurez plus de temps à me consacrer.

Nous avions scellé ainsi une amitié capable de résister au temps. Nous ne nous sommes querellés qu'une fois, à propos d'Ouvrard. Je détestais cet archétype des profiteurs du régime et reprochais à Mme Tallien de s'être *acoquinée* avec lui. Le terme l'a choquée.

— De quel droit, me dit-elle, traitez-vous mon ami de coquin ? La loi interdirait-elle de réaliser de bonnes affaires ? Vous parlez du père de mes enfants, monsieur. Veuillez retirer ce propos malveillant.

Par fierté, je n'en fis rien. Rouge d'indignation, sans un mot, elle me montra la porte.

Nous sommes restés une semaine sans nous voir. Dans le billet que je reçus, alors que je n'attendais plus qu'elle me fît signe, elle se montrait surprise de n'avoir plus ma visite. J'expédiai les affaires courantes et, quelques heures plus tard, me présentai à son domicile. Elle me reçut comme si rien ne s'était passé entre nous et me dit en me tendant sa boîte à cigares et une tabatière :

— Alors, Jean-Denis, où en est-on de ce fameux coup d'État dont on parle tant ? Barras est passé en coup de vent, m'en a dit trois mots et a filé. J'espère que vous serez plus loquace…

Je m'assis près d'elle et lui racontai l'événement dont j'avais été en partie le témoin. De tout le temps que cela me prit, sa main resta accrochée à la mienne.

Bonaparte, après avoir réussi à tromper la flotte de Nelson, avait accosté à Saint-Raphaël avec un petit corps de troupe, marché sur Avignon et pris en cours de route la mesure de sa popularité. Auréolé de la victoire d'Aboukir qui avait fait oublier la perte de sa flotte, il avait été partout accueilli en héros. Arrivé à Paris, lorsqu'il se présenta comme candidat au Directoire, on lui fit barrage en invoquant la limite d'âge !

Quel parti prendre ? Celui des néo-Jacobins ? Il aurait été tenté de le faire, en bon fils de la Révolution, mais leurs excès l'exaspéraient. Celui des royalistes ? Noble lui-même, il ne souhaitait pas le retour des fantoches qui se livraient à leurs palinodies au-delà des frontières. Se mettre en phase avec des Directeurs mi-chèvre mi-chou, ces marionnettes, il ne s'en ressentait pas : c'eût été faire cause commune avec l'inertie, l'incompétence et la sottise.

C'est un Directeur, Sieyès, prêtre défroqué, qui l'imposa à ses pairs en s'écriant :

— La situation présente demande un sabre. Eh bien ! nous l'avons : c'est Bonaparte. Lui seul est capable de trancher le nœud gordien !

Cette périphrase cachait une réalité : seul le vainqueur

des mamelouks pouvait prendre la tête du coup d'État dont l'idée était dans l'air. L'ancien prêtre et le général eurent un entretien destiné à convenir de cette opération et à en dresser les plans.

— Bonaparte, dis-je, vient de recevoir le commandement militaire de Paris. Il semble qu'il n'a pas attendu longtemps avant de prendre l'affaire en main. N'avez-vous pas vu ou entendu, ce matin, des mouvements de troupes en direction des Tuileries, où siège le Conseil des Anciens ?

— J'ai dormi tard dans la matinée et n'ai rien entendu de ce que vous dites. Que s'est-il passé ?

— Les membres du Conseil avaient décidé de se réfugier à Saint-Cloud, mais Bonaparte les a rassurés. On m'a rapporté ses propos : il s'est proclamé « ennemi du désordre et de la violence » ; il veut « une République fondée sur la liberté civile et la représentation nationale ». Ce sont ses propres mots, madame. Cela sous-entend qu'il souhaite avant tout mettre un terme aux agitations des Jacobins.

— Où étiez-vous à ce moment-là ?

J'ai libéré ma main pour retrouver les notes que j'avais jetées sur un calepin.

— Dans les parages des Tuileries, madame, en compagnie d'un secrétaire de Bonaparte, Buttot. Le général sortait du palais. Il s'est approché de nous. Je l'ai entendu dire à Buttot et au groupe qui nous entourait : « Dans quel état j'ai quitté la France pour l'Égypte, et dans quel état je la retrouve ! J'ai laissé le pays en paix, et je retrouve la guerre. Je vous ai confié des conquêtes et l'ennemi viole de nouveau nos frontières. Je vous ai envoyé des millions d'Italie pour ne retrouver que spoliation et misère... Cet état de choses ne peut durer. Il nous mènerait au despotisme avant trois mois ! »

Elle me demanda quel était le rôle de Barras dans cette opération.

— Il se tient dans l'expectative. Le « Roi Barras », comme on l'appelait, perdra sa couronne dans cette affaire et laissera le champ libre à Bonaparte. Il se murmure que le général a chargé Talleyrand de proposer une forte somme à Barras pour qu'il prenne son parti. Cet argent n'est pas parvenu à l'intéressé, le commissionnaire l'ayant, à ce qu'on dit, mis au frais dans sa cave ! Cela reste à confirmer… Une chose est certaine : les Directeurs Sieyès, Ducos et Barras ont démissionné, et deux autres, Gohier et Moulin, sont placés en garde à vue. Bonaparte a la voie libre. Faut-il s'en réjouir ? Ma foi, nous le saurons demain, peut-être…

Mme Tallien s'était levée et s'était avancée vers une fenêtre, sa levrette dans ses bras, lui léchant les oreilles – heureux animal ! Elle était restée un moment muette, comme si elle observait les mouvements de la rue. Son profil délicat, dessiné à contre-jour, ne trahissait rien de ses pensées. Songeait-elle à Bonaparte, qui l'avait vainement courtisée ? À Barras, qui avait été longtemps son amant et son protecteur ? À Tallien, qui lui avait sauvé la vie à deux reprises ?

Je me suis retiré sans la déranger dans sa méditation.

C'est le lendemain, 10 novembre 1799 (19 brumaire), que le Consulat allait naître sur les ruines du Directoire. Bonaparte, maître de la situation, allait prendre le titre de Premier Consul.

Ce coup d'État me concernait directement, élu que j'étais au Conseil des Anciens par soixante-treize départements. Je me rendis donc à Saint-Cloud ce jour-là, assez tôt dans la matinée pour voir des centaines de soldats entourer le château, brandir leurs armes et leurs chapeaux pour réclamer leur arriéré de solde.

Je me dis que la journée allait être chaude ; elle fut brûlante.

Quand je pénétrai dans la salle de réunion, les Anciens avaient déjà pris acte de la chute du Directoire. On attendait Bonaparte. Il arriva d'un pas saccadé, monta à la tribune, et là, à ma grande stupéfaction, je l'entendis prononcer un discours d'une navrante médiocrité, d'une voix hésitante, hachée et pitoyable. Il redescendit d'un pas hésitant, pâle comme un mort, sous un concert d'imprécations. Un sabre, Bonaparte ? Sûrement. De bois ? Peut-être.

Accompagné d'un groupe d'Anciens, je suivis Bonaparte

et ses partisans à l'Orangerie où siégeait le Conseil des Cinq-Cents, qu'il allait devoir affronter. Il fut accueilli par des sarcasmes et des insultes. On le traita de « fossoyeur de la République » et de « hors-la-loi ». On lui reprocha le massacre des populations égyptiennes. Des députés descendirent de leur banc pour le molester. Visage crispé, cadavérique, il subit, immobile et muet, ce flot de haine, comme le Christ livré à la populace de Jérusalem.

Son frère, Lucien, qui présidait cette assemblée, se démenait pour ramener l'ordre et la décence, mais en vain. J'entendis, venant du dehors, un roulement de tambour et des mots d'ordre jetés à pleine voix. Les généraux Murat et Leclerc faisaient avancer leurs grenadiers au pas de charge. J'entendis la voix de Murat, qui hurlait :

— Vous allez me foutre tous ces gens dehors !

La troupe fonça dans l'Orangerie avec des clameurs guerrières, baïonnette au canon, et provoqua une débandade générale. Des députés sautaient par les fenêtres et se dispersaient dans les jardins comme une volée de corbeaux.

Bonaparte restait maître de la place, sans qu'il eût rien fait pour s'y maintenir. Sieyès avait souhaité un coup d'État politique ; il fut militaire.

Au cours des heures qui suivirent dans la plus grande confusion, ce qui restait des Anciens et des Cinq-Cents favorables à Bonaparte allait prendre une décision capitale : créer un nouveau corps exécutif baptisé Consulat. Il allait être dirigé par trois Consuls, à titre provisoire : Bonaparte, Sieyès et Ducos, avec pour mission d'élaborer une nouvelle Constitution, la quatrième depuis le début de la Révolution. Quant à l'élection du corps législatif, elle était remise à plus tard.

Dans une proclamation qui avait des relents de dictature, Bonaparte se dit « au-dessus des partis », pour sous-entendre que le Consulat, et le Premier Consul notamment, allait régner sur tous. Il proclamait que les premiers mots de cette Constitution seraient : « Liberté, égalité et… propriété », ce qui allait mettre la bourgeoisie de son côté.

Il achevait son allocution en termes lyriques : « Des assassins veulent faire régner la terreur. Des députés, armés de stylets et d'armes à feu (*sic!*), ont proféré des menaces de mort... Je porte mon indignation et ma douleur au Conseil des Anciens pour qu'il s'unisse à moi... »

Certains ont prétendu qu'au cours de la précédente réunion Bonaparte avait été agressé physiquement au point d'avoir le « visage en sang ». Je puis témoigner qu'il n'en était rien, et que cela n'avait été dit que pour servir sa cause, de même que l'affaire des députés « armés de stylets et d'armes à feu » !

Il avait terminé son pathos par ces paroles rassurantes : « Français, vous reconnaîtrez dans ma conduite celle d'un soldat de la liberté et d'un citoyen dévoué à la République... Nous avons assuré la dispersion des factieux qui opprimaient les Conseils et qui, après avoir été odieux, sont devenus méprisables. »

La capitale accueillit ce coup de force par le calme et le silence. On attendait une réaction des faubourgs; elle ne se produisit pas. Le Directoire ayant démissionné, l'intrusion de Bonaparte par cette brèche et l'occupation d'un lieu désert avaient semblé naturelles. On avait des Consuls, comme chez les Romains, ce qui donnait un semblant de sérieux au nouveau gouvernement. On verrait bien ce qui allait en ressortir...

J'appris à Mme Tallien qu'à l'« invitation » de Bonaparte le « Roi Barras », ayant démissionné, avait dû prendre la route de Grosbois avec une escorte d'une dizaine de dragons destinés à assurer sa sécurité ! Les humiliations qu'il avait subies l'incitaient lui-même à se faire oublier.

Ses amis, ses maîtresses, ses collaborateurs l'avaient abandonné à ses illusions perdues. Son espoir d'une faveur de Bonaparte, d'un poste au gouvernement, s'était évanoui. À quarante-quatre ans, il n'était plus qu'un simple citoyen, exécré par le héros du jour, qui reprochait à cet homme politique peu fiable sa formule : « Les plaisirs d'abord, les affaires demain ! » Il entrait dans cette antipathie un esprit de vengeance : il n'ignorait pas que Barras avait été l'amant de Joséphine.

Barras avait songé à demander à Bonaparte la permission de se réfugier en Provence, auprès de son épouse, Pélagie, mais Paris lui eût trop manqué. Rancunier et impitoyable, Bonaparte, le jugeant encore dangereux, l'exila en Belgique, puis en Italie, avant de lui permettre de regagner son domaine de Fox-Amphoux. Ce n'est qu'avec la chute de Napoléon, devenu Empereur, qu'il retrouva sa liberté. Il ne finit pas ses jours en Provence mais sur la colline de Chaillot, avec l'impression d'avoir encore la capitale à ses pieds, mais Paris l'avait depuis longtemps oublié.

J'eus l'occasion, quelques mois plus tard, de parler de Tallien avec mon amie Thérésa.

Le retour d'Égypte avait été une véritable odyssée. Son navire capturé par la flotte anglaise, il avait été enfermé dans une citadelle de Malte puis envoyé en Angleterre. Il avait eu la surprise, à Londres, de se voir traité non comme un prisonnier mais comme un hôte de choix : on avait découvert dans ses bagages des documents dans lesquels il proclamait son acrimonie contre Bonaparte.

Il avait été reçu aux Communes, on avait donné des soupers en son honneur, la duchesse du Devonshire lui avait offert son portrait en miniature. Il avait gardé le portrait et avait retourné à la dame les pierres précieuses qui lui servaient d'écrin.

— Je le reconnais bien là ! me dit Mme Tallien. Il a toujours manifesté de l'indifférence pour l'argent, quoi qu'aient pu en dire ses détracteurs.

Libre de retourner en France, Tallien allait être mal accueilli, en raison des critiques qu'il avait formulées à Londres contre Bonaparte. Il avait subi des chicaneries à Calais, où son bagage avait été mis sous séquestre. Il entrait dans Paris comme dans un guêpier, à visage découvert.

— Cela aussi, me dit ma compagne, est bien de lui : ce goût de la provocation. Sciemment ou non, il a une sorte de prédilection pour les situations dangereuses. Il ne va pas tarder à montrer le bout de son nez et peut compter sur moi pour lui chanter pouilles. Que n'est-il resté en Égypte, à jouer les pachas, ou à Londres à se faire admirer de la *gentry* ?

Je ne fus pas surpris d'apprendre que le premier souci de Tallien, en retrouvant Paris, serait de se précipiter chez son ancienne épouse. Je n'ai pas assisté au retour de l'enfant prodigue, mais elle s'est chargée de m'en donner une relation détaillée, ce qui donne la mesure de notre intimité.

— J'ai été surprise, me dit-elle, de sa bonne mine, de sa tenue élégante et de sa belle humeur, comme s'il revenait d'une cure. Il paraît décidé à se relancer dans la politique, mais je crains qu'il ne se fasse étriller ou, pire, qu'on l'ignore.

Il lui avait rapporté un objet découvert dans la tombe d'un Pharaon : une femme allongée en forme de lampe à huile.

— Il ne m'a pas épargné ses sarcasmes, me reprochant mes amours avec Barras, ma cohabitation avec Ouvrard et même, ce qui est un comble, mes *familiarités* avec l'envoyé de Constantinople, dont on avait parlé à Londres ! Il devait être ivre car il brandissait sa canne sous mon nez. J'ai mis un terme à sa colère en lui montrant la porte. Que va-t-il devenir, dites-moi ?

Je n'en savais fichtre rien. Ce que je puis dire aujourd'hui, c'est qu'il a tenté en vain de se rapprocher du Premier Consul et que, de guerre lasse, il a fini par consentir à l'oubli.

Frenelle. Paris, 1799, 1800...

Je n'aimais guère Jean-Denis Lanjuinais, le « boiteux », comme nous l'appelions dans le service de madame.

Assez bel homme au demeurant, de belle taille, beau parleur, il était toujours vêtu de sombre, ce qui lui donnait l'allure d'un notaire ou d'un croque-mort, et fort imbu de sa personne. À l'entendre, ce qui m'arriva souvent, il était pour une large part dans les événements de Brumaire. Il portait sur lui et laissait dans son sillage une forte odeur de tabac à priser, dont il abusait, ce qui ne paraissait pas incommoder madame. Après qu'il s'était retiré, j'ouvrais grandes les fenêtres du salon, malgré les protestations de madame.

Les relations de ma maîtresse avec celui qu'elle appelait son « argus », ont été, autant que je pusse en juger, platoniques, mais je flairais en lui le galant. Insatisfait auprès de madame, il s'en était pris un jour à moi. Et je te débite des galanteries... et je te fais des promesses de cadeaux... Le jour où il a tenté de retrousser mes jupes, il reçut à la joue une magistrale giroflée à cinq feuilles. Il ne m'en a pas tenu rigueur mais a cessé de m'importuner.

Madame semblait ne pouvoir se séparer de lui, comme lui d'elle.

Elle le gardait parfois à dîner ou à souper. Il se montrait exigeant sur la qualité des mets que notre cuisinière lui préparait de son mieux, en dépit de la difficulté à se procurer les subsistances. Il savourait les vins en connaisseur et renvoyait à l'office ceux qui ne lui convenaient pas. Il n'apporta jamais son pain, comme cela se faisait à l'époque quand on était invité.

Je dis un jour à madame :

— Votre Lanjuinais est un grand bavard. Tout ce qu'il vous rapporte a été pris dans les journaux. Il se contente de répéter les nouvelles comme un perroquet, mais il a plus d'appétit que ce volatile.

— Je sais, m'a-t-elle répondu, que tu ne l'aimes guère, surtout parce qu'il prise du tabac. Cela m'indispose aussi, mais je ne puis le priver de cette manie. Il m'est utile. En une heure de présence il m'en apprend plus que par la lecture des journaux, et avec plus d'agrément.

J'étais présente lorsque ma maîtresse reçut Mme Joséphine et cette image de bonbonnière, la « petite Hamelin ». Mme Bonaparte nous raconta la première visite que lui avait fait son héros au retour de l'Égypte. Cela tient du vaudeville, de la tragi-comédie, et affleure le drame.

Lorsque Bonaparte surgit dans l'appartement de son épouse, rue Chantereine, il le trouva désert. Persuadé qu'elle filait une idylle avec Charles, son « polichinelle », ou quelque autre greluchon, il laissa éclater sa colère. Il ignorait alors que Joséphine était partie à sa rencontre et que leurs voitures s'étaient croisées.

Il renvoya sa suite et attendit l'infidèle en demandant au concierge d'interdire sa porte à qui que ce soit.

Le premier qui-que-ce-soit qui se présenta fut Joséphine. Elle arrivait en pleine nuit.

— Je demande au concierge, dit Mme Joséphine, si le général est arrivé. Il me dit qu'il est à l'étage et semble de fort mauvaise humeur. Ah ! mes amies, vous dire l'angoisse qui me tenaillait... À quoi pouvait-il attribuer mon absence ? Quand j'ai voulu le rejoindre, le portier m'a interdit l'escalier : consigne du général ! Je le bouscule et monte au premier. Je frappe à ma porte. Personne ne répond. Je tambourine. Toujours rien ! Je sais qu'il est là puisque j'ai entendu bouger un meuble et qu'il doit m'entendre. Alors, je lui ai parlé, parlé, parlé… Je lui ai dit qu'il se méprenait, que je lui étais fidèle en dépit des apparences, qu'il avait tort de croire les ragots que l'on répandait sur moi comme de la boue, que si j'avais commis quelque faute je m'en repentais… Et je pleurais, avec des sanglots assez forts pour qu'il puisse les entendre.

— Et malgré ça, la porte est restée fermée ? dit Fortunée.

— Encore de longues minutes, oui…

— … et la porte s'est enfin ouverte ! lança d'un ton ironique cette impertinente de Hamelin.

— Enfin, oui ! Ce pauvre Bonaparte… Il pleurait lui aussi en m'étreignant à m'étouffer. Il était dans un état, mes chéries… Son uniforme était couvert de poussière, ses cheveux étaient en désordre, il sentait la sueur, mais je l'avais dans mes bras et je lui ai donné tout l'amour dont je suis capable. Nous étions tous deux harassés, mais nous avons fait l'amour jusqu'au matin.

— Eh bien, dit madame, tu l'as échappé belle ! Il semble qu'il ait une véritable passion pour toi, ton « chat botté », comme tu l'appelles. Il aurait pu te renier, demander le divorce.

— Quelle chance tu as, soupira Fortunée Hamelin, d'être aimée par le vainqueur des Autrichiens… Tu seras auprès de lui quand Paris le fêtera. On dit qu'il est revenu pour mettre de l'ordre dans le gouvernement.

Quelques jours plus tard, le Directoire sombrait à Saint-Cloud après une charge à la baïonnette des grenadiers de Murat.

Puis-je me permettre cette révélation ? J'avais surpris chez madame de la jalousie envers Joséphine. Elle me disait souvent qu'elle aurait pu, si elle l'avait voulu, être à la place de cette… de cette… Je renonce à écrire les mots malsonnants qu'elle employait contre celle qu'elle appelait parfois, avec une intention blessante, sa « vieille amie ». Madame aurait pu avoir Bonaparte ; elle avait eu Ouvrard.

— Quelle godiche je fais ! me dit-elle après Brumaire. Si j'avais cédé au général Bonaparte, je serais aujourd'hui la femme du Premier Consul, on m'appellerait Notre-Dame des Victoires et mon avenir serait assuré.

Je protestai :

— Eh, madame, ne l'est-il pas ? Un riche protecteur, des enfants qui ne vous donnent aucun mal à les élever, une des plus belles maisons de Paris, la liberté d'aller et venir à votre guise... Croyez-moi, vous faites des envieuses.

Madame avait confié ses enfants, au fur et à mesure de leur naissance, à une veuve, Mme Choiseul, qui en prenait le plus grand soin.

— Dis franchement, Frenelle, que je suis une « femme entretenue » ! Rien ne me manque, dis-tu, alors que jadis, du temps de Tallien et de Barras, j'avais Paris à mes pieds, que j'avais des amants, que toutes les femmes m'enviaient. Aujourd'hui, ma seule satisfaction est d'être l'amie de Juliette Récamier, de Germaine de Staël et de cette pécore de Joséphine ! C'est à peine si l'on se souvient de moi. Même les journaux ne s'intéressent plus à ma personne !

Elle quitta son siège comme un diable sort de sa boîte, renversa le guéridon supportant un vase de Saxe, qui se brisa. En proie à une colère froide qui l'exemptait de larmes, elle se rua dans sa chambre et s'effondra sur son lit.

Madame mettait les choses trop au noir.

J'étais bien placée pour savoir qu'on l'avait moins oubliée qu'elle ne le disait. Avant Brumaire, et même après, on sollicitait sa présence pour des agapes ou des fêtes, et les grands personnages du nouveau régime ne répugnaient pas à ses invitations, rue de Babylone ou au Raincy. Que les journaux s'intéressent moins à elle pour l'égratigner aurait dû la satisfaire. Eh bien, non ! Elle en redemandait et considérait l'indifférence comme la pire des conditions. Elle avait été la plus grande dame de Paris. Rétrograder l'ulcérait.

Un soir, au Raincy, à la fin d'un souper, l'invité d'honneur, Lucien Bonaparte, amoureux transi de Juliette Récamier, avait décidé de porter un toast « à la plus belle femme de cette assemblée ». Chacun songea à Juliette. Comme on le pressait de livrer le nom de cette beauté, il comprit sa maladresse et se rattrapa en s'écriant :

— Buvons, mes amis, à la santé de la paix !

Je vis le visage de Juliette se crisper et celui de madame s'illuminer d'un sourire. Quelle eût été sa déconvenue si le nom de Juliette avait été prononcé…

La proscription de son ami et amant, M. de Barras, lui avait été sensible.

Au cours des événements de Brumaire, alors qu'elle était enceinte de sept ou huit mois, elle l'avait défendu bec et ongles contre ses pairs qui l'abandonnaient et contre Bonaparte qui le haïssait. Elle lui avait rendu visite dans son hôtel de la rue de Tournon, où il vivait avec un seul serviteur, et lui avait dit :

— Qu'attendez-vous pour faire face à Bonaparte ? Réveillez-vous ! Tâchez de reprendre la place qui vous est due.

Il prenait son déjeuner : chocolat, pains mollets et confiture. Il sourit, s'essuya les lèvres et répondit d'un air accablé :

— Réagir servirait à quoi, ma chère Thérésa ? Bonaparte est la première vague d'un raz de marée qui va tout balayer, à commencer par moi et mes amis.

— Vous avez encore des relations, le peuple vous aime, et la vague Bonaparte peut fort bien venir mourir sur le sable.

— Détrompez-vous ! La vérité, c'est qu'on ne veut plus de nous, à commencer par le peuple. Si je criais à l'injustice, je ne recevrais aucun écho, sauf de vous. Cela suffirait-il à me remettre en selle ?

Barras n'allait pas subir le sacrifice de la « guillotine sèche » et partir pour le bagne de Sinamary, en Guyane. Bonaparte se contenta de le tenir éloigné de Paris. En le maltraitant, il en eût fait une victime, un de ces héros malheureux qui attirent la compassion. Le peuple ne pouvait ignorer qu'il était aux côtés de Bonaparte à Toulon, même s'il en était revenu cousu d'or, qu'il avait été le chef de Thermidor, et avait aidé à mater les royalistes de Vendémiaire…

Brumaire l'avait d'un coup vidé de tout pouvoir et, ce qui était plus grave, de toute énergie. Une créature chétive et mollassonne était sortie de la somptueuse et ridicule carapace des Directeurs. Sans l'or, les plumes et la dentelle, il n'était plus rien. Il s'était moqué de l'inconsistance de son ami Tallien ; il était pire.

Tallien ne donnait plus de ses nouvelles, alors que rien ne l'en empêchait de le faire de Londres, par des voies détournées.

Quant à M. Ouvrard…

Quand il avait entendu corner à ses oreilles le vent soulevé par le retour d'Égypte de Bonaparte, il avait pris ses distances avec son ami Barras et quelques autres grands personnages. Le « Roi Barras » et le banquier du Directoire, la Politique liée à la Finance, avaient connu de beaux jours, mais le vent avait tourné.

M. Ouvrard n'avait pas, comme Barras, baissé les bras. Il s'était démené pour s'accrocher au char de Bonaparte, avec le titre de ministre des Finances, qu'il convoitait et qui lui passa sous le nez, Bonaparte vouant une haine froide au protecteur de celle qui l'avait humilié.

Monsieur se dit qu'on ne méprise pas de manière aussi ostentatoire et brutale le grand financier qu'il était encore. Il rappela au nouveau maître du pays le prêt qu'il avait consenti au Directoire, la bagatelle de dix millions, dont il réclama le remboursement. Ces millions, dut se dire Bonaparte, d'où les a-t-il sortis ? Il avait son idée. Une enquête serrée lui ayant révélé quelques irrégularités dans les comptes du fournisseur de la Marine, monsieur ne reverrait pas son argent. D'ailleurs les caisses de l'État étaient vides.

Jean-Jacques Cambacérès, ancien député des Cinq-Cents, devenu une créature du Premier Consul, lui mit la puce à l'oreille.

— Mon ami, Bonaparte vous a dans sa ligne de mire. Je crains que l'enquête initiée contre vous ne tourne mal et qu'il ne décide d'une perquisition dans votre cabinet. Le moment est venu de faire disparaître certains documents qui risquent d'aggraver votre cas.

— Je n'ai pas attendu ce conseil pour le faire. Ma cheminée en a ronflé durant une heure. Nous sommes ainsi à couvert, *vous et moi.*

Monsieur faisait allusion aux opérations frauduleuses dans lesquelles il avait entraîné son ami et complice.

— Je ne crains rien quant à moi, dit Cambacérès. Bonaparte m'a à la bonne. Vous, en revanche…

Inquiet pour sa sécurité, monsieur fit en vain appel à ses anciennes connaissances. Il connut le même sort que Barras : l'abandon, et dut se résoudre à un compromis : il lui en coûta quatorze autres millions, en plus des dix qu'on lui devait.

Cette affaire calamiteuse eut des échos dans la presse. J'y lus les diatribes inspirées par les Consuls, contre « ces éhontés fripons qui se sont engraissés du sacrifice de nos armées », et « ces gens d'une profonde immoralité qui dépensent en mobilier, en équipages et en orgies (!), des sommes qui seraient plus utiles à nos soldats ».

Cette charge visant la clique des fournisseurs aux armées allait-elle humilier monsieur et le réduire au silence ? Il n'en fut rien. Conscient d'être au-dessus de ces odieuses critiques, il était à l'aise dans son petit monde, malgré les relents méphitiques s'échappant de la boue sur lequel il était bâti.

Nous n'avons jamais eu, moi et Joseph, à nous plaindre de lui. Il était toujours de belle humeur et généreux, mais ces qualités n'effaçaient pas le côté sombre du personnage. Un de mes frères se plaignait dans ses lettres de la mauvaise qualité des fournitures militaires, et notamment des chaussures en carton qui ne résistaient pas à la pluie et à la boue.

Monsieur soupirait, en fumant un de ces cigares qu'il affectionnait tant :

— Ce Bonaparte, quel fripon ! Qui m'eût dit que ce minable « chat botté » que j'ai croisé chez Joséphine serait un jour le maître de la France et ferait mine d'ignorer mon importance et mes bienfaits ?

Il y avait une autre raison, non négligeable, à la hargne dont le Premier Consul poursuivait le « banquier du Directoire ».

Avant Brumaire, au cours d'une soirée à laquelle Bonaparte et son épouse étaient présents, monsieur, qui boudait souvent ces réjouissances, daigna se montrer, au moment où j'annonçais que madame était servie. Les invités, qui avaient entouré Bonaparte pour lui faire raconter son séjour égyptien, abandonnèrent leur héros pour se précipiter vers monsieur.

Bonaparte avait quelques autres griefs à son encontre. Monsieur, avant de le recevoir dans son cabinet, l'avait fait attendre, l'avait accablé de sa superbe, lui avait fait comprendre qu'il faudrait compter sur lui à l'avenir, comme par le passé. Connaissant l'esprit rancunier du général, je me disais qu'il ne tarderait pas à prendre sa revanche contre ce profiteur, cette sangsue, ce vampire, et qu'il aurait des comptes à rendre à la nation, le jour où...

Il s'était indigné des trafics louches dans lesquels monsieur avait entraîné son épouse. Il lui en voulait plus qu'à elle, cette innocente qui n'entendait rien aux affaires et se laissait berner. Monsieur, au fait de ces défauts, en avait profité, mais il lui arrivait de tomber sur un bec.

Il avait rendu visite à M. Robert Lindet, prêtre défroqué, devenu ministre des Finances du Directoire, afin de revendiquer une concession de fournitures pour la Marine, contre une commission avantageuse.

M. Lindet, qui avait dû garder de son ancien sacerdoce quelque trace de moralité, l'avait écouté puis lui avait montré la porte. Loin de se décourager, monsieur alla proposer son marché à d'autres personnages, sans plus de succès à ce qu'on m'a dit. Il se rattrapa en prenant contact par lettres avec le père de madame, pour tenter de s'infiltrer dans le juteux trafic de piastres toléré ou ignoré par le ministre Manuel Godoy. Il allait ramasser quelques miettes de cet eldorado.

Dans le grand chambardement de Brumaire, malgré les

déboires de son protecteur, madame allait tirer son épingle du jeu en raison de sa fortune et de ses biens personnels. Sans occasionner une guerre civile, le Directoire avait pris le pouvoir sur les cadavres de Thermidor, et, plus tard, le Consulat sur une absence d'autorité et la gabegie ambiantes.

Madame allait en profiter…

4

Les derniers feux

Thérésa Cabarrus. Paris, 1800-1804

Je dois à l'initiative de Mme Joséphine d'avoir été invitée au bal masqué donné par l'ambassadeur de la République Cisalpine, Son Excellence Mareschaldi, où on s'était assuré de la présence du Premier Consul.

Mon premier réflexe fut de refuser cet honneur. Risquer au mieux une confrontation, au pire une algarade avec ce personnage me donnait par avance des frissons. Mon second fut d'accepter, consciente que cela ne serait pas vu de ma part comme une provocation. Les Tuileries, résidence de Bonaparte, m'avaient été fermées, Bonaparte ayant interdit à son épouse de me recevoir, une consigne qu'elle faisait mine d'ignorer, ce dont je profitais.

Je me rendis à cette fête costumée en sultane grâce au coupon et aux bijoux dont m'avait fait présent l'émir de Constantinople. Un mystérieux codicille particulier joint au carton me faisait obligation de porter à l'épaule un ruban vert et d'accepter un entretien avec un domino portant le même signe de reconnaissance. Flairant un piège, je me dis que le Premier Consul ne devait pas être étranger à cette manœuvre et que je devrais me tenir sur mes gardes.

La fête battait son plein lorsque j'arrivai dans la vaste salle éclairée *a giorno*. Un orchestre de vingt violons jouait un air de danse de Cherubini, et l'ambiance était des plus joyeuses. Je bus une première coupe de champagne pour me donner de l'assurance et, dans l'espoir de reconnaître des amis sous leur déguisement, je m'insérai dans l'assistance.

Un corsaire m'invita à danser, un Chinois me complimenta de mon travesti. J'attendais que le domino au ruban vert m'abordât.

J'en étais à ma troisième coupe et venais de danser une *anglaise*, quand je vis s'avancer vers moi un officier de marine au visage masqué par un domino et portant le ruban vert à une épaulette.

Je n'eus aucune peine à le reconnaître : ce pas alerte, un peu saccadé, cette légère voussure des épaules, cette coiffure en oreilles de chien, c'était lui : le Premier Consul.

Il faut croire que son incognito était illusoire, car, lorsqu'il m'aborda pour me baiser la main, le vide se fit autour de nous. J'avais la sueur aux tempes et les pieds cloués au parquet. À quelques pas, des gardes du corps, déguisés en matelot, veillaient sur son auguste personne.

Gardant ma main dans la sienne, il s'écarta et sourit en regardant mon costume. Allait-il me parler, et pour me dire quoi ? Un banal compliment ? J'entendis sa voix, à travers les violons, me dire, avec l'accent corse :

— Madame, cela fait bien longtemps que nous ne nous sommes rencontrés. La dernière fois, pardonnez-moi de l'avoir oublié, c'était… c'était…

— La veille de votre départ pour l'Italie, il me semble, monsieur le Premier Consul.

— Vous avez une excellente mémoire, madame. Cela fait donc quatre ans, et vous êtes toujours aussi séduisante. Le temps semble ne pas avoir prise sur vous…

Je me demandais si cette rencontre allait se borner à ce piètre badinage, quand il me prit par le bras pour faire quelques pas en marge de la danse. Il ajouta en marchant :

— Madame, à vous revoir, que de souvenirs me reviennent à la mémoire ! Dois-je vous le confesser ? Vous avez été pour moi, hum… une présence lors de ces campagnes. Je ne pouvais vous oublier, et j'en avais quelque honte. Vous en devinez la raison ? Mais brisons là ! J'ai appris que vous aimeriez être reçue aux Tuileries. Cela me met dans l'embarras. Le Consulat aime la *transparence*...

Cette expression mystérieuse m'apparut comme un euphémisme pour dire qu'il tenait à la moralité et que je n'étais pas un modèle de vertu. Il poursuivit au cours d'un bref arrêt dans notre promenade :

— Madame, si, changeant de sexe, vous vous appeliez Bonaparte et que vous ayez quelque pouvoir, comment vous comporteriez-vous face à l'adversité ?

Je retrouvai mon assurance pour lui répondre :

— Je mettrais en pratique une doctrine qui m'est chère : le pardon des offenses et des erreurs. Il me plairait que les hommes qui dirigent ce pays fassent de même. Quant à moi, je suis prête à me mettre au service de celui qui agirait ainsi.

— Je n'en doute pas, bougonna-t-il. Chacun connaît votre générosité. Vous en avez apporté la preuve à Bordeaux, à ce qu'on m'a dit, et en d'autres circonstances difficiles. Je vous en félicite.

Il m'invita à danser la *gaillarde* que venaient d'entamer les violons, mais il paraissait si godiche et dansait si mal qu'il renonça au bout de quelques pas en s'excusant.

Il m'invita à boire une coupe, me tendit une olive du bout des doigts, sans façon, et déclara *ex abrupto* :

— Je me suis laissé dire, madame, que vous n'avez pas eu de chance avec vos mariages.

— Certes, monsieur le Premier Consul. J'ai dû divorcer deux fois.

Il me fit asseoir près de lui sur un sofa pour me parler en quelques mots de son expédition manquée en Égypte, et plus longuement de Tallien, dont il n'avait guère apprécié les services, le jugeant « brouillon et prétentieux ».

— Bien que je sois, par tradition et par conviction, ennemi du divorce, je comprends que vous ayez souhaité rompre avec ce trublion. Il ne va pas tarder à nous revenir de Londres. Comme je ne puis oublier qu'il fut témoin à mon mariage, je vais me montrer clément envers lui et lui confier un poste à sa mesure : consul de France à Alicante. Vous voyez : je partage avec vous le pardon des offenses.

Il ponctua cette dernière phrase par un rire en *pizzicati* et ajouta :

— Mais revenons à vous, madame. Je vais être franc selon mon habitude. Vous avez eu deux maris, des amants, et des enfants, pour la plupart hors mariage.

Je ripostai avec une vivacité qui ne parut pas le choquer :

— Du moins, monsieur le Premier Consul, n'y en a-t-il pas un de vous !

Il tapota ma main et m'entreprit sur le thème : « Si vous aviez voulu... » Il me révélait ainsi que, si j'avais fait preuve envers lui de plus d'égards, j'occuperais aujourd'hui la place de Joséphine. Il avait compris très vite que je n'avais pas éprouvé la moindre passion pour lui. Je me gardai de le contredire.

Tandis que nous parlions, j'observais le manège de Joséphine qui, à quelques pas de nous, en conversation avec Cambacérès, agitait nerveusement son éventail sans nous quitter des yeux. Je redoutais qu'elle ne vînt s'immiscer dans notre entretien.

— Mon attitude passée envers vous, dis-je à Bonaparte, serait donc à l'origine de votre sévérité ?

Il parut gêné, fit mine de suivre de l'œil les évolutions de Juliette Récamier qui, avec son écharpe de mousseline indienne, semblait voleter au milieu d'un nuage.

Il me dit d'un ton un peu rude.

— Je m'explique mal les raisons de votre présence à Paris. Que n'allez-vous rejoindre votre famille à Carabanchel ? Votre père y jouit d'une réputation et d'une aisance que vous pourriez partager. Après avoir été la reine de Paris, vous seriez celle de Madrid. Au lieu d'être la maîtresse d'un financier véreux, vous pourriez épouser un Grand d'Espagne !

Je ripostai sèchement :

— La France est ma patrie, monsieur le Premier Consul, et je ne souhaite pas la quitter. À moins que vous ne décidiez de me faire proscrire, comme vous l'avez fait de Barras.

Il reprit ma main, l'embrassa, avant de répondre :

— Barras, dites-vous ? Il a été mon ami, puis votre amant,

je crois. Cet ancien terroriste est doublé d'un profiteur et d'un jouisseur. J'aurais pu le faire exécuter !

— Que ne poussez-vous cette clémence jusqu'à accepter les services de M. Ouvrard ? Je vous rappelle qu'il est une victime du Directoire.

Je compris que j'avais fait une bévue, quand je le vis se dresser et lâcher d'une voix âpre :

— S'il vous plaît, madame, ne me parlez pas de cet odieux personnage ! Sachez que j'exècre ce munitionnaire qui s'est enrichi au détriment des finances publiques et de nos armées. J'en ai fini. Allez donc danser et oubliez cet entretien.

Il me tourna le dos sans me faire le baisemain et disparut dans la foule, escorté de ses gardes du corps, me laissant éberluée, au milieu du vide qui s'ouvrait derrière lui. J'étais sur le point d'éclater en sanglots, quand je vis Joséphine s'approcher dans sa tenue d'Antillaise et s'asseoir près de moi. D'un air pincé, elle me demanda de quoi nous avions parlé.

— De ses campagnes d'Italie et d'Égypte, lui dis-je, de Tallien, de Barras, de la situation… Il a été charmant.

— J'en doute, à voir la façon dont il t'a quittée, et ta mine.

— Je lui ai reproché de me mépriser, de m'interdire l'accès de son palais et de détester Ouvrard. Je viens de m'en faire un ennemi irréconciliable.

Elle tenta de me rassurer, disant qu'elle lui parlerait et que tout cela s'arrangerait. Il avait beaucoup de soucis, ce qui le rendait irascible… Elle ajouta en me prenant la main :

— Oublie tout cela. Allons danser !

Je décidai de rentrer chez moi. J'avais accouché, la semaine précédente, de Jules Joseph, le deuxième enfant d'Ouvrard, et, bien que mal remise de mes couches, j'avais abusé du champagne.

Cette nouvelle maternité avait paru suspecte à Ouvrard. Le nourrisson, il est vrai, ne lui ressemblait guère : il était blond, alors que nous ne l'étions ni l'un ni l'autre. M. Baudelocque, mon médecin accoucheur, eut beau lui expliquer que la conception d'un enfant s'accompagnait parfois de caprices de la nature, il resta dubitatif.

— Quand bien même cet enfant ne serait pas de vous, m'écriai-je. Sommes-nous mariés ? Nous sommes-nous promis une fidélité éternelle ? Avez-vous seulement daigné reconnaître notre premier enfant, Clémence, qui, elle, est votre portrait trait pour trait ?

— Vous oubliez, ma chère, que vous me devez quelques égards ! J'assume pour une large part votre train de vie, vous traite mieux que mon épouse, et voilà ma récompense : vous vous faites engrosser par je ne sais qui !

J'étais de mauvaise foi. Libre de toute contrainte, j'avais des amants, comme lui des maîtresses. Brune, passant de temps à autre par Paris, venait s'assurer que je n'avais rien perdu de mon charme, et me faisait vivre des nuits de grande folie. J'avais, durant une semaine, hébergé Jean Guéry venu dans la capitale pour ses affaires de cordonnerie. Il y avait eu Barras, que j'avais consolé à ma manière de ses déboires. Il y avait eu…

Pourquoi en dire davantage ? Il est vrai que je collectionnais les amants, mais ce n'étaient pas des je-ne-sais-qui ! Je suis incapable de résister au brame du mâle, pourvu qu'il me convienne, et pour le plaisir la plupart du temps. La trentaine proche, je souhaitais profiter des bonnes dispositions d'une nature encore ardente et généreuse.

J'avais pourtant quelque souci à me faire pour mon avenir.

Que mon protecteur s'avisât de se venger de mes infidélités en se séparant de moi, j'aurais eu du mal à maintenir mon train de vie. L'idée d'envisager un retour dans le sein de ma famille, à Carabanchel, ne m'effleurait pas. C'eût été me couper du seul monde qui me convienne. Je m'y refusais.

Ouvrard ne me tint pas longtemps rigueur de notre algarade. Après une semaine de bouderie, il sonna à ma porte. Je ne fis aucune difficulté pour l'accueillir et retrouvai sans trop de déplaisir ses petites manies, ses habitudes, sa courtoisie guindée. Dans l'intimité, ce n'était pas, comme on dit vulgairement, un grand « abatteur de bois ». Il avait plutôt la délicatesse d'un ébéniste. Je préférais la cognée de Brune aux ciseaux d'Ouvrard.

Dans les salons de Juliette et de Germaine, j'avais trouvé une ambiance à mon goût, porté à la philosophie, à la littérature et quelque peu à la politique. On se gardait d'y comploter, même en paroles, sans se priver de brocarder les puissants du jour.

Dans sa résidence de la Chaussée d'Antin, Juliette recevait beaucoup et se montrait attentive aux autres. Elle avait le talent de les faire s'exprimer et la patience de les écouter. Nous n'avions plus de secrets l'une envers l'autre, mais toujours de menues confidences à partager. J'appréciais sa vive intelligence, son charme, son langage châtié sans être académique, sa générosité de cœur et d'esprit.

Elle avait parmi les plus fidèles de ses intimes deux généraux : Moreau et Bernadotte, qui se confiaient à elle sans réserve. Le premier s'était rendu suspect à Bonaparte par ses relations avec des royalistes notoires. L'attitude du second lui avait déplu au cours des événements de Brumaire, où il était resté inactif.

On voyait souvent chez elle Lucien Bonaparte. Après lui avoir sauvé la mise à la tragique confrontation de Brumaire, il ne se privait pas de critiquer son frère. Cela lui avait valu la privation d'un poste de ministre et, modeste compensation, la promesse du titre d'ambassadeur à Madrid. J'aurais aimé que Brune s'insérât dans ce cénacle, mais il était plus difficile à capturer qu'un aigle et, malgré ses goûts et ses talents pour la littérature, ne se plaisait guère à ces causeries.

On y croisait aussi des écrivains et des artistes. Jean-François de La Haye avait vécu deux ans à Ferney dans l'intimité de Voltaire qu'il appelait « Papa ». Depuis le massacre de Saint-Roch, qu'il avait vécu du côté des royalistes, il était la bête noire de Bonaparte, qui l'avait fait proscrire. Sa peine purgée, après Brumaine, il était devenu rédacteur au *Mercure*, sans renoncer à ses convictions.

J'eus le plaisir de rencontrer chez Juliette un autre écrivain, François René de Chateaubriand. Il venait d'épancher sa nostalgie d'outre-mer dans un roman, *Atala*, qu'il qualifiait de « petite histoire américaine ». Il se proposait d'écrire une œuvre monumentale : *Le Génie du christianisme.* Ce petit homme rêveur et chafouin admirait le Premier Consul, mais avec des réserves qu'il ne nous cachait pas. Comme Lucien Bonaparte, il était amoureux de Juliette.

Le léger vent de subversion qui soufflait sur ces assemblées n'était pas pour me déplaire. M. Récamier s'y montrait rarement. Fils d'un chapelier de Lyon, devenu l'un des premiers régents de la Banque de France, il suivait nos entretiens d'une oreille distraite en faisant tourner sa chaîne de montre, bâillait et somnolait.

Je trouvais moins d'agrément au salon de Germaine de Necker.

Après son mariage avec le baron de Staël-Holstein, elle vivait rue du Bac, sur un pied digne d'une princesse. Elle avait écrit et fait publier plusieurs ouvrages que je n'avais fait que feuilleter, certains réservés aux grands esprits du temps. On ne lui avait connu que deux passions : pour Barras qui l'avait dédaignée, et pour Benjamin Constant, un jeune écrivain rencontré à Lausanne. Barras m'avait confié qu'il ne la trouvait pas laide « malgré ses petits chapeaux fleuris », mais qu'il détestait ses airs de supériorité.

— Elle se prend trop pour un écrivain et pas assez pour une femme, m'avait-il dit. Elle perd son temps avec moi, et moi avec elle. À côté de Juliette, timide, aux rougeurs de fruit mûr, elle paraît blette. Elle se fait appeler « la Muse de l'Histoire ». Un peu prétentieux, vous ne trouvez pas ?

Je ne puis oublier la visite à Paris, en 1801, de deux envoyés de la Cour de Madrid, peut-être à l'instigation de mon père et de mon frère Domingo, conseiller auprès du roi d'Espagne.

Le neveu de la reine, Louis, prince de Parme, et son épouse, l'infante Marie-Louise, s'étaient vu attribuer par Bonaparte, à la suite du traité de Lunéville, qui confirmait celui de Campoformio, le royaume d'Étrurie, naguère grand-duché de Toscane. Les milieux royalistes virent dans le geste du Premier Consul la promesse, sinon l'amorce d'une restauration. Espoir vite déçu ! Cette manœuvre diplomatique se traduisit par une sinistre mascarade, à croire que Bonaparte avait l'intention de ridiculiser ces souverains de pacotille et de montrer en quel mépris il tenait les rois.

Louis semblait sortir d'une peinture de Jérôme Bosch, avec, malgré un costume trop grand pour lui, l'allure d'un singe savant. Quasi naine et bossue, l'infante se pavanait dans une tenue grotesque et paraissait prête à s'effondrer sous le poids de ses joyaux.

Je protestai lorsque Ouvrard, soucieux de redresser la barre et de réaliser de bonnes affaires avec la Cour d'Étrurie, obtint d'héberger le couple royal dans un hôtel qu'il possédait rue de Provence et dont il fit libérer un appartement.

— En vous mêlant de cette pantomime, lui dis-je, vous allez vous tourner en ridicule et, de plus, vous n'en tirerez aucun profit.

— Détrompez-vous ! me répondit-il. L'ambassadeur d'Espagne m'a témoigné sa gratitude pour avoir accueilli nos visiteurs avec générosité. Cela va faire remonter mon crédit à la Cour de Madrid.

Il ajouta à cette attention un cadeau qui lui coûta une fortune : un berceau en bois des Îles, tout en marqueterie, réalisé par le célèbre ébéniste Jacob, pour leur premier nourrisson, une larve vagissante qui semblait promise à une mort précoce.

J'ignore s'il reçut en retour les témoignages tangibles qu'il attendait de ses générosités.

J'accostais la trentaine pavillon haut.

Quand j'interrogeais mon miroir, il ne me répondait que par des satisfecit, sans me renvoyer la moindre marque de décrépitude. Pour plaire encore, j'attendrais la quarantaine, et peut-être au-delà, comme Ninon de Lenclos.

À la fin de décembre 1802, Ouvrard me présenta, rue de Babylone, un jeune citoyen allemand blond, rose et cérémonieux, en me demandant de prendre soin de lui durant son séjour et de lui faire découvrir, plutôt que le Théâtre-Français et l'Opéra, « les endroits où l'on s'amuse ».

Conrad Reichardt, fils d'un pasteur du Mecklembourg, se trouvait à Paris, sur la recommandation d'un associé d'Ouvrard, afin de s'initier aux méthodes du négoce à la française. Il allait passer une quinzaine à mon domicile, dans la chambre pompéienne, dont le luxe et le confort l'éblouirent.

Si Ouvrard le prenait en main le jour, nous eûmes, Fortunée Hamelin et moi, la mission de le divertir, le soir venu. Nous passions d'un restaurant à un tripot, d'un spectacle d'ombres chinoises érotiques au Palais-Royal à un bal populaire à la Courtille.

Un soir où, dans la salle de jeu de Mme Amaranthe, il gagna trois cents francs, il tint à nous offrir un balthazar. Nous choisîmes l'hôtel d'Aligre, dont Louis-Sébastien Mercier dit, dans ses *Tableaux de Paris,* qu'il est « le plus fameux Temple de la Gourmandise », et que seul la Crémaillère d'or de Raynal pouvait égaler.

Dans ce vénérable établissement, rien de superflu pour le décor : il était composé de victuailles pendues aux murs et aux plafonds. « Quel spectacle pour un glouton ! » ajoutait Mercier.

Nous ouvrîmes le festin par du champagne brut, mon préféré, de grandes platées d'huîtres marinées et des ortolans « embaumés dans des cercueils de pâtisserie » (Mercier toujours). Que dire du jambon de Bayonne, des langues cuites de Vierzon, des terrines de cailles truffées ? De quelles louanges entourer la gelée de pommes de Rouen, celle d'oranges de Malte et les figues marseillaises ?

Pour le fils du pasteur, ce devait être une version moderne et française du fameux banquet de Trimalcion dont Pétrone parle dans le *Satiricon.*

Nous ramenâmes notre Éliacin dans sa chambre pompéienne gonflé comme une outre, joyeux, parfaitement ivre et qui, en voiture, nous chanta des *Volkslieder* à sa *Bien-Aimée lointaine.*

Fortunée, craignant qu'il ne fût indisposé, se proposa de lui tenir compagnie pour la nuit.

Le lendemain, je le retrouvai au déjeuner, un peu pâlichon mais vif comme une truite et enchanté de sa nuit autant que de sa soirée. Accompagnée de Fortunée, je lui fis faire une longue promenade sur les Champs-Élysées.

— *Ach !* disait-il, quand je vais raconter le souper d'hier à mes amis, ils vont tous vouloir visiter Paris. Mais, avec mon père, silence ! Ce saint homme ne se nourrit que de *Kartoffeln* et de *Bier* de Schwerin.

Debout dans la voiture, il brandit son chapeau en criant :

— *Ach, Paris, Paris ! Mein grosse liebe !*

Comme il lui restait quelque argent, il tint à m'offrir de nouvelles agapes, sans Fortunée qui avait dû nous quitter. Je l'en dissuadai, persuadé qu'il aurait besoin de cet argent pour son retour.

Le soir venu, après le souper, je le surpris dans mon cabinet de toilette, nu, occupé à se brosser les ongles des orteils en chantonnant. J'allais refermer la porte, mais il me dit que ma présence ne le gênait pas. Il jeta sa brosse dans la cuvette, s'avança vers moi et, avant que j'eusse protesté, il me prit dans ses bras en faisant bourdonner à mes oreilles un baragouin mi-français mi-mecklembourgeois, qui ne laissait aucun doute sur ses intentions, ce que confirmait une généreuse virilité.

Je ne le repoussai pas et le guidai même jusqu'à ma chambre d'où Frenelle, qui préparait mon lit, s'esbigna discrètement. Il me défit en un tour de main de ma *Kleid* (ma robe), et de mes *Spitze* (mes dentelles), et de mes *Nieder* (mes bas). La leçon d'allemand se poursuivit sur le mode érotique, mais sans qu'il daignât traduire sa palilalie frénétique, ce que je ne lui demandais pas. Il sentait la savonnette à la lavande mêlée à une légère acidité *sui generis.*

Conrad n'était pas un puceau. Il avait même plusieurs tours dans son sac, dont il usait avec énergie. Je me disais que l'idée de posséder, après Fortunée, une autre Parisienne, devait lui donner des ailes.

Un mois avait passé quand Fortunée, qui avait dû lui laisser un meilleur souvenir que moi, me montra la lettre qu'il lui avait écrite dans un excellent français. Il n'y parlait que de moi :

« Votre amie est une belle et opulente personne (!). On ne lui donnerait pas son âge, plus voisin de la quarantaine, j'imagine, que de la trentaine (!). Je garde le souvenir d'une petite tête aux contours délicats, qui la fait paraître plus grande et plus forte qu'elle n'est. Ses magnifiques cheveux noirs arrangés en larges tresses étaient ce soir-là (lequel ?) enroulés autour de sa tête, jusqu'au front et sur la nuque… » Et caetera !

Cette aimable digression ne me faisait pas oublier mes conditions de vie. Elles évoluaient lentement, et pas dans une direction favorable, encore que je n'eusse pas lieu de m'alarmer.

Le Premier Consul persistant, à tort, dans ses griefs contre Ouvrard, le retour en grâce espéré n'était pas venu. Il se privait ainsi d'un financier de talent dont l'expérience aurait pu lui être utile.

Pour moi, le temps des excentricités révolu, mon étoile s'était embrumée. Je lus dans une gazette cet article tissé de compliments biseautés : « Les deux femmes les plus renommées de Paris ne paraissent plus depuis quelque temps… Que va devenir le firmament privé de ses deux plus beaux astres ? Nous voyons encore la plus belle, Mme Tallien ; nous attendons la plus jolie, Mme Récamier… »

Je me consolai de n'être pas « la plus jolie ». Il me suffisait d'être « la plus belle ».

Je constatai pourtant que, sans que l'on évitât ouvertement la présence de l' « ancienne terroriste » que j'avais été, et de la « femme entretenue » que j'étais, je n'avait pas accès à certains cénacles. Dans mon propre salon, je recevais qui me plaisait, et principalement des étrangers, des Anglais de préférence. Cette prédilection alimentait contre moi des idées de sédition, ce dont je me défendais. Voir s'instaurer en France une nouvelle royauté et déferler la tourbe dorée des émigrés me répugnait.

La compagnie de ces gens courtois et policés me plaisait.

La paix d'Amiens ayant mis fin à dix ans de guerre contre l'Angleterre, les citoyens de Sa Gracieuse Majesté passaient en foule le *Channel,* désireux de savoir de quel métal étaient faits ces Français qui avaient tenu la dragée haute à la plus grande puissance maritime du monde et mis les souverains d'Europe à genoux.

Ouvrard reçut au Raincy le secrétaire d'État aux Affaires étrangères, le baron Holland, sir Charles James Fox, et me chargea de son accueil. Le fait que ce grand personnage eût évincé notre ennemi mortel, William Pitt, plaidait en sa faveur. Il avait vu d'un bon œil, me dit-il, la Révolution et la décision de la Convention d'interdire l'esclavage des nègres, à la suite des campagnes inlassables menées par l'abbé Grégoire et Olympe de Gouges.

Il m'invita à Londres où, dit-il, on n'avait pas oublié Notre-Dame de Thermidor et la Reine de Paris. Il m'assurait que je serais reçue par l'épouse du roi George. Ce que Tallien m'avait dit de son séjour dans cette ville, malgré les honneurs qu'il y avait reçus, me dissuada d'accepter cette invitation, en prétextant une nouvelle grossesse.

Ouvrard s'irrita de ce refus. Il m'eût volontiers accompagnée, persuadé que Londres pourrait devenir pour lui un terrain favorable aux nouvelles affaires que la paix favorisait.

— Eh bien ! lui dis-je, partez donc sans moi ! Je préfère les brumes de la Seine à celles de Londres.

Ni lui ni moi n'allions faire ce voyage : une nouvelle guerre contre l'Angleterre allait éclater.

Mes grossesses à la chaîne ne m'occasionnaient guère de soucis. À chaque enfant qui naissait, qu'il fût d'Ouvrard ou de quelqu'un d'autre, je confiais mon précieux dépôt à Mme Choiseul, boulevard des Invalides, qui en prenait le plus grand soin et lui assurait les meilleures nourrices.

Le docteur Baudelocque, mon médecin accoucheur attitré, me disait :

— Si toutes mes parturientes pouvaient être comme vous ! Vos enfants naissent comme d'un chou ou d'une rose. J'écarte les feuilles ou les pétales, et hop ! un nouveau bébé tombe entre mes mains. On vous accoucherait par plaisir…

Je n'eus à déplorer qu'un enfant mort-né, dont le père devait être Barras. Tous les autres me donnèrent satisfaction, tant par leur santé que par leur caractère.

Thermidor, que nous appelions d'un prénom plus seyant, Laure, pour lui éviter le ridicule, puis Joséphine, comme sa marraine, allait sur ses sept ans au début du siècle, sans nous avoir causé le moindre tracas. Je l'avais enlevée à Mme Choiseul pour la confier à l'Abbaye-aux-Bois où je lui rendais visite une fois par mois. Elle était blonde comme son père, jolie comme sa mère et excellait dans sa discipline favorite, la danse de salon.

Dans l'équivoque qui entourait leur paternité, mes enfants appelaient Ouvrard « parrain » au lieu de « père ». Il ne nourrissait guère d'acrimonie contre les origines contestables de ma progéniture, sauf lorsque les différences physiques entre eux et lui, devenues flagrantes avec le temps, risquaient de lui attirer des sourires dubitatifs. Il s'était montré généreux avec Tallien, père de Joséphine, en lui assurant une rente de douze mille livres qui, au retour de Londres, avait été bénéfique à l'infortuné.

Avant de partir pour Alicante où l'attendait un poste de consul, Tallien m'avait adressé une lettre mouillée d'une larme à chaque paragraphe pour me remercier de celle que je lui avais adressée en signe d'adieux, avec une mèche de cheveux de notre fille.

Une rumeur insistante courait quant aux ambitions de Bonaparte.

Le titre de Consul à vie qu'il venait de se faire décerner semblait ne devoir être qu'une étape dans une carrière guidée par ambition démesurée.

— Il a donc tous les pouvoirs ? dis-je à Lanjuinais. Alors, que peut-il espérer encore ? Une dictature à la Cromwell, mais sans pouvoir faire exécuter un souverain ?

— Il vise plus haut encore, ma chère. Beaucoup plus haut !

— Souhaiterait-il devenir le Dieu vivant ?

— Ma foi, vous y êtes presque. Réfléchissez. Le seul titre auquel il puisse encore aspirer, c'est... c'est ?

— Celui d'Empereur ?

— C'est cela même. Il en a pris le chemin.

Je pouffai de rire en me souvenant du petit général mal fagoté qui avait trouvé asile dans ma maison, ce « chat botté », comme disait Joséphine, qui avait encore une poussière de poudre à canon dans les revers de son uniforme, lui, Empereur...

— Jean-Denis, je ne vous crois pas ! Le peuple...

— Le peuple, dites-vous ? Il est prêt à tout accepter de lui. Sa décision passera comme une lettre à la poste. Les Consuls, le gouvernement, les Assemblées législatives sont à sa botte. Et ce ne sont pas les réserves de quelques groupes de royalistes qui pourraient lui faire obstacle.

Lanjuinais me mit en garde contre les soupçons que

Bonaparte nourrissait contre les familiers des salons de Juliette, de Germaine et de quelques autres, taxés d'entretenir un foyer de subversion contre un pouvoir absolu. S'il avait peu à peu espacé ses visites à mon domicile, c'est que lui-même craignait qu'un excès d'assiduité auprès d'une femme que Bonaparte avait dans sa ligne de mire ne lui fût préjudiciable.

— Je ne vous apprends rien, me dit-il, en vous disant que M. Ouvrard lui-même est en danger. Le mieux pour lui serait qu'il prît la route de l'Angleterre ou de la Louisiane.

Si Bonaparte s'apprêtait à renonçer à son rêve américain, Ouvrard le reprenait à son compte. Son grand projet : récupérer ce qu'il appelait le « trésor du Mexique ». Une véritable expédition…

— Le Mexique, m'avait-il expliqué, est la colonie espagnole la plus riche en métaux précieux, en or notamment, sous forme de piastres. La guerre contre l'Angleterre étant sur le point de reprendre, un an après la paix d'Amiens, l'Espagne, notre alliée, ne peut espérer récupérer cette masse de numéraire. Comme elle nous doit un important arriéré de prêts, je vais me charger de cette manœuvre.

— Avec quels navires ? Comment allez-vous tromper la flotte anglaise ?

— En faisant appel à des navires d'une nation neutre. Un de mes correspondants à Amsterdam va s'en charger. J'ai soumis cette idée non à Bonaparte, qui l'aurait rejetée, mais à son ministre du Trésor, Barbé-Marbois, plus facile à investir. Il a paru intéressé et m'a promis son aide. Ma chère, l'affaire est dans le sac !

Barbé-Marbois… Lanjuinais m'avait parlé de ce personnage qui passait pour un caméléon en politique et un filou en affaires. J'avais tout lieu d'être inquiète. Pourtant le projet d'Ouvrard semblait près d'aboutir. Il lui fut facile de trouver en Hollande, nation neutre, les navires capables de rapporter le magot. À partir de là, mystère. Les navires mirent à la voile, traversèrent l'océan et ne revinrent pas ou, s'ils revinrent, ni Barbé-Marbois ni Ouvrard ne virent la couleur de leur cargaison, alors que l'armement de cette expédition avait coûté fort cher.

Bonaparte eut à connaître de cette affaire entre deux inspections du camp de Boulogne-sur-Mer, d'où devait partir une flotte destinée à l'invasion de l'Angleterre. Le ministre fut révoqué et le financier de nouveau frappé d'une lourde amende.

J'assistai à une altercation entre Ouvrard et Séguin, l'un de ses collègues – et complices – dans le trafic des fournitures, au sujet de cette malheureuse affaire.

— Ce trafic, lui dit Séguin, était un piège. J'ai moi-même failli tomber dans le panneau. Vous l'avez échappé belle ! J'ai appris que Bonaparte avait l'intention de vous faire déporter en Guyane. Alors consolez-vous d'avoir perdu quelques millions. Vous en guérirez vite, alors qu'il n'était pas certain que vous reveniez de Sinamary.

— Belle consolation ! protesta Ouvrard. On voit bien que vous n'êtes pas, comme moi, au bord de la ruine.

— Ce que je vous suggère, c'est de foutre le camp au plus tôt. Vous êtes grillé en France. En Espagne, avec un peu de jugeote, vous vous remettriez vite de vos pertes. Conseil d'ami…

Comment Séguin, ce filou qui fournissait aux armées des uniformes trop légers, des horses efflanquées et des souliers en carton, avait-il échappé aux foudres consulaires ? Il y a là un mystère que même Ouvrard ne put lever.

À peine Séguin reparti, Ouvrard se fit servir du rhum par Frenelle. Après une longue méditation, le regard perdu dans la fumée de son cigare, il me dit :

— Ma chère, Séguin a raison. Nous allons devoir nous séparer. J'ai besoin de changer d'air. Celui de Paris est devenu irrespirable pour moi. Je partirai sans ma famille : mon épouse est fragile et nos enfants trop jeunes. Vous, en revanche, pourriez m'accompagner. Vous retrouveriez votre famille à Carabanchel, et votre présence pourrait m'être utile, car, vous le savez, je ne parle pas l'espagnol. Nous pourrions, vous et moi, commencer une nouvelle existence…

Je lui répondis d'un ton ferme que celle que je menais

à Paris me convenait, que j'étais enceinte et qu'un long voyage pourrait être dangereux. Il partirait seul, ou avec quelque autre de ses maîtresses.

— Je le regrette, soupira-t-il. Sans vous, la vie sur cette terre étrangère sera triste et ennuyeuse.

Il évoqua ce dilemme dont nous avions souvent parlé : qu'il divorce, que nous persistions dans le consensus adopté à l'origine, ou nous séparer. Divorcer ? Je prenais ses velléités pour de la poudre aux yeux. Rompre ? Ni lui ni moi ne pouvions sérieusement l'envisager, à cause de *mes* enfants. Laisser notre vie commune en l'état était ce qui nous convenait le mieux, Élisabeth ayant renoncé depuis longtemps à manifester sa jalousie.

— Au moins, me dit-il, pouvez-vous me donner l'assurance que je vous retrouverai à mon retour. Je ne compte pas prendre racine en Espagne, vous le pensez bien. Le temps de trafiquer des piastres avec votre père ou sans lui, et vous me verrez revenir en moins d'un an.

Il me laissait en cadeau d'adieux (ou d'au revoir) une parure de diamants et de saphirs à laquelle il avait accroché une mèche de cheveux. J'ai conservé la parure mais jeté la mèche dans la cheminée.

Je lui savais gré de m'avoir permis d'oublier Tallien et Barras, ainsi que de m'avoir fait perdre le goût des passades plus ou moins ardentes et sincères, mais son départ donnait une nouvelle dimension à ma liberté.

Les propos de Lanjuinais ne m'avaient pas tout à fait convaincue des ambitions impériales de Bonaparte. Je me souvenais pourtant de ce que nous avait dit Rose de cette sorcière des îles qui lui avait prédit qu'elle serait « plus que reine ». Ce sont des prédictions que l'on s'invente *a posteriori*, mais ce n'était pas le cas pour elle, veuve avec deux enfants à charge et des moyens dérisoires.

Et pourtant...

Ouvrard venait à peine de quitter la France, après que Tallien fut parti pour Alicante, quand Lanjuinais m'annonça que l'événement auquel je n'osais croire venait de se produire : le 18 mai 1804 marquait la fin du Consulat et le début d'un Empire héréditaire.

Héréditaire ? J'en doutais. Joséphine, qui ne me cachait rien de sa vie intime, m'avait parlé de sa stérilité irréversible, et je ne voyais pas l'un des frères de la tribu des Bonaparte sur le trône. Qu'adviendrait-il alors de l'Empire ? S'il ne sombrait pas dans les guerres continentales, il risquait d'être contesté par le peuple et d'engendrer une nouvelle révolution.

Bonaparte n'avait pas tardé à avoir la confirmation de son incapacité à engendrer un héritier. Il en avait ressenti, disait-on, une amère déception, mais qui n'avait pas pris un tour dramatique : Joséphine lui resterait attachée et suivrait la voie impériale. Bonaparte avait conçu l'idée que la fille de son épouse, Hortense, mariée à son frère Louis, pourrait lui donner, par procuration, la descendance qu'il jugeait indispensable à son destin. Il ne fut pas déçu : Hortense allait accoucher d'un garçon, Napoléon-Charles.

J'aurais aimé apprendre de Joséphine elle-même la nouvelle de son avènement. Elle ne m'en dit rien, par crainte, je suppose, de déplaire à son maître. Je ne pouvais me libérer d'une obsession : si j'avais cédé à Bonaparte et alimenté en lui une vraie passion, j'aurais tenu la place qu'occupait mon ancienne compagne. En perdant Bonaparte, j'avais hérité d'Ouvrard. À quoi tient le destin ?

Je prenais un amer plaisir à me livrer à des digressions. Je n'aurais pas agi comme Joséphine, je lui aurais épargné les humiliations, j'aurais sagement attendu le retour d'Italie de son époux, peut-être même l'aurais-je rejoint sur les champs de bataille et accompagné en Égypte... Quant à lui assurer une descendance, ce n'eût été qu'un jeu : j'étais une fontaine d'enfants !

Je l'avoue : je jalousais Joséphine et je la détestais en m'efforçant de lui faire bonne figure. J'avais nourri l'espoir que Bonaparte finirait par se lasser des caprices et des infidélités de cette créature que l'âge marquait déjà.

Par les journaux et mes entretiens avec Lanjuinais, j'eus connaissance de la fabuleuse cérémonie du sacre, le 2 décembre 1804, à Notre-Dame. Il n'était pas, si je puis dire, en odeur de sainteté vis-à-vis de Bonaparte, pour avoir été des cinq parlementaires opposés à l'Empire, et n'avait assisté aux cérémonies que de loin, en curieux.

Je m'efforçai d'imaginer cette claire et tiède matinée d'hiver où le carrosse à huit chevaux isabelle harnachés de panaches blancs conduisait à la basilique le couple vêtu d'or et de pourpre. Il me semblait percevoir les échos lointains de la musique interprétée par deux orchestres, les cris jaillissant de toutes parts : « Vive l'Empereur ! ». Je percevais comme dans un rêve, à travers la voix monocorde de Lanjuinais, le serment de fidélité à l'Église, « devant Dieu et ses anges », le geste de Bonaparte posant la couronne de Charlemagne sur sa tête puis sur celle de l'Impératrice, tandis que la voix dolente de Pie VII bredouillait : « *Vivat imperator in aeternum...* »

Un de mes collègues m'a assuré, me dit Lanjuinais, avoir entendu Napoléon dire à Joseph, l'un de ses frères : « Te rends-tu compte ? Si notre père nous voyait... »

L'orgue, les chœurs, le *Te Deum* avaient accompagné la retraite du pape à l'Évêché. Au cours du spectacle civil, moins fastueux que la cérémonie religieuse, Sa Majesté Impériale avait prêté un nouveau serment : celui de faire respecter l'ordre et la justice dans l'Empire et de maintenir les limites du territoire de la *République* !

— La République..., ajouta Lanjuinais. Nous sommes nombreux à être persuadés qu'il avait prononcé ce nom pour la dernière fois, comme au chevet d'un mort. La veille, un vieil aristocrate lui avait dit d'une voix chevrotante : « Je vous félicite d'avoir fait entrer dans le port le vaisseau de la République... » Je suis persuadé que, s'il l'y a fait entrer, ce n'était pas pour le radouber mais pour le mettre en cale sèche et l'y laisser pourrir.

Cet événement grandiose ne pouvait me faire oublier les drames qui l'avaient précédé.

Le chef royaliste Cadoudal, organisateur du complot de la rue Saint-Nicaise contre le Premier Consul, avait péri sur l'échafaud. Le général Pichegru, héros des armées révolutionnaires, son complice, s'était suicidé. Dans les fossés de Vincennes, le Premier Consul avait fait fusiller un innocent, le duc d'Enghien, soupçonné d'un complot illusoire. Après une expédition hasardeuse, nous avions perdu notre plus belle colonie, après la Louisiane, Saint-Domingue, où le général Leclec, beau-frère de Bonaparte, avait succombé aux fièvres. Le projet d'invasion de l'Angleterre à partir de Boulogne avait sombré piteusement...

Je ne pouvais oublier non plus la misère de la population et la situation catastrophique des finances consulaires, alors qu'on se préparait à une guerre contre l'Angleterre, de nouveau dirigée par le détestable William Pitt, notre ennemi juré.

Alors que s'éteignaient les derniers lampions du sacre, il

me semblait entendre Joséphine me dire en buvant son thé, son carlin Fortuné sur les genoux, au temps des campagnes d'Italie :

— Il m'agace, ce « chat botté », avec ses déclarations d'amour, ses jérémiades, sa jalousie. Tiens, lis sa dernière lettre de Milan ! C'est du délire… Il voudrait que je lui envoie un courrier par jour, alors que je déteste écrire. Si encore c'était un amant convenable ! Il fait son affaire en trois coups de cuillère à pot, alors qu'avec mon Hippolyte…

Lanjuinais m'apprit la mort, au fort de Joux, près de Pontarlier, dans les montagnes du Jura, du héros de l'indépendance des Noirs de Saint-Domingue, le général Toussaint-Louverture, dans un dénuement et une solitude absolus. Comment Bonaparte avait-il pu laisser faire cette ignominie qui aurait provoqué l'indignation et la colère d'Olympe de Gouges ?

Retour des Îles d'Amérique, mon premier époux, Jean-Jacques Devin de Fontenay, me rendit visite, non pour tenter de renouer avec moi, mais pour solliciter un secours.

J'eus du mal à le reconnaître. À quarante-deux ans, il était obèse, à moitié chauve, boiteux, avec le teint jaunâtre des hépatiques. Il me parla de sa santé avec sa franchise habituelle. Il comptait faire soigner à Bicêtre une maladie vénérienne tenace contractée avec une métisse.

— Cela s'appelle, me dit-il, une « harpagine ». J'ai essayé le mercure, mais sans résultat. On m'a conseillé le céleri en feuille, l'eau de Van Swieten, mais je crains qu'il n'en soit de même.

Je lui demandai en quoi consistait cette maladie dont j'entendais le nom pour la première fois.

— Cela signifie, me dit-il, qu'on s'est fait *harponner* par une femme vérolée ou syphilitique. C'est une maladie vénérienne d'un genre spécial. Dieu sait que les véroles ne m'ont pas épargné ! Avec les métisses, vous comprenez, difficile de résister… Celle-ci est paraît-il la pire. On peut en crever.

Persuadé que cela ne tarderait guère, il me demanda de veiller à ce qu'il fût enterré à Fontenay-aux-Roses, près du château où, me dit-il, il avait connu, au temps de nos amours, des heures inoubliables. Il avait été vendu comme bien national.

Je le lui promis, mais sur un ton rassurant :

— Allons donc, vous ne semblez pas à l'article de la mort. Vous finirez bien par triompher de cette maudite « harpagine ». Consultez donc Cabanis, c'est le meilleur praticien de Paris, un spécialiste des poisons. Si vous décidiez de mettre fin à vos jours, il pourrait vous y aider, mais il peut aussi bien vous guérir de la maladie qui empoisonne votre corps.

Un sourire décrispa ses joues flasques et verruqueuses. Il m'informa qu'il logeait dans un meublé de la rue des Boucheries.

— Rien de comparable avec ma maison de la Martinique, mais je m'en satisfais. D'ailleurs je compte bien refaire ma santé et ma fortune avant de reprendre la mer.

En nous servant le thé et les macarons, Frenelle fit la grimace. Elle m'avoua que cette épave avait dû transporter des barils de sardine tant elle puait.

Ce pauvre Devin de Fontenay n'allait retrouver ni sa santé ni sa fortune. Peu de temps après sa visite, mon notaire me confia qu'il avait, à la suite d'on ne savait quel tour de passe-passe, liquidé des biens qui m'appartenaient. Il m'incitait à lui intenter un procès, mais je n'en avais cure : cela n'en valait pas la peine. Je dus même régler les deux mois de loyers qu'il devait pour son meublé.

Il ne m'a plus donné signe de vie. Était-il reparti pour les Îles ? Était-il mort de son « harpagine » dans quelque hôpital ? S'il avait rejoint, à Carabanchel, notre fils, Théodore, je l'aurais appris.

Ce dont j'étais certaine, c'est d'être débarrassée d'un personnage que je n'avais jamais aimé, et que ni affection ni amitié n'avait plus de place entre nous.

Germaine de Staël, que nos amis avaient baptisée « La Grosse », était revenue de l'exil imposé par le Premier Consul, à la suite d'un soupçon ridicule de complot royaliste.

Elle avait passé ces deux ans sans trop pâtir de son éloignement de la capitale, dans son château de Coppet, en Suisse, dans le canton de Vaud, sur la rive du lac, où son père, M. de Necker, ministre des Finances sous l'Ancien Régime et grand financier, venait de mourir.

Elle me parla avec émotion de cette grande bâtisse récemment restaurée, meublée et décorée par les meilleurs artisans de Paris, ornée de toiles de peintres illustres, de ses relations avec les autorités locales et de ses promenades dans la montagne, la forêt et le long du Léman.

Elle me confia dès son retour son intention de reconstituer son cénacle, quoi qu'il pût lui en coûter pour sa sécurité.

— Il reste encore, Dieu merci, quelques grands esprits épris de liberté et qui répugnent à tout régime autoritaire, quel qu'il fût. Je compte sur vous pour être présente. Mon salon vous sera toujours ouvert, vous le savez bien ! J'espère de même que notre amie Juliette sera des nôtres.

Juliette traversait une mauvaise passe. Elle se relevait mal des déboires financiers de son époux et songeait à mettre en vente leur château de Clichy. Pour échapper à cette ambiance délétère, elle avait passé quelques semaines à

Coppet et en était revenue sereine et le teint légèrement bistré par le soleil et la neige.

Ce séjour, me confia-t-elle, avait eu un autre motif : elle souhaitait échapper aux assiduités d'un neveu de son mari (un « freluquet »), et du frère de Bonaparte, Louis, ministre de l'Intérieur.

— Louis m'invitait souvent à son domicile, et je ne pouvais refuser. Chaque fois, il me demandait d'exécuter la danse du châle, en simple tunique blanche et sans le moindre bijou, et me disait que cela mettait en valeur la souplesse et la délicatesse de mes bras...

Au cours d'une soirée chez Germaine, j'eus la surprise de retrouver un personnage qui avait sombré dans l'oubli et dont le nom seul émergeait de ma mémoire : le comte Philippe Riquet de Caraman.

Cet homme de mon âge, pétri d'une élégance aristocratique qui transpirait de ses propos et de son comportement, de taille généreuse, large d'épaules, aux traits réguliers et un peu austères, me plut d'emblée.

— Puis-je vous rappeler, madame, me dit-il, que nous ne nous sommes pas vus depuis dix ans ? Le nom de La Chapelle Saint-Victor vous rappelle-t-il un souvenir ?

J'avouai l'avoir oublié.

— Ce village du Lauragais, à quelques lieues de Toulouse, abrite le château de ma famille.

— Je me souviens en effet avoir traversé cette région avec quelques amis, pour aller prendre les eaux à Bagnères-de-Bigorre. Nous nous étions arrêtés à un relais de poste pour nous attabler à côté d'un jeune homme qui nous avait fait la conversation. Il nous avait proposé de le suivre jusqu'à son château, mais le temps nous était compté.

— Eh bien ! madame, ce jeune homme un peu bavard, c'était moi !

Je m'informai auprès de l'ami de Germaine, Benjamin Constant, de ce personnage qui, en prenant congé, m'avait laissé entendre qu'il apprécierait une nouvelle rencontre.

— Il est issu, me dit Constant d'une des familles les plus riches de la région. L'un de ses ancêtres, l'ingénieur Pierre Paul de Riquet, a réalisé une œuvre colossale : le canal du Midi. Retenez bien ce détail : il pourra vous être utile si vous vous revoyez, ce qui ne tardera guère, à voir la cour qu'il vous a faite...

Il me glissa à l'oreille :

— J'ajoute que le comte Philippe est célibataire et, à ma connaissance, sans attache sérieuse.

Constant m'apporta par la suite d'autres détails concernant sa famille et sa condition.

— En cherchant dans ses ancêtres, côté femmes, me dit-il, vous trouveriez des chevaliers de la Toison d'or et des conseillers à la Cour de Bourgogne. Un de ses ancêtres était un intime de l'Empereur d'Autriche Maximilien, qui l'a fait prince de Chimay. Son premier enfant a eu pour parrain l'Empereur Charles Quint...

Il feuilleta un gros registre avant d'ajouter :

— Passons aux hommes... Pas de héros des croisades ni de relations impériales, mais une parenté étroite avec la famille des Mirabeau. Le père de notre homme, chambellan du duc de Lorraine Stanislas, avait ses entrées à Versailles en tant que Directeur des Jardins. Marie-Antoinette sollicitait ses conseils pour le Trianon. Il possédait, en son hôtel du faubourg Saint-Germain, un parc si richement conçu qu'il faisait l'admiration des étrangers. La reine le visitait et en ramenait des plants pour sa chaumière. On y donnait en plein air des comédies et des opéras.

Le comte Philippe me fit attendre plus d'un mois avant de se manifester de nouveau, au point que je doutais de le revoir et le regrettais. Germaine me rassura : il était parti retrouver en Hollande quelques amis émigrés.

— Il m'a informée, me dit-elle, qu'il n'allait pas tarder à nous revenir. Dans une de ses lettres, il m'a parlé de vous et s'est montré surpris de ne pas vous voir habillée en Merveilleuse. Ce brave homme retarde de quelques saisons sur la mode ! Vous lui avez beaucoup plu, dois-je vous le dire ?

Je retrouvais dans l'élocution de Germaine le style et le

ton de son premier roman : *Delphine*. Elle s'apprêtait à publier le récit d'un voyage qu'elle avait fait en compagnie de Constant : *Corinne ou l'Italie,* qui avait, me dit-elle, irrité l'Empereur, jaloux de la célébrité littéraire de cette opposante.

— C'est lui, j'en suis sûre, me dit-elle, qui a inspiré certains articles venimeux à propos de ce livre. De crainte qu'il ne me renvoie de nouveau à Coppet, j'ai pris les devants. Benjamin et moi allons partir pour quelques mois en Allemagne retrouver nos amis émigrés. Lorsque Philippe reviendra de Hollande, je serai partie, mais rassurez-vous : il trouvera chez moi votre adresse…

Elle m'offrit un exemplaire de *Corinne ou l'Italie.* Je l'aidai à préparer son bagage, qui n'était pas mince, à croire qu'elle partait pour des années. Elle quitta la rue du Bac pour le château d'Ormesson, d'où elle prendrait la route pour la frontière.

J'étais impatiente de revoir le comte Philippe, mais pas au point de me tenir à ma fenêtre, comme la « sœur Anne » du conte.

Je n'avais pas l'intention de me laisser séduire, à la suite de je ne sais quel marivaudage, comme au temps de mes folies amoureuses, pas plus que de lui opposer le blanc-manger d'une amitié qui l'eût sûrement découragé. Il me suffirait d'entretenir la petite flamme de sentiment que nous avions éprouvée l'un pour l'autre au cours de notre bref entretien, mais non en y jetant des brassées de fagots. Je préférais un *moderato cantabile* à un *allegro vivace* et la flûte au violon.

Il me fit attendre une quinzaine, bien qu'il fût en possession de mon adresse, et ne fit rien pour apaiser mon impatience. Je m'apprêtais à ranger cette idylle naissante au rayon des illusions perdues, quand ma porte s'ouvrit, non sur Lanjuinais ou mon ami, Louis-Sébastien Mercier, qui m'avait promis un exemplaire de ses *Nouveaux Tableaux de Paris,* qui venaient de paraître.

C'était lui.

Il confia à Frenelle son chapeau et sa cape humides de pluie, me baisa la main et, sans s'excuser de sa longue absence, déposa un paquet sur un guéridon. Je lui demandai s'il avait fait un bon voyage.

— Exécrable, interminable..., soupira-t-il. Il a plu sans arrêt de Sedan à Paris. Les routes piétinées par des convois militaires étaient transformées en fondrières, où ma diligence s'est embourbée à deux reprises.

Il ajouta :

— Eh bien ! madame, qu'attendez-vous pour ouvrir ce paquet ? C'est un cadeau des plus modestes mais qui risque de vous surprendre et de vous plaire.

Il me rapportait de Hollande un de ces énormes fromages appelés tête-de-Maure, que l'on ne trouvait plus à Paris. Je ne lui montrai rien de ma déception, au contraire :

— Rien ne pouvait me faire plus plaisir, monsieur ! J'ai oublié depuis des années la saveur de ce fromage, que j'adore. Nous le savourerons ensemble, à ma table, si vous en êtes d'accord.

— Je me suis permis de l'entamer, madame. Retournez-le.

Il y avait sur le fond une cavité de la dimension d'une noix, et un éclat de lumière qui me fit sursauter. Je m'écriai, une main sur le cœur :

— Un diamant ! C'est une folie.

— J'espère qu'il me fera pardonner ma longue absence...

— ... et votre négligence ! Je commençais à croire que vous m'aviez oubliée.

Il eut la réaction que j'attendais :

— Vous oublier, madame ? Comment avez-vous pu le croire ?

— Les apparences sont contre vous !

— En l'occurrence, elles ne sont pas conformes à la réalité.

— Peut-être... mais je me disais qu'il pouvait y avoir chez vous une stratégie : vous faire désirer en me faisant attendre. Eh bien ! vous avez réussi. Mais cessons ce badinage. Parlez-moi plutôt de la Hollande. Y avez-vous une résidence et des amis ? Une maîtresse peut-être ? Si vous me trouvez indiscrète, ne répondez pas.

— Ni résidence ni maîtresse, mais des amis et des intérêts à défendre. Êtes-vous satisfaite ?

Je répondis par un sourire, un battement de cils et l'invitai à dîner d'une omelette aux champignons. Il me répondit qu'il avait prévu de m'amener au Méot, une des tables les plus réputées, dont le cuisinier avait servi chez le prince de Condé. Mercier en parlait avec des louanges dans ses *Tableaux de Paris.*

La ville baignait dans une brume qui sentait la boue et la fumée. Des franges de neige sale, grignotées par la pluie qui tombait depuis l'aube, bordaient la chaussée. Un fiacre nous conduisit au restaurant Méot qui occupe l'angle de la rue de Valois avec celle des Bons-Enfants. Un portier déguisé en Ottoman nous ouvrit la porte d'où nous parvinrent, avec une bouffée de chaleur et de bonnes odeurs de cuisine, quelques mesures de Mozart. La table était retenue. Le comte Philippe me fit asseoir en face de lui et me dit *mezza vocce* :

— Notre premier repas en tête à tête, Thérésa. Je souhaite qu'il y en ait beaucoup d'autres. S'il ne tenait qu'à moi...

Je compris d'emblée ce que cachait cette confidence à moitié formulée, qui le laissait, comme on dit, une patte en l'air, et à laquelle je ne répondis que par un sourire. Après que la commande fut enregistrée, je le priai de me parler de lui. Nous avions le même âge à peu de chose près, ce qui pouvait donner une certaine liberté à nos propos.

— Cet intérêt me flatte, me dit-il avec un sourire qui paraissait faire le tour de son visage, mais vous avez en face de vous un personnage qui, contrairement à ses ancêtres, n'a pas brillé en politique ou sur les champs de bataille, et moins encore au chapitre des amours, contrairement à mon parent, M. de Mirabeau.

Il m'apprit que, lorsque les premières vagues de la Révolution avaient déferlé, il avait le grade d'officier dans le fameux corps des dragons de Noailles. Exaspéré par les excès des révolutionnaires, et les massacres de septembre, menacé dans sa personne, il avait émigré en Allemagne et avait trouvé un commandement dans la cavalerie du prince de Condé. La perspective d'avoir à se battre contre des compatriotes l'avait incité à quitter l'uniforme.

Il me parla de la vie des émigrés.

— Certains, me dit-il, ont assumé leur condition sans se plaindre, mais la plupart ont eu du mal à se faire à leur nouveau mode de vie, et même à subsister. Je m'en suis tiré en donnant des leçons de musique dans des familles de Hambourg. On m'accorde un certain talent au violon, comme vous pourrez en juger à l'occasion.

Il ne se souvenait pas sans émotion, me dit-il, du concert où il figurait comme deuxième violon, dans les jardins de son père, rue Saint-Honoré, en présence de la reine. Il avait interprété l'ouverture de l'opéra de Grétry : *Richard Cœur de Lion,* puis, comme premier violon, *Idomeneo,* de Mozart…

Après le vermicelle, on nous servit des huîtres qu'on ne trouve à Paris, m'a dit Mercier, « qu'après les premiers froids ». J'admirai la dextérité du garçon écailleur qui les libérait en un coup de pouce de leur cloyère.

— Mercier, dis-je, m'a assuré qu'un de ses amis, l'écrivain Crébillon, pouvait en absorber cent douzaines en buvant du lait chaud, sans en être indisposé. Une douzaine me suffira, et ce sauternes les accompagne à merveille.

Suivirent la poularde rôtie dans du papier embeurré, la hure de sanglier des Ardennes en galantine, les fromages et une pléthore de fruits en camaïeu et de glaces de l'illustre Velloni.

J'avais affaire à un gourmet, notamment en matière de vins. Il en discutait savamment avec le sommelier, qu'il appelait par son prénom, en habitué. Il était artiste jusqu'au bout des doigts, tant en matière de musique que de gastronomie.

Tandis qu'il savourait le solide et le liquide, d'un air concentré et avec de petits bruits de gorge pour marquer sa satisfaction, je ne le quittais pas des yeux.

Avec ses cheveux blonds bouclant autour de ses oreilles, le timide lavis bleuâtre de ses yeux, ses lèvres délicatement ourlées, son nez un peu long, fendillé du bout, il respirait la douceur et l'intelligence. J'en étais à la fois charmée et inquiète. Comment un homme aussi séduisant et racé pourrait-il s'intéresser à moi, sinon en vue de quelques ébats ? Allais-je me laisser gagner par la passion, moi qui peux prendre feu à la moindre étincelle ? Gare, me dis-je, je risque, pour de menus plaisirs, une grande désillusion ! J'allais devoir cacher mes batteries pour ne pas lui donner l'impression qu'il avait affaire à une lorette.

En me montrant surprise qu'à son âge il fût célibataire, j'aiguillai discrètement notre entretien sur sa vie sentimentale. Il ne montra aucune réticence à m'en parler.

Durant l'émigration, à Hambourg comme en Hollande, il avait trompé sa solitude et son ennui avec des femmes, veuves de martyrs royalistes. En revanche, il détestait le commerce des prostituées et des femmes légères.

— J'ai vécu toutefois deux aventures, ajouta-t-il, avec les demoiselles de Valence et de Vaudémont, des amies de ma famille. Elles ont tourné court quand j'ai entendu ces perruches prononcer le mot dont je me méfiais : mariage. D'ailleurs, je n'aurais su laquelle choisir sans peiner l'autre, car mes sentiments pour elles étaient de même nature et de même intensité.

Il dut remarquer la légère contraction de mes traits à l'énoncé de sa détestation du mariage, car il posa sa main sur la mienne en ajoutant :

— Aujourd'hui, j'ai bien conscience de ne pouvoir respecter plus longtemps mon vœu de célibat. Je voudrais avoir des enfants, parce que j'aime leur compagnie et qu'il me faut des héritiers. La raison vient à tout âge. Il est bien temps que je me décide.

Les violons venaient d'entamer une jolie musique italienne. Philippe prit le temps de bourrer sa pipe d'un tabac ramené de Hollande. Il m'en fit tirer une première bouffée qui m'étourdit un peu. Il semblait attendre de ma part une réaction à ses derniers propos. Elle ne vint pas. Quel commentaire y apporter ? Lui donner tort ou raison ? Et comment l'eût-il pris ? J'attendais qu'il rompît son silence pour effacer mon embarras. Comme il ne s'y décidait pas, je lui dis d'une voix ferme :

— Eh bien ! mon ami, attendrez-vous, pour trouver l'élue de votre cœur, d'avoir la cinquantaine ?

— Vous me mettez à la torture, Thérésa ! Celle sur qui j'ai porté mon dévolu me voudra-t-elle comme époux ? C'est une des plus belles créatures que j'aie jamais connues. Elle est de la meilleure société, intelligente, artiste et jeune encore.

— Je meurs d'envie d'apprendre son nom... Est-ce que je la connais ? Pouvez-vous m'en faire le portrait ?

Il sortit de sa veste un miroir de poche, le plaça devant moi et me dit :

— Son portrait, le voici !

Je mimai la surprise et, une main sur le cœur, je lui dis :

— Philippe, est-ce vraiment moi que vous voulez pour femme ?

— N'aurais-je pas été assez clair ? Allez-vous demander à réfléchir ? Je vous accorde que je suis allé un peu vite en besogne et que des décisions aussi graves ne se prennent pas à la légère, mais ne me faites pas languir. Dites-moi franchement si la chose est possible. Si elle ne l'est pas, j'en souffrirai, mais je finirai pas en prendre mon parti. Y aurait-il un obstacle majeur ?

Rouge de confusion et de bonheur, je haussai les épaules et vidai ma coupe de champagne.

— Un obstacle ? bredouillai-je. Eh bien, non, je n'en vois pas de mon côté. En revanche, du vôtre...

— Que voulez-vous dire ?

— Votre famille, Philippe, votre famille... Acceptera-t-elle cette mésalliance ? Dois-je vous rappeler que je suis deux fois divorcée, que j'ai des enfants de mes deux maris et du financier Gabriel Ouvrard, que mon second mari, Tallien, était un terroriste, que deux de vos proches ont été guillotinés sous la Terreur. Cela fait beaucoup d'obstacles, il me semble !

Une onde de colère balaya son visage. Il bougonna :

— Ce passif, je le prends entre mes mains, je le froisse et le jette à la Seine !

— Il aurait mieux sa place dans un égout !

Il laissa retomber sa main à plat sur la table, froissa nerveusement sa serviette et lâcha d'une voix âpre :

— Thérésa, je vous en conjure, cessez de vous mortifier ! On dirait que vous y prenez du plaisir. Croyez-vous que j'ignore votre passé, que je me sois décidé à la légère ? Vous auriez tort. Il y a chez vous, comme en tout être humain, de l'ombre et de la lumière. Vous êtes dans le gris, et cela vous va bien. Alors acceptez ma proposition sans états d'âme ou refusez-la.

— Je l'accepte, Philippe, et de tout cœur.

— Sans restriction ?

— Pas la moindre.

Il se leva, se dirigea vers l'orchestre, parlementa avec le premier violon et lui glissa un billet dans la ceinture. Il me dit à son retour :

— Vous connaissez sans doute la cantate de Bach *Que ma joie demeure* ? L'orchestre va la jouer pour nous. Le lieu est mal choisi, mais peu importe !

Nous l'écoutâmes en silence, sans nous quitter des yeux, nos mains unies. La dernière mesure effilochée, il sortit son mouchoir pour éponger mes larmes.

Philippe, en m'annoncant qu'il n'y aurait dans sa famille aucun obstacle à notre union, avait fait preuve d'un optimisme prématuré. Il m'apprit à quelque temps de là qu'il avait essuyé une sévère rebuffade de la part de son père, qui lui avait refusé son accord, au prétexte qu'une ancienne « terroriste » n'avait pas place dans la famille des Riquet de Caraman.

Avec sa mère, ç'avait été pire. Elle était tombée en pâmoison et, à peine ranimée, s'était écriée que jamais une descendante des Fitz-James, ancienne dame d'honneur de Marie-Antoinette, n'accepterait pour belle-fille une cocotte qui se promenait à demi nue dans Paris et dont les turpitudes étaient connues de tous !

Il avait écouté stoïquement ces objections et avait répliqué qu'il était adulte et que rien ne s'opposerait à son choix, dût-il rompre avec sa famille.

Moi, je tombais de haut.

— Je confesse, me dit-il, avoir fait preuve d'une confiance exagérée. Mais je suis d'une nature obstinée, et, croyez-moi, rien ne me fera changer d'avis.

Pour forcer le destin et placer sa famille au pied du mur, il décida de hâter la date de notre mariage. Il choisit le mois d'août, après de nouvelles confrontations avec les siens, qui se révélèrent vaines. Chaque fois qu'il me quittait pour assumer ce qu'il considérait comme son devoir, je craignais qu'il ne revînt pas ou qu'il m'annonçât une rupture. Je n'en dormais plus. C'eût été mal le connaître : sous une apparence de douceur se cachaient une énergie et une volonté farouches quand il s'agissait de défendre sa liberté.

Je décidai d'interférer dans cette épreuve de force en écrivant au père noble une lettre dont Philippe approuva tous les termes :

« Monsieur, je suis à vos pieds et veux y être toute ma vie. Vos conseils, vos désirs seront la règle de ma conduite. J'ose vous assurer qu'elle obtiendra votre estime et justifiera le choix de votre fils. Heureuse de consacrer mes jours à son bonheur, je me soumets avec joie et reconnaissance à tout ce que vous jugerez convenable. Soyez l'arbitre d'une destinée dont vous pouvez assurer la félicité. Daignez exaucer ce vœu et croire à mon respectueux et vif désir de vous convaincre que je mérite un attachement que je ne cesserai jamais de justifier ».

Nous avons attendu la réponse trois semaines avant de confirmer la date de notre mariage. Elle n'est jamais venue et la maison familiale nous resta close. Philippe était persuadé que ses parents doutaient que cette lettre fût de moi et que c'était lui qui me l'avait dictée !

Notre mariage fut célébré en août 1805, en l'église Saint-François-Xavier, en présence des seuls témoins, et sans le moindre faste.

Avant la cérémonie, nous avions vécu chacun chez soi, mais le plus souvent rue de Babylone, où Philippe se plaisait. D'un commun accord, nous avions décidé de remettre à plus tard notre union charnelle, après que le Vatican eut annulé mon mariage avec Devin de Fontenay. Je respectai cette initiative venue de son vieux fond chrétien. S'il n'en avait tenu qu'à moi, les choses se seraient passées autrement, car je tiens les décrets de l'Église pour une intrusion insupportable dans la vie d'un couple.

Sur le chemin de Rome pour obtenir la confirmation de mon divorce, nous avons, la frontière passée, fait voler nos bonnets au-dessus des moulins et connu, dans une auberge de Bordighera, notre première nuit d'amour.

Nous avons observé une halte à Florence, moins pour visiter palais et basiliques que pour recueillir l'héritage d'un oncle de Philippe, du côté maternel, récemment disparu, qui avait fait de son neveu l'héritier de ses biens et de ses titres de noblesse.

Un matin, en observant dans mon miroir mes premières ridules, je me disais : « Thérésa Cabarrus, divorcée de Devin de Fontenay et de Jean-Lambert Tallien, vous voilà aujourd'hui princesse de Caraman-Chimay et comtesse Riquet de Caraman ! Quelle ascension, quelle chance ! L'amour et la fortune dans ma corbeille de mariée... » J'éprouvais une satisfaction un peu perverse en me disant que la vieille mère de Philippe allait devoir partager avec moi ces titres de noblesse, elle, de surcroît, de l'illustre famille des Fitz-James !

Je fis part de cette réflexion à Philippe.

— Croyez-vous, lui dis-je, que votre mère pourrait exiger que ces titres de noblesse me soient retirés ?

— J'en doute, me répondit-il. Elle est procédurière, mais pas à ce point. C'est d'ailleurs impossible. Béni soit mon oncle !

Il ajouta en me prenant dans ses bras :

— Vous avez été la reine de Paris, mon amour. Hélas, vous n'êtes plus que princesse. Saurez-vous vous en contenter ?

Le bel automne transalpin me plongeait, jour après jour, dans le ravissement. Lorsque le soleil se voilait sous une averse, les paysages scintillants n'en étaient que plus beaux. J'éprouvais un vertige de beauté en traversant les douces collines de l'Ombrie sous une cavalcade de nuages qui me faisaient penser aux éléphants d'Hannibal le Carthaginois marchant contre les légions de Rome.

Il n'était pas une ville, pas une bourgade qui ne nous révélât quelque surprise. Nous en venions à oublier le but de notre voyage : Rome et le Vatican. Dans chaque ville que nous traversions, les autorités (informées par qui ?) nous accueillaient avec des fleurs, du vin et des banquets, comme si nous étions les ambassadeurs de quelque principauté.

Je m'étais pourvue de toilettes à la dernière mode, de chez Rose Bertin, Mme Raimbaud et Leroy, le couturier de Joséphine. Rien dans ma garde-robe qui évoquât les modes athéniennes du temps des Merveilleuses, mais des étoffes moins légères, sans ces transparences qui avaient fait scandale, des bordures de fourrure, dans lesquelles, bien que l'automne fût proche, je me sentais moins à l'aise.

Ma venue annoncée avait bouleversé les modes italiennes. Les couturiers n'avaient pas chômé pour réaliser des toilettes féminines style Empire. Dans les réceptions, j'allais retrouver les copies conformes des miennes...

Notre arrivée à Rome fut proprement triomphale. Lucien Bonaparte, puîné de l'Empereur, qui résidait dans cette ville après son départ de Madrid, nous accueillit comme il l'eût fait pour des membres de famille. Nous avions en commun, il est vrai, d'être désavoués pour nos unions : contre l'avis de son frère tout-puissant, il avait épousé la veuve d'un agent de change.

— L'intransigeance de mon frère m'exaspère, nous dit-il. Lui avons-nous reproché d'avoir épousé une coquette sans fortune et sans biens, qui, de plus, l'a trompé effrontément ? Son ingratitude envers moi me navre. Sans le courage dont j'ai fait preuve au cours des événements de Brumaire, son destin eût sombré.

Il menait à Rome la vie d'un prince en exil, entouré de le meilleure société romaine.

— Je sais, madame, ajouta-t-il, que mon frère vous reproche votre passé de femme libre et vos divorces, ce qui ne se fait pas dans notre famille. Il semble oublier la conduite de nos sœurs, ces catins ! Pauline, par exemple... À Saint-Domingue, elle se donnait à Fréron, alors que ce pauvre Leclerc, son époux, se mourait des fièvres...

Lucien nous mit en garde avec délicatesse contre les exigences du protocole romain. Tout se passa le mieux du monde. Le pape Pie VII nous reçut avec son amabilité habituelle, nous écouta plaider notre cause, nous assura de sa grâce et bénit notre couple. Nous n'attendions rien de plus de cette entrevue.

Philippe écrivit à son père pour l'informer du succès de cette démarche et tâcher d'obtenir son pardon, ce qui eût mis un comble à son bonheur. Il disait dans cette lettre :

« J'attendrai du temps et de votre tendresse le moment de me réunir à ma famille... Je me suis écarté, par la chaleur de ma passion, de cette ligne droite dans laquelle je vous trouve toujours. J'ai dit au chef de l'Église ma volonté de vous y suivre. J'espère être ferme dans ma résolution et ma conscience... »

Je lui savais gré d'avoir exprimé la « chaleur » de sa « passion », mais je lui tenais rigueur de la soumission affleurant dans cette lettre, à des traditions familiales corsetées de préjugés et esclaves de la ligne droite. S'il n'en avait tenu qu'à moi, l'affaire eût été vite réglée : on me fermait la porte ? Je tournerais le dos. Philippe ne reçut jamais de réponse à sa lettre. Le contraire m'eût surprise, de la part de ces gens dont le sens de l'honneur frisait l'intolérance. Philippe en conçut une amertume qui, malgré ses bravades, allait longtemps le ronger.

Avant mon départ de Paris pour l'Italie, j'avais reçu un billet du maréchal Brune qui, de passage, souhaitait me rencontrer, et sans doute pas pour faire état de ses exploits guerriers. Quelques jours plus tard, quand il frappa à ma porte, j'avais quitté mon domicile en lui laissant un mot. Il avait assailli Frenelle de questions : il voulait savoir où j'étais partie, avec qui, et si je resterais longtemps absente.

Au cours d'un souper sur la terrasse du palais occupé par Lucien et sa famille, je m'informai de la carrière du maréchal qui, s'il s'était beaucoup attaché à moi, m'écrivait peu.

Il avait connu une gloire à éclipse. À Alkmaar, dans le nord de la Hollande, il avait battu le duc d'York et, à Bergen, écrasé une coalition anglo-russe. Quelques déboires avaient suivi. Une bévue protocolaire lui avait valu une sévère remontrance de l'Empereur : dans une convention avec le roi de Suède, il avait employé l'expression « Armée française » au lieu d'« Armée de Sa Majesté impériale et royale ». En l'éloignant des champs de bataille, sa mise en disponibilité le rapprochait de moi. Je conçois sa déception en apprenant que je lui échappais.

— La décision de mon frère, me dit Lucien, est ridicule.

Il se prive de l'un de ses plus brillants officiers, alors qu'à ce qu'on m'a dit, il s'apprête à conquérir l'Europe.

Sur le chemin du retour, ce fut mieux, ou pire, qu'à l'aller. Lucien avait dû faire circuler le mot pour annoncer notre passage, si bien que ce fut, jusqu'à Gênes, une fête qui allait vite nous devenir insupportable, au point que nous devions, pour y échapper, emprunter des itinéraires détournés par la montagne.

Dans un palais proche de Florence, nous avons effectué une visite obligée au couple royal : le roi d'Étrurie et son épouse, Marie-Louise, que j'avais naguère hébergée rue de Babylone. La reine, cette pimbêche, n'eut à mon égard qu'un sourire dédaigneux et des propos convenus. Elle n'allait pas se mettre en frais de courtoisie pour une créature deux fois divorcée et qui avait pratiqué l'adultère au risque d'y perdre son âme. Elle était de plus en plus laide, bossue et acariâtre.

C'est à regret que je quittai l'Italie, malgré les premières neiges qui gênèrent notre retour jusqu'à Gênes. J'avais la tête encore bourdonnante de musiques, de discours et d'ovations. J'étais épuisée mais heureuse d'avoir été traitée comme une ambassadrice. J'appréhendais d'avoir, après le bel automne italien, à subir le redoutable hiver d'Île-de-France, et, plus encore, le voyage que Philippe avait prévu dans son domaine de Chimay.

Nous avons de nouveau quitté Paris dans les premiers jours de janvier, par un temps de cristal bleu, avec des lisérés de neige sur les collines de Picardie. Le gel avait durci la chaussée, si bien que notre attelage s'en donnait à cœur joie.

Après Meaux, le temps s'étant gâté, nous avons mis une semaine pour arriver au poste-frontière de Saint-Michel-d'Hurson, proche des premières pentes des Ardennes belges.

Philippe avait décidé de faire étape au château familial de Chimay, à une lieue de la frontière. Cette bâtisse sinistre émergeait d'une mer de brouillard et de pluie, et des fins fonds d'un passé de guerre et de légende.

Sinistre est le mot qui convient. L'intérieur, sombre et glacial, n'était guère plus avenant. Il aurait pu se comparer à une résidence du roi de Thulé, tant il semblait égaré sur une banquise. Le couple de vieux domestiques ayant négligé de le chauffer, il fallut se gendarmer pour arracher ces momies, emmitouflées dans leurs peaux de renard ou de loup, à leur torpeur et les rappeler à leur service.

— Le mieux est de repartir, dis-je à Philippe. Si nous restons, vous me retrouverez un matin morte de froid.

— Vous plaisantez ! protesta-t-il. La municipalité a prévu une réception. N'avez-vous pas remarqué cet arc de triomphe de verdure à l'entrée du village. Nous ne pouvons y échapper, mais, rassurez-vous, vous survivrez. Je suis là pour vous réchauffer...

Lorsque je m'éveillai, après une nuit passée à grelotter dans les bras de Philippe, l'aube avait fait sa grande lessive de nuages et le ciel était lisse et bleu comme un torrent des montagnes italiennes.

Philippe étant parti pour s'informer des modalités de l'accueil qu'on nous réservait, je passai une heure dans une grande baignoire de cuivre pleine d'eau bouillante. Tandis que notre fidèle cocher, Joseph Bidos, s'occupait à nettoyer notre berline boueuse, nous avons pris place dans le char rustique envoyé par la municipalité pour faire notre entrée solennelle dans le village. Déguisé en carrosse, attelé de deux lourds chevaux ardennais, il sentait la betterave pourrie.

Je passe sur l'accueil réservé par la population venue de dix lieues à la ronde, et par les autorités qui nous régalèrent d'un concert, de danses en costume du pays, nous inondèrent de discours de bienvenue et nous régalèrent d'un repas pantagruélique. Quant à la cérémonie religieuse, donnée dans une belle église de pierre bleue par l'évêque de Charleroi et des assistants venus de Philippeville et de Couvin, je crus en mourir de froid.

Avant notre départ, nous passâmes une journée à visiter en berline, par un soleil radieux, des sites voisins de Chimay : Fontenoy, Fleurus, Jemmapes, où s'étaient illustrées nos armées royales et républicaines.

En repassant par le village où des groupes stationnaient devant la maison commune, on nous apprit qu'aux fins fonds de l'Europe, en Moravie, près d'Austerlitz, la bataille dite des Empereurs avait donné la victoire de l'armée française contre une coalition. Napoléon devenait ainsi le maître de l'Europe et l'arbitre des nations. Ce qui nous donna une satisfaction plus intense encore : le retour de la paix...

Ce fut au village une nouvelle occasion de faire résonner les musettes, de prononcer des discours et de banqueter, et de couronner le tout par un feu d'artifice. Je préférai rester au coin du feu à lire les *Nouveaux Tableaux de Paris*, de Mercier. J'appris par Philippe que, dans son discours, le maire avait parlé de moi comme d'une amie intime de l'Impératrice et déclaré que j'étais « la plus belle et la plus aimable princesse de Chimay »..

Durant les trois semaines que nous passâmes au château, Philippe ne perdit pas son temps.

Cette bâtisse datant du XIIe siècle ayant souffert d'un incendie au début de la Révolution, il confia à quelques artisans le soin d'effectuer les réparations les plus urgentes. Il mit la main à la pâte avec tant de conviction et de vigueur que je n'osai évoquer la date de notre retour.

Certains jours, il partait à l'aube, avec Joseph, pour la chasse au loup, une de ses passions, et n'en revenait qu'à l'heure du dîner, jamais bredouille. L'âpre labeur auquel il se livrait ne le privait pas de me témoigner chaque nuit sa tendresse et son amour. La vigueur de ses étreintes me rappelait celles de Brune et me faisait oublier celles, mollassonnes, d'Ouvrard. J'en tirais, outre le plaisir, la satisfaction d'être encore désirable.

Un jour de neige, alors qu'il revenait d'une de ses équipées dans la forêt de Couvin, je me décidai à lui parler du retour. Cela faisait trois semaines que nous étions là, et il me tardait de retrouver la capitale. J'avais passé la majeure partie de mon temps à lire au coin du feu en buvant du thé et en fumant des cigares.

— Je sens bien, me dit-il, que vous n'aimez pas cet endroit et que les travaux que j'ai entrepris vous laissent indifférente. Nous devrons pourtant y séjourner de temps à autre. Il est vrai que la saison est peu favorable, mais, le printemps venu, vous vous y plairez. Êtes-vous tant pressée de retrouver les brouillards de la Seine ?

Je lui glissai à l'oreille :

— Vous vouliez un enfant de moi, Philippe ? Eh bien, c'est fait. Je le sais depuis quelques jours.

J'ai cru qu'il allait étouffer de joie. Il me serrait dans ses bras, me faisait tournoyer, me criblait de baisers.

— Nous allons partir, puisque c'est votre volonté et que votre état l'exige, me dit-il. Les ouvriers se passeront de moi et les loups pourront dormir tranquilles.

Nous avons quitté Chimay dans les derniers jours de janvier 1806.

À peine de retour, j'eus des nouvelles de mon père.

Sur le plan des affaires, il avait toujours su tirer son épingle du jeu, quels que soient le régime et les gens au pouvoir. Il était comme moi favorable à une monarchie constitutionnelle à la mode anglaise. Après l'abdication du roi Charles IV, il avait noué d'excellents rapports avec Joseph, un des frères de Napoléon, devenu roi d'Espagne par faveur impériale.

Napoléon n'avait jamais eu à se plaindre de François Cabarrus, qui s'était toujours efforcé de mettre du liant entre nos deux nations par le biais des affaires, notamment grâce au tout-puissant ministre Manuel Godoy.

Il avait écrit à un de ses généraux partant pour Madrid : « Mettez Cabarrus à la tête de l'amortissement. J'ai entendu dire du bien de lui. Personne ne conteste son talent, son activité infatigable, les ressources de son esprit et ses relations de haut niveau... ».

Mon père allait atteindre le sommet de sa fortune lorsque le roi Joseph le choisit comme ministre des Finances. Il n'allait pas longtemps exercer ses fonctions, Joseph ayant été contraint, quelques années plus tard, d'abdiquer face à une guerre civile sanglante. Il trouva refuge dans un domaine qu'il avait acquis, en Andalousie, seul avec ma mère, mes autres frères et sœurs se trouvant je ne sais où.

Je comptais sur les bons rapports entre Napoléon et mon père pour tenter de nouveau d'avoir accès à la Cour impériale et de retrouver Joséphine aux Tuileries ou à Malmaison. Je lui rendais visite parfois, clandestinement, dans cette dernière résidence. Elle me dissuada d'effectuer cette démarche.

— Il sait par ses espions, me dit-elle, que je t'ai rencontrée dans mon jardin, et il me l'a violemment reproché. Il m'a même écrit de l'étranger cette lettre que tu peux lire.

C'était un tissu de haine. J'ai retenu ces mots terribles : «Je t'interdis de voir Mme Tallien, sous quelque prétexte que ce soit... Défends à ton portier de la laisser entrer... Un misérable l'a épousée avec huit bâtards... Je la méprise plus qu'avant... »

— Désolée de te faire de la peine, me dit-elle, mais cette lettre te fera comprendre qu'il vaut mieux en prendre ton parti et ne plus chercher à me revoir. J'en souffre, mais je n'y puis rien. Bien que ton mariage ait fait de toi une princesse, la Cour et ma présence te resteront interdites.

Elle ajouta en me prenant par le bras :

— Regarde ce gros chêne, à notre droite. Derrière se cache un des policiers affectés à ma surveillance. Il y en a un autre, au bord de la pièce d'eau. D'ici quelques jours, l'Empereur sera informé de ta venue et je devrai essuyer une nouvelle rebuffade. Mais sache que je ne t'oublie pas et que je te considère toujours comme une amie et une sœur.

La passion que Philippe et moi partagions pour la musique avait conforté le bel équilibre de notre couple. Il appréciait mes dons de harpiste et moi les siens de violoniste. Nous aurions pu donner des concerts dans des lieux publics, mais nous nous réservions pour nos amis.

La musique était une tradition dans sa famille, depuis ses origines, du côté maternel notamment, avec un intérêt particulier pour les cordes. Il m'avait montré à Chimay d'anciennes partitions de Rameau, de Josquin des Prés, et du *Sommeil d'Ulysse*, d'Élisabeth Jacquet de la Guerre. Mozart avait dédié quelques sonates à l'une de ses parentes,

Mme Le Pelletier, qui avait péri sur la guillotine pour avoir appris le clavecin à une fille de Louis XV.

Nous avions fréquemment, rue de Babylone, la visite du compositeur Luigi Cherubini, inspecteur du Conservatoire. Je ne partageais pas l'engouement du public pour son opéra *Lodoïska,* mais j'appréciais sa musique religieuse. Sous la Révolution, sans avoir à forcer son talent, il avait cédé au goût public et des politiques pour les musiques à flonflons patriotiques. Il ne tenait sa renommée que de l'absence d'autres talents.

Lorsque, à la requête de Philippe, je l'invitai rue de Babylone, il était, comme on dit, au bout du rouleau. Beethoven, prétendait-il, avait apprécié son sens de l'harmonie et du contrepoint, mais cela n'avait pas rempli sa bourse. Du creux du fauteuil où il ronronnait, ce chat maigre et chafouin me disait avec son fort accent de Toscane :

— Madame, j'ai l'impression de n'être plus qu'une épave. Qui, à part vous et le prince, s'intéresse encore à ma musique ? Mes deux derniers opéras : *Médée* et *Anacréon,* n'ont pas obtenu le succès que j'en attendais.

Je le rassurai de mon mieux :

— Que cet insuccès ne vous décourage pas ! Nous sommes encore nombreux à croire à votre génie. Souvenez-vous que tous les grands compositeurs sont passés par là.

J'avais appris que l'Empereur, sans le mépriser ouvertement, le tenait à l'écart pour des raisons qu'il faisait mine d'ignorer et qui devaient remonter aux campagnes d'Italie. J'avais donc un motif supplémentaire de l'encourager à poursuivre son œuvre.

— Il me semble, lui dis-je, que votre génie s'exprime mieux dans les œuvres religieuses que dans l'opéra. Vous m'avez parlé d'une messe en *fa* sur laquelle vous travaillez. Achevez-la, et vous verrez que j'ai raison.

Il revint me voir peu de temps après, porteur d'une volumineuse partition.

— Ma messe en *fa*! me lança-t-il d'une voix brisée par

l'émotion. Je vous ai écoutée, vous voyez. Alors, permettez, princesse, que je vous la dédie.

Présentée à Notre-Dame pour la fête de sainte Cécile, cette messe à trois voix avec orchestre émut les fidèles et combla les mélomanes. Les critiques en parlèrent avec chaleur. Il reçut des commandes des autorités ecclésiastiques et se remit à la tâche avec acharnement. Je lui proposai, pour travailler en toute quiétude, de séjourner à Chimay. Il accepta. Je payai son voyage en diligence et son retour.

Dans un grenier de Chimay, j'avais découvert un organum datant de la Renaissance. Philippe l'avait accordé et en jouait le soir, à la chandelle, alors que tombait la neige. Durant tout l'été, Cherubini composa messes solennelles, sonates, quatuors, cantates et symphonies, mais pas d'opéras.

Le succès retrouvé, sinon la gloire, il allait, peu à peu, prendre de la distance avec ses bienfaiteurs. Nous ne lui en voulions pas de cette ingratitude : beaucoup de grands artistes sont ainsi. Il nous suffisait de savoir qu'il pouvait désormais vivre de sa musique.

En s'éloignant de nous, le maître nous avait abandonné l'un de ses élèves : Esprit Auber. Il avait été élevé en Angleterre où son père, ancien officier des chasses royales de Versailles, tenait une boutique d'objets d'art, que son fils devait reprendre à sa mort, mais Esprit avait une vocation, dévorante : la musique. Il avait échappé aux projets de son père, était passé en France, avait rencontré Cherubini et travaillé avec lui à Chimay, où nous les avions retrouvés. Il avait vingt-quatre ans.

Il avait composé quelques œuvrettes dont il convenait qu'elles ne lui apporteraient pas la gloire. Ce qui l'intéressait, c'était l'art lyrique : opéra-comique ou opéra. Je lui confiai, pour ses mises en scène, le petit théâtre de Chimay, que Philippe avait restauré.

Malgré son visage un peu sévère, son allure rigide et un nez qui n'en finissait pas de germer, c'était un bel homme qui, dans la bonne société ardennaise, suscitait des idées matrimoniales. Il me confia que cela l'importunait et que ces filles de province perdaient leur temps.

Je ne tardai pas à comprendre qu'il m'avait dans sa ligne de mire. Cela me surprit, car j'étais son aînée de dix ans et j'avais semé en route quelques lambeaux de ma vénusté. Il ne perdait aucune occasion de me jouer sa dernière composition et de me demander mon avis. Je lui trouvais *un certain talent*, un compliment dont il ne paraissait pas se satisfaire, mais une propension à la facilité, ce qui le hérissait. Je le consolais en lui disant que le talent, le génie peut-être, viendraient avec l'âge, la constance dans l'effort et la confiance en soi. Ces prévisions se révélèrent exactes.

Un jour, n'y tenant plus, ils me confia que, s'il séjournait à Chimay, c'était moins pour y travailler que pour jouir de ma présence. Il me dit avec la pointe d'accent cockney qui donnait du charme à son élocution :

— Vous feignez de l'ignorer, madame, et cela me met à la torture. Que dois-je faire pour attirer votre attention ? Aller me jeter dans le bassin ?

— Ne faites rien, mon garçon. Que pourriez-vous attendre de moi, en plus de l'attention que je manifeste pour votre talent. Restons amis, voulez-vous ?

Lui proposer de se faire une raison en substituant l'amitié à l'amour était maladroit et inutile. Tallien, avec qui j'en avais fait l'expérience, avait mal réagi. Si j'avais tout bonnement opposé à Auber notre différence d'âge, ou même qu'il n'était pas mon type d'homme, il l'eût sans doute mieux accepté. Cela lui aurait ouvert des perspectives plus ou moins aléatoires, alors que je lui fermais une porte et lui interdisais de regarder par le trou de la serrure.

Il tomba à genoux, comme dans les romans de Mme de Genlis, en bredouillant :

— Je suis sensible à votre amitié, madame, et vous rends grâce de vos bienfaits, mais ce ne sont pas les sentiments dont mon cœur se nourrit. Dois-je vous l'avouer ? Je vous aime ! Si vous persistez à l'ignorer, j'en perdrai l'inspiration et le goût du travail.

Le badinage était commun et le chantage odieux. Je lui

fis comprendre que j'aimais mon mari et que je répugnais, en le trahissant, de compromettre le bel équilibre de notre couple. J'ajoutai un argument capital :

— Je suis enceinte de trois mois et serai bientôt difforme. Alors, renoncez, je vous en conjure. Cela ne mènerait à rien.

J'avais imaginé cette gésine pour le décourager. Il y parut insensible et reprit sa litanie amoureuse en y mêlant quelques larmes qui m'émurent, disant que, puisqu'il en était ainsi et que je le « rejetais », il allait préparer son bagage.

Dois-je le confesser ? J'étais moins indifférente qu'il ne le croyait au sentiment qu'il me témoignait. Notre cohabitation quotidienne me mettait à même d'apprécier son charme d'adolescent prolongé, sa grâce d'Éliacin quand il barbotait dans le bassin, et je sentais s'éveiller en moi une gourmandise de vieille chatte en le regardant faire sa sieste sur la terrasse.

Quand il se leva et me prit dans ses bras, son visage baigné de larmes, je ne lui interdis pas cette étreinte. Il me glissa dans l'oreille des mots humides de passion et de désespoir :

— Une fois, Thérésa, une fois seulement, par pitié, pour me délivrer de mes obsessions... Après, je partirai, j'en fais le serment.

Le lendemain matin, profitant de ce que Philippe avait dû se rendre au village, je pénétrai dans sa chambre. Il était nu sur son lit, mince, à la limite de la maigreur. Les rideaux fermés entretenaient une pénombre mais une odeur de tilleul entrait par la fenêtre.

En me donnant à lui, je fis en sorte qu'il n'eût pas l'impression que seule la pitié inspirait cet adultère. Je le libérais de ses obsessions, moi de mes derniers feux. J'y pris un plaisir bref mais intense. J'avais, pour la première fois, trompé Philippe. Ce serait, me dis-je, la dernière.

En quittant Auber, je lui dis :

— Permettez-moi de vous rappeler votre promesse. Vous n'attendrez pas la fin de la semaine pour nous quitter.

Joseph vous conduira au poste frontalier où vous prendrez la diligence pour Paris. Nous dirons à mon mari qu'un courrier vous réclame, ou ce que vous jugerez bon de lui donner comme prétexte. D'ici là, plus de simagrées, je vous prie.

— Vous êtes cruelle, madame, mais je tiendrai ma promesse.

— Je vous tiens rigueur de m'avoir fait croire que je suis encore désirable et de m'avoir donné du plaisir. Je regrette déjà votre départ, et je vais en souffrir, mais je ne reviendrai pas sur ma décision, quoi qu'il dût m'en coûter.

Philippe resta indifférent à l'annonce de son départ.

— Eh bien, me dit-il, si la gloire l'attend à Paris, qu'il parte. De toute manière, il s'est assez gobergé à nos dépens et je n'aime guère sa musique.

Bonne ou médiocre, la musique d'Esprit Auber a fait son chemin. Quelques années plus tard, son opéra comique, *La Bergère châtelaine,* livret de Scribe, a connu un succès, qui allait être dépassé peu après par son chef-d'œuvre : *La Muette de Portici,* au sujet duquel Richard Wagner lui tressa des louanges.

Je n'ai pas oublié cette idylle éphémère, mais, consciente du danger que j'aurais couru en persévérant, je tirai le rideau. J'étais bien consciente que mon jeune amant avait été séduit non par la châtelaine de Chimay, aux formes déjà alourdies par l'âge, mais par les images qu'il se faisait du temps des Merveilleuses, quand Notre-Dame de Thermidor était « la plus belle femme de Paris »...

Quatrième partie

Les heures calmes

Le premier enfant que j'eus de Philippe était un garçon, Joseph. Il est né en août 1808.

L'histoire marchait à pas de géant. Après la défaite de Baylen, en Andalousie, les armées françaises avaient dû quitter l'Espagne. Mon père mourut deux ans plus tard, dans son domaine du Sud, sans avoir pu assumer ses ultimes ambitions.

Ces événements annonciateurs de la chute de l'Empire ramenèrent en France un personnage que je n'espérais plus revoir : Jean-Lambert Tallien. En rupture de fonctions diplomatiques et financières dans son consulat d'Alicante, il portait le deuil de ses illusions. La visite qu'il me fit rue de Babylone fut brève. Je n'allais le revoir, quelques années plus tard, que pour le mariage de notre fille, Laure (Thermidor).

Le fils que j'avais eu de Devin de Fontenay, Théodore, mon premier enfant, avait fait un début de carrière honorable dans l'armée, sans en ramener de lauriers. Il me reprochait mon comportement d'après Thermidor, au point qu'il ne répondait plus à mes lettres et refusait de me voir. La Milanaise qu'il avait épousée lui avait fait un enfant qu'il ne m'a jamais été donné de voir. Après une campagne en Europe centrale, où il avait été grièvement blessé, il était revenu à Paris pour y mourir, à dix-neuf ans.

Une autre nouvelle allait m'affliger : la répudiation de Joséphine.

Dire qu'elle avait mérité cette humiliation serait injuste, mais on peut dire qu'elle l'avait bien cherché, avant et après son mariage. Depuis, rompant avec son passé de cocotte, elle vivait à la Malmaison, en l'absence de l'Empereur, une vie chaste, imposée par la surveillance à laquelle elle était soumise, de jour et de nuit.

Le jour où sa fille, Hortense, lui annonça que Napoléon avait eu un enfant d'une jeune princesse polonaise, Marie Waleska, elle tomba de haut. Dans la crainte d'une séparation, elle avait laissé croire que la stérilité de leur couple venait de lui, elle-même ayant fait témoigner de sa fécondité. Cet enfant polonais lui apportait un cinglant démenti.

Plus rien ne s'opposait à sa répudiation, Napoléon ayant décidé qu'il lui fallait « un ventre » pour instaurer une dynastie, quitte à le trouver à la Cour de Russie, du Danemark ou d'Autriche. Il le trouva à Vienne. Marie-Louise de Habsbourg-Lorraine, fille de l'Empereur François, avait dix-neuf ans. Blonde et pulpeuse, elle portait des promesses de fécondité, ce que l'avenir devait confirmer.

Annoncer à Joséphine qu'elle allait devoir rentrer dans le rang fut la pire des épreuves.

— La raison d'État et la consolidation de mon règne, lui dit-il, exigent que j'aie des enfants. Il se révèle que tu es incapable de m'en donner. Alors je dois me séparer de toi. Inutile de chercher à m'émouvoir par tes larmes ! La politique n'a pas de cœur…

Elle perdit connaissance. Napoléon et ses serviteurs la portèrent à sa chambre. Elle me raconta cette scène en me disant qu'avec ces chandelles qui brûlaient autour du lit, elle avait l'impression d'assister à sa propre veillée mortuaire.

Je connais assez bien Joséphine pour imaginer une mise en scène destinée à attendrir son époux, qui l'aimait toujours, et à l'amener à revoir leur problème. Fut-il dupe ? J'en doute. Sa décision était prise et il n'y reviendrait pas. Il avait appris du docteur Corvisart que son épouse avait cessé d'avoir ses périodes, et donc qu'elle était stérile. Le praticien avait ajouté que les créoles ont le sang chaud, qu'elles sont précoces mais perdent vite leur pouvoir d'engendrer.

Joséphine quittait l'Empereur avec une rente confortable, la promesse d'une principauté et la jouissance de la Malmaison. Beaucoup auraient pu s'en satisfaire ; elle non. Elle sombra dans un marasme dont elle mit longtemps à se remettre.

Un triste jour de décembre, elle quitta les Tuileries pour la Malmaison. Peu de temps après, alors que la future Impératrice s'acheminait vers la frontière, elle s'installa au château de Navarre, proche d'Évreux, pour quelques mois, avant de reprendre la route de la Malmaison pour y finir ses jours. Elle y mourut trois ans plus tard, alors que l'Empereur se morfondait à l'île d'Elbe et que Louis XVIII entrait dans Paris, escorté par les troupes ennemies.

Je décidai de lui rendre visite, libre qu'elle était désormais de recevoir qui lui plaisait. Je la trouvai changée. Elle paraissait indifférente au destin de l'Empire, à la politique, aux affaires, et faisait mine de ne pas se souvenir de ses anciennes amies, du temps des Merveilleuses. Lorsque je lui en donnais des nouvelles, j'avais l'impression de vouloir forcer une porte condamnée. Je ne recevais en écho que des sourires crispés, des monosyllabes, des caresses sur mes bras, comme si elle cherchait en moi une source de vie. Même Napoléon était devenu pour elle un étranger. La naissance d'un premier enfant de Marie-Louise la laissa indifférente.

Effacés les souvenirs de mon premier séjour hivernal à Chimay, j'avais fini par me plaire dans ce château où Philippe et moi passions la belle saison.

Sur ce vaste domaine entouré de collines d'où suintaient des centaines de ruisseaux, je baignais dans une sérénité végétale. Les forêts de chênes, de hêtres et de frênes s'étendaient jusqu'aux premières pentes des Ardennes, alternant avec des champs de seigle et des pâturages pour bovins et chevaux de trait.

Chaque randonnée à cheval me réservait des surprises :

une fontaine enclose dans un bâtis de pierre, des clairières lumineuses, des pavillons de chasse, des hameaux dont j'ignorais le nom, le passage d'une famille de sangliers, avec leur chapelet de marcassins...

Mme Vigée-Lebrun nous fit l'honneur d'un visite.

Cette artiste, l'une des plus célèbres de son temps, était au faîte de sa célébrité et les Cours d'Europe se la disputaient. Elle ne faisait, nous dit-elle, que passer ; elle resta une semaine, au cours de laquelle elle peignit de nouveaux décors pour notre petit théâtre installé dans la chapelle désaffectée du château.

Je ne pouvais oublier que, dans son atelier parisien, au début de la Révolution, mon attention avait été attirée par un jeune saute-ruisseau qui allait plus tard changer ma vie, Jean-Lambert Tallien.

L'héritage de l'oncle d'Italie nous permet de vivre comme des princes... ce que nous sommes. S'ajoutent à nos revenus ceux de mes biens immobiliers, les coupes de bois de charpente issus de nos forêts, destinés à la Marine, un élevage de chevaux de trait et nos vignobles qui ne produisent qu'une médiocre piquette.

Notre couple avait trouvé un équilibre que rien ne semblait devoir compromettre : ni les diatribes que Philippe recevait de sa mère, qui ne se consolait pas de me voir porter ses titres de noblesse, ni les billets quc Brunc, impatient, disait-il, de me revoir, m'adressait de la Provence où le régime l'avait mis en disponibilité, et où il rongeait son frein.

Nous avions payé la naissance de notre premier enfant par la mort du second, une fille qui ne vécut que quelques jours. Je n'avais pas renoncé aux maternités. Jusqu'en l'année 1815, je donnai à Philippe deux autres enfants à dorloter : Alphonse et Louise.

La quarantaine venue, lorsque je consultais mon miroir, je ressentais des bouffées de déception.

En quelques années, ma silhouette avait pris des formes que, par euphémisme, on dit « généreuses ». Il semblait évident que j'allais trahir mon modèle en matière de longévité et de séduction : Ninon de Lenclos.

Ce qui me rassurait, c'était la persistance, sur mon visage, de traits délicats et d'un teint d'une fraîcheur qui semblait immarcescible, alors que mon corps s'alourdissait. Nue, j'avais l'aspect d'une étrange créature dont le visage et le corps auraient connu des évolutions séparées. Un monstre ? Certes non ! Philippe aurait pu en témoigner, qui ne cessait de témoigner de sa passion, comme aux premiers jours... ou presque.

Il adorait nos enfants et ne faisait pas de différence entre eux et ceux que j'avais eus d'Ouvrard : Clémence, Jules, Stéphanie, Clarisse, lesquels, après leurs études dans des collèges parisiens, avaient fait ou s'apprêtaient à faire des mariages dignes de leur condition.

Philippe était pour moi le mari dont toute femme raisonnable se fût contentée.

Attentif à ma santé qui commençait à se dégrader, présent en permanence et, disait-il à nos amis, « amoureux de moi comme au premier jour », il était ma Providence, à l'aube de la vieillesse. Je me plaisais dans le havre de sérénité où m'avait poussé mon destin. J'imagine ce qu'aurait pu être ma vie, si je l'avais poursuivie auprès de Devin de Fontenay, de Tallien ou d'Ouvrard.

Tallien... Il allait de nouveau se montrer, et pas à son avantage !

Je venais, en mars 1815, de mettre au monde mon dernier enfant, Louise. Laure, la fille que j'avais eue de lui, allait se marier. Son futur mari, Félix, était le rejeton de la grande famille des Narbonne, comtes de Pelet. Officier en disponibilité des armées impériales, il était apparenté à Jacques Boucher de Perthes, fondateur des sciences de la Préhistoire, qui lui avait valu les foudres de l'Église romaine, toujours en retard de quelques siècles sur le progrès.

Pour la cérémonie nuptiale, qui devait avoir lieu à Paris, je ne pouvais faire moins que d'inviter le père de la mariée, avec l'espoir qu'il s'abstiendrait. Il n'en fut rien.

Je lui tenais rigueur du mauvais calembour qu'il avait

fait en apprenant que j'allais épouser le prince de Chimay : il m'avait appelée dans une lettre la « Princesse des Chimères ». L'idée de le revoir me mettait mal à l'aise, mais Laure aurait mal accepté que son père fût absent.

Retour de son consulat d'Alicante, il avait été relégué pour raisons de santé, avec une modeste pension, dans une maisonnette proche de notre Chaumière, qui était devenue une guinguette : l'Acacia.

Ce vieillard borgne, chauve, au visage eczémateux, était-ce bien lui ? Je me sentis, en le voyant, clouée au parquet, incapable de faire un mouvement vers lui. J'eus même un mouvement de recul lorsqu'il s'avança vers moi, bras écartés, et que ce masque de carnaval effleura mon visage.

Il eut un sourire crispé en faisant mine d'admirer ma toilette et d'en évaluer la dépense.

— Bigre, citoyenne, me dit-il, tu t'es mise en frais ! Il est vrai que l'importance de l'événement le justifie. Marier notre Thermidor à une grande famille... Moi, j'ai un peu honte de ma tenue, mais, que veux-tu, je n'ai rien d'autre à me mettre. Après avoir vécu comme un prince à Alicante, je suis contraint de me serrer la ceinture et de porter mes vieux habits. On n'est pas avare de compliments envers moi, mais, lorsque je sollicite une aide, c'est le ballet des dos tournés ! Je méprise ces cloportes qui nous gouvernent !

En m'appelant « citoyenne », il croyait m'humilier. Je ne lui en tins pas rigueur et l'invitai à rejoindre le premier groupe de nos invités. Ils l'accueillirent avec des sourires narquois, des expressions méprisantes, ou firent mine d'ignorer cette épave flottant entre des caravelles. Laure ne le présenta à Félix qu'avec des réticences et se tint éloignée de lui, car, me dit-elle, il puait.

La réaction de la famille du marié à l'annonce de son intention d'épouser la fille d'un ancien terroriste et d'une femme légère ne me surprit pas : c'était la chanson que Philippe avait entendue, et il n'y manquait pas un bémol.

Placé par mes soins en bout de table, Tallien avait observé un comportement discret et s'était consolé de cette situation en abusant du vin et des liqueurs.

La cérémonie terminée, je lui proposai de le ramener à son domicile, allée des Veuves, en passant par la rue de Babylone, où je souhaitais changer de toilette. Je lui avais demandé de m'attendre dans le fiacre, mais je l'en vis sortir pour me tenir la portière et descendre le marchepied, et se trouver nez à nez avec Philippe, qui venait d'arriver.

Persuadé que je l'avais invité à rester pour le dîner, Philippe lui lança étourdiment :

— Monsieur Tallien, soyez le bienvenu à ces agapes.

— Mon Dieu, balbutia Tallien, vous me voyez ravi d'être des vôtres, *monsieur le prince* !

J'allais m'opposer à cette initiative calamiteuse, mais, bras dessus, bras dessous, ils avaient déjà pénétré dans le parc et poussé la porte de l'orangerie transformée en salle de bal. J'enrageais mais fis contre mauvaise fortune bon cœur. Tallien ne resta d'ailleurs que peu de temps en notre compagnie : nous le retrouvâmes au cours de la soirée couché au pied d'un cèdre, son chapeau sur les yeux, cuvant son vin.

J'avais apprécié l'élégance et les bonnes manières de mon gendre. Je ne tardai pas à apprendre de son épouse que je m'étais trompée sur lui et que, dans l'intimité, il se comportait comme un ours mal léché. Quant à la fortune qu'il avait fait miroiter à Laure, ce n'était guère que du vent ! Il ne lui restait à elle qu'un titre prestigieux et les yeux pour pleurer ses illusions perdues.

Je m'accuse de n'avoir pas veillé avec plus d'attention sur le contrat de mariage. J'y aurais sans doute découvert de quoi le faire annuler, ainsi que ce mariage.

Pour ne pas laisser cette innocente dans le besoin, je dus ouvrir ma bourse et vendre quelques bijoux dont je n'avais plus l'usage. Lorsque j'informai Tallien de cette situation navrante, il se proposa de venir en aide à sa fille par une ponction sur la modeste rente que lui servait le roi. Je m'y opposai : il avait tout juste de quoi ne pas mourir de faim.

À quelques jours du mariage, Tallien m'apprit une nouvelle qui m'accabla : la mort de Brune.

Il me dit avec un mauvais sourire :

— Triste fin, ma chère... Il a été assassiné en Avignon, par des royalistes, dans son hôtel. Séjourner dans cette ville en proie à la Terreur blanche était de sa part de la dernière imprudence. Il a toujours été imprudent, d'ailleurs, dans ses amours comme sur les champs de bataille, malgré quelques exploits héroïques.

J'appris par le *Mercure* que sa chambre avait été forcée et envahie par un groupe de tueurs. Sans avoir le temps de prendre ses pistolets, il avait été abattu d'un coup de feu par un garde national. Alors que son corps était amené au cimetière, la foule s'en était emparée et l'avait jeté dans le Rhône en tirant des salves sur lui.

Brune... Je croyais l'avoir oublié, mais son fantôme me poursuivait.

Je me souviens de notre dernière rencontre, rue de Babylone. Il revenait d'une tournée d'inspection à Boulogne, d'où devait partir la flotte chargée d'envahir l'Angleterre. Il paraissait très las. En ôtant son uniforme chamarré, couvert de décorations et de poussière, il m'avait dit avec un sourire radieux :

— Bientôt, ma chérie, nous serons à Londres. Je t'y inviterai. Nous fêterons cette victoire qui mettra fin à toutes ces guerres.

Il avait ajouté avec un rire :

— En attendant, nous avons un autre combat à livrer. Y es-tu prête ?

Je vois encore son torse puissant, marqué de cicatrices et couvert d'une toison qui commençait à grisonner, s'abattre soudain sur moi et me cacher le reste du monde. Avec lui, point de préliminaires inutiles : il passait à l'acte sans sommation, me prenait comme une esclave, et cela me ravissait. Je lui dois mes jouissances les plus longues et mes orgasmes les plus intenses.

Jamais je ne l'ai entendu me parler de son épouse, comme s'il voulait marquer une frontière intangible entre sa maîtresse et elle. Angélique, cette Pénélope, attendait patiemment dans leur maison de Brive ou leur château de Saint-Just, en tissant sa toile, le retour de son Ulysse. On a accusé le maréchal de malversations et de pillages, mais tous les officiers de Bonaparte et de Napoléon faisaient de même.

Peu avant le mariage de Laure, j'eus la certitude que Paris ne m'avait pas oubliée.

Les journaux annoncèrent la représentation d'une comédie dont j'ignore l'auteur : *Robespierre chez Mme Tallien.* Je m'abstins d'y assister, de crainte d'être accueillie par des quolibets, mais je protestai auprès des autorités. Je réclamais la protection de la loi contre « ces spéculations sur mon honneur et mon repos, puisque ma qualité de femme ne suffit plus à me mettre à l'abri des insultes ». Pour comble, j'avais appris que la comédienne chargée de mon rôle était un laideron mal fagoté !

Il va sans dire que ce courrier ne reçut pas de réponse.

Sensible lui-même à cette affaire, Philippe écrivit à notre premier enfant, Joseph, une lettre qui m'irrita profondément : « Je paye bien cher quelques années de bonheur. Que cet exemple te soit salutaire. Prévois mieux que je ne l'ai fait, si tu le peux… » Ce qui revenait à dire : « N'épouse pas comme moi une femme au passé scandaleux. Tu le regretterais. »

Philippe avait ouvert une première faille dans notre couple.

Comment aurais-je pu prévoir que nous allions, Philippe et moi, trouver à la Cour de Bruxelles le même ostracisme que dans sa famille ?

Guillaume de Nassau, fils du stathouder de Hollande, venait de se voir nanti de la couronne des Pays-Bas par le Congrès de Vienne, qui avait mis un terme à la guerre et à l'Empire français après la défaite de Napoléon à Waterloo, non loin de Chimay.

Ce nouveau souverain jouissait d'une réputation d'intransigeance morale dont j'allais faire les frais.

Il avait confié à Philippe les fonctions de chambellan. Cette charge, sous l'Ancien Régime, consistait à présenter sa chemise au roi à son lever. Elle était devenue purement honorifique mais très recherchée. Nous étions, lui et moi, sensibles à cet honneur, mais la rebuffade que je reçus allait m'enlever mes illusions : l'entrée de la Cour m'était interdite, alors que j'avais prévu des toilettes en conséquence.

Philippe paraissait aussi peiné que moi de cette mesure. Il me dit un jour, au retour du palais de Laeken, à Bruxelles :

— J'ai plaidé votre cause auprès du roi, en lui rappelant que vous avez participé à la fin de la Terreur, que vous avez renoncé à un passé jugé scandaleux et que vous êtes une mère de famille irréprochable. Guillaume était d'accord pour vous recevoir, mais il s'est heurté à une cabale de princesses bigotes et jalouses. Il ne peut, sans risquer d'occasionner des troubles, lever cet interdit.

— Eh bien, soupirai-je, nous nous passerons des honneurs de la Cour ! Nous avons bien vécu sans cela.

— Comment cela, *nous* ?

— Eh bien, oui ! Vous ne tenez pas, je présume, à faire figure, à la Cour, de veuf ou de divorcé ?

— Que faites-vous de mon titre de chambellan et des émoluments qui s'y rattachent ?

— Chambellan ! La belle affaire...

— Vous semblez ignorer que l'on ne peut refuser un poste aussi prestigieux ! Il fait de moi un des grands personnages du royaume, un conseiller royal, ce qui va peut-être me réconcilier avec ma famille. Ce serait faire injure au roi et encourir l'opprobre des courtisans que de refuser ! Si cela peut vous rassurer, je me battrai pour que justice vous soit rendue, à condition que vous fassiez preuve d'humilité.

Je répliquai avec vigueur :

— Mon cher mari, n'en faites rien ! Je n'irai pas à Canossa et continuerai à pouponner. Cette fonction, au moins, personne ne pourra me la contester.

Je venais d'accoucher du troisième et dernier enfant de Philippe, Louise. Cette naissance mettait un terme à une maternité généreuse : dix enfants, dont neuf vivants, en bonne santé, et armés pour affronter leur destin.

Philippe se raidit pour riposter :

— Faites comme vous l'entendrez, mais je vous préviens : je serai présent, demain, à la réception à Laeken de la princesse d'Orange, Marianne. La reine a souhaité que je lui présente notre dernière-née. Faites en sorte qu'elle ait une toilette convenable.

Très excité à son retour, Philippe daigna me raconter qu'il avait été « comblé d'éloges, de bontés et de soins ». La reine avait enlevé Louise de son berceau, l'avait embrassée et avait trouvé qu'elle ressemblait à son père, alors qu'elle est mon portrait en miniature, ce que tous, dans mon entourage, reconnaissent.

J'écrivis à Mme d'Aiguillon, pour me libérer de ma

rancœur : « En m'isolant de mes enfants, on a mis un comble à l'outrage, on a cherché mon assassinat moral... »

Philippe avait décidé de confier Alphonse à une nurse aux tournures rustiques mais bonasse, et Louise notre dernière, à une nourrice, sous prétexte que l'âge avait dû gâter mon lait. Je protestai, mais c'était me heurter à un mur. On ne me privait pas de mes enfants mais on leur évitait une trop longue présence de leur mère, comme si je risquais de leur donner la peste.

Alors que je n'aspirais qu'à la paix et à l'effacement, mon passé me rattrapait comme une maladie récurrente. On faisait mine d'oublier mes qualités de femme et de citoyenne, mes actes de bienveillance, mon action politique, pour ne voir en moi que la femme du régicide Tallien et la créature scandaleuse. De quel droit effaçait-on la meilleure part de ma personne ? Pourquoi ne pas m'accepter avec mes ombres et ma lumière ? Souhaitait-on me voir renier en bloc un passé dont je n'ai pas à rougir ?

L'idée m'effleura, sinon du divorce, du moins d'une retraite dans quelque couvent des Oiseaux, comme jadis Juliette Récamier, mais j'avais encore en moi un tel potentiel de vitalité, un tel amour de la vie, que je remis à plus tard d'y songer sérieusement.

Lorsque, au hasard d'une dispute, le mot « divorce » m'échappa, je vis le visage de Philippe se décomposer. Il se laissa choir sur un sofa, comme s'il avait les jambes rompues. Il se dit prêt à renoncer à son titre, à ses entrées à la Cour, et même à la bienveillance des souverains pour me garder. Je ne lui en demandais pas tant ! Dans de telles circonstances, mis au pied du mur, les hommes sont plus lâches que nous, les femmes.

— Guillaume ne comprendrait pas ta décision, lui dis-je. Tu t'en ferais un ennemi et toute notre famille aurait à en pâtir. De toute manière, moi disparue, tu y reviendrais.

J'allais ajouter : « Comme un chien à son vomi », mais je m'en abstins. C'eût été le mortifier.

La mort de Joséphine, bien que nous ne nous fussions pas revues depuis des années, laissait un vide dans mon existence. Nous avions correspondu durant quelques mois après sa répudiation, mais nos courriers s'étaient espacés. Nous étions restées des mois sans échanger le moindre billet, mais, sachant qu'elle était souffrante, je ne lui en voulus pas.

Depuis que l'Empereur lui avait ôté sa couronne, elle trompait sa peine en voyageant, comme un oiseau qui cherche à échapper au chasseur. Elle résidait tantôt à Navarre, tantôt à la Malmaison, mais avait visité l'Italie, la Suisse, la Savoie, avec une prédilection pour la montagne et les lacs.

Elle était accueillie partout avec les révérences dues à une Impératrice et n'avait jamais été aussi populaire. On l'admirait pour sa dignité et on la plaignait pour son malheur. Elle cachait ses blessures sous une apparence de sereine résignation, sinon de bonne humeur, mais je savais que, le soir, seule dans son lit, elle pleurait. À ses moments de loisir, elle dessinait ou peignait des paysages pour un album dans lequel elle glissait des fleurs sèches.

Certains lui prêtèrent des aventures. J'en doute. Elle avait grossi, comme moi, et avait perdu toute vénusté avant d'aborder le temps de la vétusté.

Elle avait obtenu de l'Empereur la jouissance de la Malmaison, une résidence qui semblait lui être dédiée de toute éternité, et dont ses absences ne faisaient qu'exaspérer la nostalgie. Avant Waterloo et sa déportation à Sainte-Hélène, quand Napoléon lui avait rendu visite pour lui présenter un angelot blond : le dauphin, elle avait eu du mal à maîtriser son émotion. Napoléon lui avait dit :

— J'espère que cet enfant accomplira sa destinée et se montrera digne de son père.

Pauvre aiglon… Il allait finir dans une cage. Napoléon avait confié sa sécurité à la Garde nationale, puis, à l'entrée des troupes alliées dans Paris, Marie-Louise l'avait envoyé au palais de Schönbrunn, proche de Vienne. Il allait y mourir, à vingt et un ans, de la tuberculose, avec le titre de duc de Reichstadt et de roi de Rome, faibles échos des ambitions impériales.

Joséphine est morte à cinquante et un ans, alors que sonnaient les cloches de Pentecôte, d'une angine infectieuse, entourée de ses deux enfants, Eugène et Hortense. Comble d'humiliation : c'est un peloton de soldats russes qui l'a conduite à sa tombe.

On m'a rapporté que le dernier nom qui effleura ses lèvres fut celui de « Napoléon », mais je sais quel crédit on peut accorder à ces mots de la fin, qui tiennent moins de l'histoire que de l'imagination. Quant à moi, je me plais à croire que ses dernières pensées ont été pour sa chaumière de la Martinique, ses esclaves noirs, ses perroquets et les mornes couverts de forêts...

La vie à Chimay ne souffrait guère de notre mésentente. Nous nous efforcions de n'en rien laisser paraître lors de nos réceptions, mais elle me rongeait.

Nous donnions fréquemment, dans le petit théâtre de la chapelle, des comédies et des fragments d'opéras. La célèbre cantatrice espagnole Maria de la Felicitad García, dite la Malibran, nous fit l'honneur de chanter sur cette scène modeste des extraits du *Cosi fan tutte,* de Mozart. Le poète Lemercier y déclama des vers médiocres.

Nous eûmes la visite d'Aimée de Coigny, la *Jeune Captive* du poète martyr de la Terreur, André Chénier. Remuante, exaltée, toujours entre deux complots dérisoires, elle s'était mis en tête de faire appel à Tallien pour les cérémonies destinées à célébrer l'entrée dans la capitale du futur Louis XVIII !

Quelques autres célébrités nous honorèrent de leur visite : la princesse de Monaco, Sophie Gray, le peintre Isabey, Barras...

Toujours inquiet pour sa sécurité, ce dernier avait vendu son domaine de Grosbois, riche pour nous de tant de souvenirs, et s'était installé à Rome pour ne revenir qu'à la Restauration. Régicide malgré sa fibre royalistes, il avait fait l'acquisition d'une propriété proche de Marseille : les Aygalades. Il partageait son temps entre ce domaine et celui de

Chaillot, où il rédigeait ses mémoires pour régler ses comptes avec Napoléon.

Il m'apprit que, tout en partageant sa vie avec sa nouvelle égérie, Mme de Montpezat, il avait gardé les meilleurs rapports avec sa vieille épouse, Pélagie. Fidèle, en dépit de son comportement, à son passé révolutionnaire, il voulait qu'on l'appelât « citoyen général » ! Un caprice sénile ?

Sa maîtresse disparue, il revint vers sa femme et veilla à sa santé jusqu'à ce qu'elle s'éteignît. Puis, inséparable de la capitale, il était revenu finir ses jours à Chaillot.

Il avait dédié ses mémoires à son ami, le romancier Alexandre Dumas, et lui avait dit :

— Savez-vous ce que l'on trouvera dans ce livre ? Les notes de ma blanchisseuse, depuis trente-cinq ans ! Ah ! j'en ai sali, du linge, depuis Thermidor...

En éclatant de rire, il avait eu une défaillance qui l'avait emporté le soir même...

Je n'avais pas revu Gabriel Ouvrard depuis notre rupture.

Des manigances avec Fouché lui avaient valu une semonce sévère de l'Empereur et son internement. Prisonnier jusqu'à la Restauration, il s'était jeté aux pieds du nouveau souverain. Comme l'âge et les épreuves ne lui avaient rien fait perdre de ses talents et de ses ambitions, il avait vite renfloué ses finances, rétabli sa notoriété et trouvé des partis avantageux pour nos enfants et les siens propres.

Une justice immanente allait s'attacher à lui et causer sa perte. Retrouvant ses fonctions de fournisseur aux armées, il s'était de nouveau livré à des prévarications si maladroites qu'il fut de nouveau interné pour six mois.

Incorrigible, il avait, en sortant de sa prison, pris un bateau pour Londres dans l'intention de prendre sa revanche sur son mauvais génie. Il s'y mêla à des intrigues si sordides et maladroites, qu'il perdit tout crédit et disparut.

Dans mes rapports avec Philippe, j'avais perdu toute illusion.

L'évidence était que ses sentiments pour moi étaient sur le déclin et que, sur leur ruine, s'élaborait une sorte d'affection tiédasse. Quant à moi, j'avais conservé par-devers lui un reliquat de passion qui tenait beaucoup à la gratitude que je lui devais pour avoir affronté l'adversité de sa famille.

Profitant de ce qu'il séjournait à Laeken, je lui écrivis ce que je n'aurais osé lui exprimer de vive voix. Cette lettre répondait à celle qu'il m'avait écrite. Je lui disais :

« La malveillance te fait regretter l'erreur que tu as faite en m'épousant... De quel poids tu serais soulagé si le Ciel mettait un terme à mon existence !... Je te plains et je souffre plus pour toi que pour moi d'une injustice contre laquelle je suis sans force et sans courage... Nous pourrions être heureux si tu me disais que tu ne regrettes rien... »

J'avais l'impression, en terminant cette lettre, de tenter de ranimer une momie, si bien que je faillis renoncer à la lui envoyer. Le jeune homme vif, entreprenant, amoureux que j'avais connu, avait fait place à un barbon sinistre, sentencieux et avare.

Compter sur un regain de passion était illusoire. Ni lui ni moi n'y étions préparés. Je me serais satisfaite d'un sentiment d'amitié et de confiance, mais, à chaque tentative pour le ranimer, je me heurtais à un mur. *Monsieur le chambellan* avait d'autres soucis.

Il est vrai que l'âge et mon état physique n'avaient rien qui pût ranimer sa flamme. Pour dire la vérité, j'étais devenue obèse, je perdais dents et cheveux et la maladie de foie dont je souffrais donnait à ma peau une apparence d'incunable. Philippe me reprochait même de négliger ma tenue, à moi, la Merveilleuse, qui, après Thermidor, étais l'arbitre de la mode !

Des ennuis financiers allaient aggraver la situation de notre couple.

Les dépenses qu'imposait la présence de mon mari à la Cour de Guillaume, les réceptions auxquelles il était tenu, obéraient nos finances. J'avais compté sur l'héritage de mon premier époux, Devin de Fontenay, mais il avait légué sa fortune, au demeurant modeste, à ses vieux parents. J'aurais pu vendre mes bijoux, et notamment le diamant qu'il m'avait offert à son retour de Hollande, mais il en avait disposé à sa guise et j'ignorais ce qu'ils étaient devenus.

Ce fut un crève-cœur lorsque je décidai de vendre mon domicile de la rue de Babylone, où tout ce que Paris comptait de célébrités avait défilé. L'argent que j'en tirai permit de poursuivre les travaux de restauration de Chimay, auxquels j'étais attachée autant que lui. J'étais comme un capitaine qui, face à la tempête, décide de faire repeindre sa cabine.

Je peine de plus en plus à écrire, car ma main s'ankylose très vite. Le froid de ce mois de janvier y est pour quelque chose, mais surtout ma santé, mon âge (j'ai de peu passé la soixantaine), et le sentiment que cette longue confidence ne pourrait intéresser que les miens. En faire un livre, l'éditer ? Je n'y songe même pas...

Ce matin, j'ai vomi mon déjeuner mêlé à des glaires de mauvaise apparence. Mon fils, Joseph Cabarrus, une autorité en matière de médecine, fait mine, pour me rassurer, de prendre ces maux à la légère.

— Allons donc, mère, me dit-il, ce ne sont que des indispositions propres à votre âge. Vous êtes solide comme le Pont-Neuf et finirez centenaire !

Je sais bien, moi, que mes jours sont comptés. C'est ce que je me suis fait confirmer par une sommité médicale de Bruxelles. Ce que je souhaite par-dessus tout, avant de mourir, c'est que Louise, qui est enceinte, nous donne un bel enfant, que la tour du nord ait retrouvé sa toiture et que je puisse, le printemps venu, voir refleurir mes cerisiers...

Frenelle. Chimay, janvier 1835

Madame est obsédée par l'idée que sa fin est proche. Je la gourmande et la rassure en lui disant que la maladie de foie dont elle souffre n'est pas mortelle et que, tout compte fait, elle se porte mieux que moi, percluse de rhumatismes que je suis.

M. Joseph ne m'a pas caché son inquiétude.

— Ma mère, m'a-t-il dit, souffre d'un squirre au foie. Cela ne se guérit pas, surtout à son âge, et grosse comme elle l'est. Comportez-vous comme vous l'avez toujours fait, en évitant de lui donner des alarmes.

Je lui demandai s'il avait idée du temps qui lui restait à vivre. Il me répondit :

— Je suis incapable de vous le dire. Un mois, deux peut-être...

Le jour, je mène une vie normale, vouée aux soins de ma malade. J'ai conseillé à notre petite servante de continuer à chanter et à s'amuser, comme si de rien n'était. Elle en abuse un peu, mais il faut bien que jeunesse se passe.

En revanche, j'ai des sommeils difficiles, toujours dans l'attente de la sonnette qui réclamera ma présence. Madame a toujours été pour moi mieux qu'une maîtresse : une amie et une confidente. Presque une sœur. Jamais une querelle grave n'a compromis nos rapports. Elle a souvent poussé sa confiance jusqu'à me demander mon avis sur ses écrits, quand sa mémoire était défaillante.

— Dis-moi, Frenelle, rappelle-moi à quand remonte la dernière visite de M. Mercier ?

— À l'année quatorze, en juillet, je crois. Il est venu vous annoncer son mariage avec cette pauvre Louise Machard, qu'il menait à la fourche. Je m'en souviens car il est mort trois mois plus tard…

Comment madame avait-elle pu oublier cet événement qui, je m'en souviens, l'a profondément affectée ? Il lui arrivait fréquemment d'emprunter des détails pour ses écritures dans les *Tableaux de Paris*. Je me disais même que, bel homme qu'il était, intelligent et spirituel, M. Mercier aurait pu lui inspirer des sentiments, car à cette époque, elle ne manquait aucune occasion de se donner du bon temps.

Je me demande parfois, en la regardant boire ses tisanes d'artichaut, quel homme l'avait le plus marquée.

Je passe sur quelques aventures sans lendemain avec Alexandre de Lameth, Le Peletier (le Blondinet), Jean Guéry et quelques autres, avant les relations à long terme : Devin de Fontenay, qui ne lui avait apporté qu'un titre de noblesse vite effacé par la Révolution, Jean-Lambert Tallien qui lui avait sauvé deux fois la vie et qu'elle avait aimé, Barras qui avait fait d'elle la reine de Paris, le maréchal Brune dont elle avait été follement éprise, Gabriel Ouvrard qui n'avait vu en elle qu'une égérie digne de sa fortune et de ses relations.

Rien ne m'enlèvera de l'esprit que l'homme de sa vie a été M. Philippe. Elle s'est donnée à lui avec une véritable passion, à laquelle s'est mêlé, l'âge venu, un sentiment de sécurité succédant aux turpitudes et aux épreuves. Leur amour a duré des années, sans une faille, et n'a périclité qu'à la suite de la nomination de monsieur comme chambellan à la cour de Laeken.

Au jour le jour pour ainsi dire et en prenant ma part de cette mésentente, j'ai été témoin de leurs querelles et de leurs bouderies. Ce que je ne pouvais constater, madame m'en informait par ses confidences. Monsieur ne s'est désintéressé de son épouse que le jour où ses intérêts ont été en jeu. Je ne puis prendre parti, les torts étant partagés.

Madame avait perdu celui qui avait été son dernier amour, en apparence le plus solide, conforté par trois naissances. Il ne lui restait que de se voir abandonner par ses amis et ses relations pour ressentir une irrémédiable solitude.

Il ne venait plus à Chimay que des dames des environs, pour la plupart des rustaudes, épouses de propriétaires ruraux et de négociants, qui ne s'entretenaient que de ragots sur la société ardennaise et ne venaient que pour boire notre thé ou notre chocolat et se gaver de mes pâtisseries.

Elles ne manifestaient entre elles aucune complaisance pour madame. Je les entendais, ces pécores, alors que madame somnolait, échanger à voix basse leurs impressions :

— On la dit bonne et généreuse, mais cela ne se voit pas. Avez-vous remarqué la dureté de son regard et ses sourires pincés ?

— Et cet air dédaigneux qu'elle prend parfois avec nous ? Elle se dit princesse, mais, quand on sait d'où elle vient et ce qu'elle a été…

— Moi, ce qui me déplaît en elle, ce sont ses toilettes. Cette robe italienne, ça fait trois fois que je la lui vois !

— Elle se dit malade, mais je crois que c'est pour se rendre intéressante.

Et patia patia…

J'avais envie, quand je surprenais ces propos insanes, de les pousser ces dindes dehors avec mon balai dans les reins !

Madame, oui, était bonne et généreuse : une bienfaitrice. Peut-être se souvenait-elle des services qu'elle avait rendus sous la Terreur, à Bordeaux notamment, à des familles en danger de mort, ce qui lui avait valu le surnom de « Notre-Dame du Bon Secours ». Je l'ai accompagnée maintes fois pour ses visites à des familles dans le besoin, autour de Chimay, avec à mon bras un grand panier rempli de vivres. Elle ouvrait sa bourse lorsque l'argent manquait pour payer les soins à des malades et faisait sienne la peine de ces gens.

Quand je lui reprochais certaines générosités qui ne s'imposaient pas, elle me répondait en riant :

— Qu'importe ! ils sont plus pauvres que nous. Et tu verras, Frenelle, Dieu nous le rendra au centuple. En somme, nous faisons une bonne affaire…

C'est le nom et le souvenir de M. Tallien qui revenaient le plus souvent dans nos entretiens.

Sa mort, en 1820, l'a beaucoup affectée. Elle se reprochait de n'avoir pas fait le nécessaire pour lui éviter de sombrer dans le dénuement puis la misère, mais elle ne pouvait rien y faire : il était insaisissable comme une couleuvre et mêlait de trop près ses intérêts à la politique. Il avait suivi le destin de l'Empereur, s'en était dissocié à sa chute pour se mettre au service du roi qu'il avait abandonné au retour de l'île d'Elbe de Napoléon, puis auquel il avait de nouveau, sans le moindre état d'âme, proposé ses services…

Oublieux du passé de régicide de ce quémandeur, Louis XVIII lui avait consenti une modeste pension, comme on jette une aumône à un mendigot.

L'indigence avait incité M. Tallien à accepter la pire des fonctions : celle d'indicateur de police. Il avait été contraint de vendre ses chers livres : un crève-cœur. La misère et l'anonymat attendaient l'homme de Thermidor.

Madame apprit sa fin par le *Mercure.* L'article disait : « M. Tallien est mort ce matin à l'âge de cinquante-trois ans. Le service qu'il a rendu au pays, avec Thermidor, lui fera pardonner son vote de régicide, qu'il a expié de vingt-six ans de regrets… Durant ces dernières années, il eût été réduit à une détresse absolue, sans le secours d'une Auguste Bienfaisance… »

Il faut voir dans cette « Auguste Bienfaisance » à majuscules l'aumône royale.

En apprenant la nouvelle, madame a blêmi, chancelé et prié ses invités de la laisser seule. Elle s'enferma dans sa chambre et n'en sortit que le lendemain, le visage bouffi d'avoir pleuré.

M. Tallien ne m'inspirait guère de sympathie. Je devinais, sous l'homme agréable et brillant, un hypocrite et un ambitieux sans moyens naturels et sans scrupules. Ce personnage superficiel est responsable pour une grande part des épreuves de ma maîtresse. Ils ont été les enfants chéris de Thermidor avant d'être rejetés en marge par la pusillanimité de cet ignoble personnage.

L'année 1828, nous avons souffert d'un été torride. Les sources et les ruisseaux avaient tari et des incendies avaient ravagé dans le domaine au moins quatre hectares de forêts aux arbres centenaires, qui faisaient l'orgueil de monsieur. Impuissants à combattre ce sinistre, nous avons assisté à ses progrès, jusqu'au milieu de la nuit, allongés sur la terrasse, malgré la chaleur intense du brasier. Cette canicule, disait madame, était « digne des Africains ». Elle dura une quinzaine, puis des pluies diluviennes noyèrent ce paysage de cendres.

Le pire était encore à venir.

La réunion de la Belgique et de la Hollande, en formant le royaume des Pays-Bas, avait créé des tensions, Belges et Hollandais se méprisant.

En 1830, alors que le peuple de Paris se soulevait contre le roi Charles X, celui de la Belgique, recevant des bouffées d'un vent qui sentait la liberté, prit les armes à son tour en chantant *Amour sacré de la Patrie*, un air extrait de l'opéra de M. Auber : *La Muette de Portici*.

La sécession allait se produire en octobre, contre l'avis de Guillaume, qui voyait une partie de son royaume lui échapper. M. Philippe n'avait pas attendu cet événement pour renoncer à son titre de chambellan, pour ne s'occuper que de ses biens. Madame s'était bien gardée de triompher.

Ce mois de janvier nous a réservé des vagues de froid, avec des bourrasques de neige tombées des montagnes ardennaises, alternant avec des journées ensoleillées et tièdes.

Nous avons passé les fêtes de Noël 1834 en famille, dans

une épaisse morosité. Madame avait tenté de nous jouer au piano des hymnes chrétiennes et des sonates de Bach et de Haendel, mais ses doigts engourdis trébuchaient pitoyablement sur le clavier. Elle a dû, une nouvelle fois, s'abstenir d'assister à la messe de minuit dans le village.

Aujourd'hui, 15 janvier 1835, quand elle a souhaité profiter d'une risée de soleil pour sortir sur la terrasse, j'ai protesté :

— Ce soleil est trompeur, madame. Le temps est encore frais. Vous risquez une bronchite !

— Bah ! avec mes fourrures, je ne risque pas de prendre mal. D'ailleurs, je me sens en bonne condition après le long sommeil de cette nuit. Fais donc ce que je te dis !

Avec l'aide de Joseph, je l'ai installée dans son fauteuil de rotin capitonné de coussins, au soleil, avec son chapeau de paille pour protéger sa tête et ses yeux, malades au point qu'elle est presque aveugle depuis quelques mois.

Elle paraissait heureuse. Je l'ai entendue plaisanter sur les chevaux que monsieur avait fait lâcher, disant qu'ils allaient « déguster de l'herbe à la neige ».

L'air avait une intense luminosité. Il montait des champs de seigle et de notre petite houblonnière, autour de la ferme voisine, une vapeur légère et bleuâtre comme un pastel, et un murmure de succion, comme si la terre s'abreuvait en sortant de son sommeil. Les collines alentour, côté frontière, paraissaient danser dans des tuniques d'une blancheur éblouissante. Les taches rouges des érables, qui avaient tranché sur la grisaille de la forêt, avaient disparu.

Nous sommes restées là près d'une heure. J'ai fait boire à madame une tisane brûlante. Elle n'en a avalé que deux gorgées, en faisant la grimace, puis elle m'a dit :

— Frenelle, il faut rentrer. Je ne me sens pas bien.

Ce furent ses dernières paroles. Jusqu'à la tombée de la nuit, ce ne furent que plaintes et gémissements. Elle me tendait la main, ouvrait la bouche, mais il n'en sortait qu'un souffle fiévreux.

— C'est la fin, me dit Joseph. Il faut prévenir le médecin et monsieur.

Je l'en dissuadai. À quoi bon, puisque c'était la fin ? Le médecin de Chimay était un âne et monsieur était je ne savais où.

Sur le coup de huit heures, après avoir vomi sa tisane du soir, mêlée de glaires sanguinolentes, elle cessa de s'agiter et parut sur le point de s'endormir. Allongée dans la liseuse, à son chevet, j'observais ses mains qui se crispaient sur le drap et le remontaient vers son visage. C'était un mauvais signe.

Je commençais moi-même à m'endormir, quand elle éructa une plainte profonde. Ses yeux s'ouvrirent grands, se refermèrent et s'ouvrirent de nouveau pour un regard fixe. Je lui pris le pouls ; il avait cessé de battre. J'approchai un miroir de sa bouche ; il ne fut pas terni.

Monsieur revint, tard dans la nuit, les bottes crottées, fourbu, après une inspection de ses seiglières. Ses premières paroles furent pour demander comment madame avait passé la journée. Je lui fis signe de m'accompagner jusqu'à la chambre où j'avais laissé la morte. Il comprit ce qui était arrivé, car je l'entendis gémir dans mon dos, une main sur mon épaule.

Il se précipita vers le lit, tomba à genoux avec des sanglots, s'étendit en travers du lit pour étreindre et embrasser la morte, avec des paroles confuses où revenaient les mots « amour » et « pardon ». Revenu vers moi, il me dit d'une voix brisée :

— Frenelle, c'est la moitié de ma vie qui s'en est allée. Sans elle, je ne suis que l'ombre de moi-même. Il ne me reste plus qu'à partir à mon tour.

— Monsieur, lui dis-je, il n'est pas bon de raisonner ainsi. Songez à vos enfants, à ce château. Madame n'aurait pas aimé que vous renonciez à poursuivre vos travaux.

Il haussa les épaules sans répondre. Je lui proposai de souper. Il se laissa tomber sur le banc de la cuisine, le dos à la cheminée, avala sa soupe, se leva et me dit :

— Tu as raison, Frenelle. Vouloir disparaître à mon tour serait la trahir.

Nous avons attendu trois jours avant de porter le cercueil à la collégiale. Presque tous les gens du village et des alentours étaient venus rendre à madame un dernier hommage, malgré le froid et la neige qui dévalait les pentes des Ardennes.

C'était hier. Aujourd'hui la maison me paraît vide, malgré la présence de Joseph qui fume sa pipe au coin de la cheminée et de monsieur qui a étalé des paperasses sur son bureau. La voix de madame suffisait à lui donner vie et, lorsqu'elle se mettait à la harpe ou au piano, il semblait qu'une lumière de printemps inondât cette vieille bicoque.

Je vais remettre à celui de ses enfants en qui elle avait le plus confiance, M. Joseph, le médecin, les quelques liasses qui rappellent les grands moments de sa vie et pourraient être utiles aux générations futures.

Jadis, rue de Babylone, quand je l'encourageais à poursuivre la rédaction de ces mémoires, elle éclatait de rire.

— Mes mémoires, Frenelle, mes mémoires... Je ne suis pas un personnage digne de passer à la postérité. Il est vrai que j'ai vécu bien des événements et connu bien des gens, mais ces mémoires, qui cela pourrait intéresser ?

Elle ajoutait :

— Et pourtant, ma chérie, quel roman que ma vie...

Table

Première partie

Deuxième partie

Troisième partie

Quatrième partie

Ouvrages de Michel Peyramaure (suite)

Les Empires de cendre :
1. *Les Portes de Gergovie*, Paris, Robert Laffont; Presses Pocket et France-Loisirs.
2. *La Chair et le Bronze*, Paris, Robert Laffont.
3. *La Porte noire*, Paris, Robert Laffont.

La Division maudite, Paris, Robert Laffont.

La Passion Béatrice, Paris, Robert Laffont; France-Loisirs et Presses Pocket.

Les Dames de Marsanges :
1. *Les Dames de Marsanges*, Paris, Robert Laffont.
2. *La Montagne terrible*, Paris, Robert Laffont.
3. *Demain après l'orage*, Paris, Robert Laffont.

Napoléon :
1. *L'Étoile Bonaparte*, Paris, Robert Laffont.
2. *L'Aigle et la Foudre*, Paris, Robert Laffont.

Les Flammes du Paradis, Paris, Robert Laffont; Presses Pocket et France-Loisirs.

Les Tambours sauvages, Presses de la Cité; France-Loisirs et Presses Pocket.

Le Beau Monde, Paris, Robert Laffont; France-Loisirs et Presses Pocket.

Pacifique-Sud, Presses de la Cité; France-Loisirs et Presses Pocket.

Martial Chabannes, gardien des ruines, Paris, Robert Laffont, prix du Printemps du livre de Montaigut; France-Loisirs.

Les Demoiselles des écoles, Paris, Robert Laffont; France-Loisirs et Presses Pocket.

Louisiana, Presses de la Cité; France Loisirs et Presses Pocket.

Un monde à sauver, Bartillat, prix Jules-Sandeau.

Henri IV :
1. *L'Enfant roi de Navarre*, Paris, Robert Laffont.
2. *Ralliez-vous à mon panache blanc !*, Paris, Robert Laffont.
3. *Les Amours, les passions et la gloire*, Paris, Robert Laffont.

Lavalette grenadier d'Égypte, Paris, Robert Laffont; France-Loisirs.

La Tour des anges, France-Loisirs; Paris, Robert Laffont.

Suzanne Valadon :
1. *Les Escaliers de Montmartre*, Paris, Robert Laffont; Grand livre du mois.
2. *Le Temps des ivresses*, Paris, Robert Laffont; Grand livre du mois.

Jeanne d'Arc :
1. *Et Dieu donnera la victoire*, Paris, Robert Laffont.
2. *La Couronne de feu*, Paris, Robert Laffont.

Les Chiens sauvages, Paris, Robert Laffont.

Vu du clocher, Bartillat.

La Cabane aux fées, Le Rocher.
Soupes d'orties, nouvelles, Anne-Carrière.
Le Roman des Croisades :
1. *La Croix et le Royaume*, Paris, Robert Laffont.
2. *Les Étendards du Temple*, Paris, Robert Laffont.
Le Roman de Catherine de Médicis, Presses de la Cité.
La Divine. Le roman de Sarah Bernhardt, Paris, Robert Laffont.
Le Bonheur des charmettes, Table Ronde.
Balades des chemins creux, Anne-Carrière.
Fille de la colère. Le roman de Louise Michel, Paris, Robert Laffont.
Un château rose en Corrèze, Presses de la Cité.
Les Grandes Falaises, Presses de la Cité.
Les Bals de Versailles, Paris, Robert Laffont.
De granit et de schiste, Anne-Carrière.
Les Amants maudits, Paris, Robert Laffont, prix Jules-Sandeau.
Le Pays du Bel Espoir, Presses de la Cité.
L'Épopée cathare, album, Ouest-France.
Le Château de la chimère, Table Ronde.
La Caverne magique, Paris, Robert Laffont.
La Vallée endormie, France-Loisirs ; Robert Laffont.
Batailles en Margeride, Le Rouergue.
Les Fêtes galantes, Paris, Robert Laffont.
Le Bal des célibataires (avec Béatrice Rubinstein et Jean Louis Lorenzi), Paris, Robert Laffont.
Le Parc-aux-Cerfs, Paris, Robert Laffont.
Les Fleuves de Babylone, Presses de la Cité.
Les trois bandits :
1. *Cartouche*, Paris, Robert Laffont.
2. *Mandrin*, Paris, Robert Laffont.
3. *Vidocq*, Paris, Robert Laffont.
Le Temps des moussons, Presses de la Cité.
Chat bleu... Chat noir..., Robert Laffont.
V... comme Verlaine (histoire de chat), illustré par José Corréa, La Lauze.
La Petite Danseuse de Degas, Bartillat.
Les Roses noires de Saint-Domingue, Presses de la Cité.

Pour la jeunesse

La Vallée des mammouths, Grand Prix des Treize, Paris, Robert Laffont, collection « Plein Vent » ; Folio-Junior.
Les Colosses de Carthage, Paris, Robert Laffont, collection « Plein Vent ».
Cordillère interdite, Paris, Robert Laffont, collection « Plein Vent »

Nous irons décrocher les nuages, Paris, Robert Laffont, collection « Plein Vent ».
Je suis Napoléon Bonaparte, Belfond Jeunesse.
L'Épopée cathare, (album illustré), Ouest-France.

Éditions de luxe

Amour du Limousin (illustrations de J.-B. Valadié), Paris, Plaisir du Livre. Réédition (1986) aux Éditions Fanlac, à Périgueux.
Èves du monde (illustrations de J.-B. Valadié), Art Média.
Valadié (album, Terre des Arts).

Tourisme

Le Limousin, Larousse.
La Corrèze, Ch. Bonneton.
Le Limousin, Ouest-France.
Brive (commentaire sur des gravures de Pierre Courtois), Brive, R. Moreau.
La Vie en Limousin (texte pour des photos de Pierre Batillot), « Les Monédières ».
Balade en Corrèze (photos de Sylvain Marchou), Brive, Les Trois-Épis.
Brive, Casterman.
Les Montagnes du jour, Éditions « Les Monédières ». Préface de Daniel Borzeix.
Sentiers du Limousin, Paris, Fayard.
Brive aujourd'hui, Les Trois-Épis.
Aimer les hauts lieux du Limousin (photos de P. Soissons, L. Olivier et C. Darbelet), Ouest-France.

Impression réalisée par

BUSSIÈRE

GROUPE CPI

à Saint-Amand-Montrond (Cher)
pour le compte des Éditions Robert Laffont
en avril 2008

N° d'édition : 48713/01. — N° d'impression : 80469-081466/4.
Dépôt légal : mai 2008.

Imprimé en France